Das deutsche Staatskirchenrecht – Freiheitsordnung oder Fehlentwicklung?

Schriften zum

STAATSKIRCHENRECHT

Herausgegeben von
Axel Frhr. von Campenhausen
und Christoph Link

Band 7

PETER LANG
Frankfurt am Main · Berlin · Bern · Bruxelles · New York · Oxford · Wien

Gesa Dirksen

Das deutsche Staatskirchenrecht - Freiheitsordnung oder Fehlentwicklung ?

PETER LANG
Europäischer Verlag der Wissenschaften

Bibliografische Information Der Deutschen Bibliothek
Die Deutsche Bibliothek verzeichnet diese Publikation in der Deutschen Nationalbibliografie; detaillierte bibliografische Daten sind im Internet über <http://dnb.ddb.de> abrufbar.

D 7
ISSN 1437-3149
ISBN 3-631-39861-1

www.peterlang.de

Vorwort

Diese Arbeit hat im Wintersemester 2001/2002 der Juristischen Fakultät der Georg-August-Universität Göttingen als Dissertation vorgelegen.

Ich danke Herrn Prof. Dr. Axel Frhr. v. Campenhausen, der das Thema angeregt hat. Als Doktorvater stand er stets für Gespräche zur Verfügung; ich verdanke ihm viele hilfreiche Anregungen. Herr Prof. Dr. Werner Heun hat dankenswerterweise die Erstellung des Zweitgutachtens übernommen.

Aufmunterung und Unterstützung bei meiner Arbeit erfuhr ich von Freunden und Familie. Insbesondere gilt mein Dank Frau Assessorin Dr. Annedore Flüchter und meinem Bruder Renko Dirksen für konstruktive Diskussionen und Hilfe beim Korrekturlesen.

Besonders herzlich danke ich meinen Eltern, die mich bei meiner Promotion in jeder Hinsicht gefördert und ermutigt haben. Ihnen ist diese Arbeit gewidmet.

Hannover im Juli 2002 Gesa Dirksen

Inhaltsverzeichnis

Abkürzungsverzeichnis

Die in der Arbeit verwendeten Abkürzungen richten sich nach *Kirchner, Hildebert*, Abkürzungsverzeichnis der Rechtssprache, 4. Auflage, Berlin 1993. Im übrigen gelten folgende Abkürzungen:

AK	Alternativkommentar
AöR	Archiv des öffentlichen Rechts
ArchKathKR	Archiv für katholisches Kirchenrecht
BayEUG	Bayerisches Gesetz über das Erziehungs- und Unterrichtswesen
BayGVBl.	Bayerisches Gesetz- und Verordnungsblatt
BayObLG	Bayerisches Oberstes Landesgericht
BayVBl.	Bayerische Verwaltungsblätter
BayVerfGH	Bayerischer Verfassungsgerichtshof
bestr.	bestritten
BK	Bonner Kommentar
BT-Drs.	Bundestagsdrucksache
BV	Bayerische Verfassung
BVerfGE	Entscheidungen des Bundesverfassungsgerichts
BVerwGE	Entscheidungen des Bundesverwaltungsgerichts
DB	Der Betrieb
Der PersR	Der Personalrat
DÖV	Die Öffentliche Verwaltung
DVBl.	Deutsche Verwaltungsblätter
Evang. Theol.	Evangelische Theologie
EvKomm	Evangelische Kommentare
EvStL	Evangelisches Staatslexikon
FAZ	Frankfurter Allgemeine Zeitung
FG	Festgabe
Fn.	Fußnote
FS	Festschrift
GS	Gedächtnisschrift
HdbKathKR	Handbuch des Katholischen Kirchenrechts
HdbStKR	Handbuch des Staatskirchenrechts
HdbStR	Handbuch des Staatsrechts
HdbVerfR	Handbuch des Verfassungsrechts
Hess. StGH	Hessischer Staatsgerichtshof
Hrsg.	Herausgeber
insb.	insbesondere
JöR	Jahrbuch des öffentlichen Rechts, neue Folgen
JuS	Juristische Schulung

JZ	Juristenzeitung
KiStG	Kirchensteuergesetz
KJ	Kritische Justiz
LKV	Landes- und Kommunalverwaltung
LS	Leitsatz
NJW	Neue Juristische Wochenschrift
NVwZ	Neue Zeitschrift für Verwaltungsrecht
RdJB	Recht der Jugend und des Bildungswesens
Rn.	Randnummer
RuG	Recht und Gesellschaft
SächsVBl.	Sächsische Verwaltungsblätter
ThürVBl.	Thüringer Verwaltungsblätter
Urt.	Urteil
VBlBW.	Verwaltungsblätter für Baden-Württemberg
VELKD	Vereinigte Evangelisch-Lutherische Kirche Deutschlands
VVDStRL	Veröffentlichungen der Vereinigung der Deutschen Staatsrechtslehrer
WRV	Weimarer Reichsverfassung
ZaöRV	Zeitschrift für ausländisches öffentliches Recht und Völkerrecht
ZEE	Zeitschrift für Evangelische Ethik
ZevKR	Zeitung für evangelisches Kirchenrecht
zit.	zitiert
ZRP	Zeitschrift für Rechtspolitik
ZThK	Zeitschrift für Theologie und Kirche

Einleitung

Das Staatskirchenrecht ist ein Rechtsgebiet, das in der allgemeinen juristischen Wahrnehmung und auch in der juristischen Ausbildung keine herausragende Rolle spielt; es erscheint sogar häufig als nebensächlich und wird vernachlässigt, obwohl die Frage nach der Ausgestaltung des Verhältnisses von Staat und Kirche für einen Staat prägend ist, die diesbezüglichen Auseinandersetzungen in der Vergangenheit für die Entwicklung zum modernen Staat eine wesentliche Rolle gespielt haben und viele Entscheidungen unseres Rechtssystems nur in Kenntnis dieser historischen Konflikte verständlich sind.

Andererseits führen auch heute noch staatskirchenrechtliche Fragestellungen und Gerichtsentscheidungen zu besonders heftigen und emotionalen Reaktionen in der Öffentlichkeit. Die in den letzten Jahren verstärkt bemerkbar gewordenen religionssoziologischen Veränderungen und eine zunehmende Säkularisierung in unserer Gesellschaft haben zu neuen Konflikten geführt. Damit ist auch das Staatskirchenrecht wieder vermehrt in den Blickpunkt des allgemeinen – und des rechtswissenschaftlichen – Interesses gerückt.

Die wichtigsten Normen über das Verhältnis des Staates zu den Religionsgemeinschaften – der eigentliche Kern des Staatskirchenrechts – sind im Grundgesetz zu finden. Sie sind seit 1949 unverändert. Da man sich beim Entwurf der Verfassung nicht auf die Neufassung von Normen über die Stellung der Religionsgemeinschaften einigen konnte, wurde als Kompromißlösung der ungewöhnliche Weg gewählt, die meisten Normen über die institutionelle Ordnung aus der Weimarer Reichsverfassung von 1919 einfach durch Inkorporation in das Grundgesetz zu übernehmen.[1] Zusammen mit einigen neu formulierten Regelungen bilden sie die geltende staatskirchenrechtliche Ordnung des Grundgesetzes. Die so aufrechterhaltenen Normen der Weimarer Reichsverfassung waren wiederum selbst das Ergebnis eines Kompromisses im Jahre 1919, geschlossen zwischen Kräften, die ursprünglich vollkommen unterschiedliche Vorstellungen von der anzustrebenden Stellung der Religionsgemeinschaften hatten, und beruhten zum Teil auf noch älterem Recht.[2]

Die auf diese Weise zustande gekommene staatskirchenrechtliche Ordnung besteht somit aus Normen, die zu unterschiedlichen Zeiten, unter unterschiedlichen tatsächlichen, politischen und gesellschaftlichen Voraussetzungen und für unterschiedliche Verfassungen formuliert worden sind und mit denen in den Verhandlungen keine der verschiedenen politischen Kräfte ihre Maximalvor-

---

1 Zur Entstehungsgeschichte der staatskirchenrechtlichen Normen des Grundgesetzes vgl. JöR 1 (1951), S. 1 (73 ff., 899 ff.); *Hesse*, in: JöR 10 (1961), S. 3 (12 ff.); *Hollerbach*, in: HdbStR VI (1989) § 138 Rn. 22 ff.

2 Zur Entstehungsgeschichte der Weimarer Reichsverfassung vgl. Verhandlungen WRV Bd. 328 S. 1643 ff.; Bd. 336 S. 171 ff.

stellungen hatte durchsetzen können. Durch diese Entstehungsgeschichte bedingt, besteht das deutsche Staatskirchenrecht aus einem teilweise sehr detaillierten Regelungsgefüge und hat, anders als in anderen Bereichen der Verfassung, einen auffallend individuellen Zuschnitt. Die staatskirchenrechtliche Ordnung Deutschlands ist sozusagen „einzigartig“, findet sich genau so in keinem anderen Land. Sie ist in besonderer Weise historisch geprägt, beeinflußt durch die vorgefundenen Gegebenheiten in Deutschland und die jahrhundertelangen Erfahrungen des Staates mit der Religion, vor allem mit den christlichen Konfessionen.

Auf dem Weg zur Auslegung des Staatskirchenrechts in seiner gegenwärtigen Form spielte das Bundesverfassungsgericht eine entscheidende Rolle. In einer umfangreichen Rechtsprechung konkretisierte das Gericht den Inhalt der Verfassungsnormen und arbeitete ihre Grenzen heraus.[3] Unterstützt wurde dieser Prozeß durch eine große Anzahl von Veröffentlichungen der Lehre, die einen maßgeblichen Einfluß auf die Deutung der Normen und damit auf die Rechtsverwirklichung hatte.

Dabei kam es nur Mitte der 60er Jahre zu heftigeren und grundsätzlichen Auseinandersetzungen, die zu einer Kursänderung führten, nämlich der Aufgabe des streng koordinationsrechtlichen Ansatzes, der von einer Gleichordnung von Staat und Kirche ausging.[4] Seither verlief die Entwicklung der Interpretation im wesentlichen konstant und vollzog sich ohne große Umbrüche und radikale Änderungen.

Auffallend und außergewöhnlich im Vergleich zu anderen Rechtsgebieten ist im Staatskirchenrecht zum einen die Kontinuität der Verfassungsbestimmungen und ihrer Auslegung durch die Rechtsprechung und Lehre, zum anderen der hohe Grad an Übereinstimmung, die im Schrifttum – abgesehen von Differenzen in Einzelfragen – auf diesem Gebiet herrscht.

Nach der Einschätzung dieser „herrschenden Meinung“ sind die geltende Ordnung und ihre Entwicklung insgesamt äußerst positiv zu bewerten[5]: Die

---

3 Siehe die Rechtsprechungsberichte von *Hollerbach*, in: AöR 92 (1967), S. 99 ff.; *ders.*, in: AöR 106 (1981), S. 218 ff.; *Listl*, in: FS Geiger (1989), S. 539 ff. sowie (beschränkt auf die Rechtsprechung zum Grundrecht der Religionsfreiheit) *Kästner*, in: AöR 123 (1998), S. 408 ff.

4 Vgl. hierzu den Dokumentationsband von *Quaritsch/Weber* (Hrsg.), Staat und Kirchen in der Bundesrepublik, Staatskirchenrechtliche Aufsätze 1950–1967 (1967).

5 Im folgenden Sinne äußerten sich etwa *Link*, in: FS Thieme (1993), S. 95 (118 f.); ders., Staat und Kirche in der neueren deutschen Geschichte (2000), S. 168 f.; *Isensee/Rüfner*, Zu Wirkung und wissenschaftlichem Profil von Joseph Listl, in: Listl, Kirche im freiheitlichen Staat, 1. Halbband (1996), S. XXVII (XXIX f.); *Listl*, Grundfragen, in: Listl, Kirche im freiheitlichen Staat, 1. Halbband (1996), S. 311 (312); *de Wall*, in: SächsVBl. 1996, 230 (232); *Starck*, in: DVBl. 1997, 889 (889); *Hollerbach*, Religion und Kirche (1998), S. 28; *A. v. Campenhausen*, in: BayVBl. 1999, 65 ff.; *ders.*, in: Essener Gespräche 34 (2000), S. 105 ff.; *Listl/Hollerbach*, in: HdbKathKR (1999) § 118, S. 1268 (1272);

staatskirchenrechtlichen Regelungen hätten sich bewährt. Sie erfüllten die Aufgabe, Freiheit und Frieden zu schützen. Die Freiheit des Staates, die Freiheit der Religionsgemeinschaften und die Freiheit der Bürger in Deutschland würden durch sie gewahrt, und zwar in weitgehend optimaler, zuvor noch nicht erreichter Weise. Es sei ein ausgewogener Ausgleich der unterschiedlichen Interessen mit Hilfe eines komplexen, ausdifferenzierten Systems erreicht worden. Dieses habe im Laufe der Zeit auch seine Anpassungsfähigkeit bewiesen; man könne insgesamt von einer „flexiblen Kontinuität“[6] sprechen. Die Beständigkeit der Normen entspreche der Beständigkeit der Probleme und Konflikte zwischen Staat und Kirche, die bei allen Veränderungen doch stets gleichblieben.

Es gibt hingegen auch – und in den letzten Jahren, insbesondere seit der deutschen Wiedervereinigung, zunehmend – Stimmen, die diese Ansicht nicht teilen: Sie sehen die ganze staatskirchenrechtliche Entwicklung und ihr Ergebnis als mißlungen an.

Das Fehlen tiefgreifender Umbrüche ist ihrer Ansicht nach nicht ein Zeichen von Kontinuität, sondern von Stagnation; das Fehlen größerer Auseinandersetzungen weist für sie nicht auf einen allgemeinen Konsens hin, sondern komme nur zustande durch eine Abkopplung des Staatskirchenrechts vom übrigen Staatsrecht sowie durch eine bewußte Ausgrenzung von Kritikern und das Ignorieren der von ihnen geübten Kritik.[7] Die gesamte Entwicklung erscheint ihnen als fortlaufende, jahrzehntelange Fehlentwicklung.

Als Ergebnis dieser Fehlentwicklung gebe es im Staatskirchenrecht eine Diskrepanz zwischen der herrschenden Auslegung der Normen und dem „Text und Geist der Verfassung“, wie sie sonst auf keinem anderen Rechtsgebiet zu finden sei.[8] Die Rechtsprechung und ein von kirchennahen Juristen beherrschtes Schrifttum seien einseitig kirchenfreundlich gewesen, was zur Einschränkung der individuellen Religionsfreiheit zugunsten der großen Kirchen und zur Diskriminierung von Minderheiten geführt habe.[9] Ein zeit- und grundgesetzgemäßes Staatskirchenrecht mit der Anpassung des Rechtsgebietes an den „Stan-

Ehlers, in: ZevKR 45 (2000), S. 201 (211, 219); *Heckel*, in: JZ 2000, 563 (563); *Winter*, Staatskirchenrecht (2001), S. 214.

6 *Hense*, in: Herder Korrespondenz 1997, 136 ff.

7 So z. B. *Czermak*, Staat und Weltanschauung (1993), S. 258; *Kleine*, Institutionalisierte Verfassungswidrigkeiten (1993), S. 82; *Neumann*, in: Recht und Politik 1994, 120 (120 f.); *Renck*, in: KJ 1995, 124 (124); *ders.*, in: ThürVBl. 1995, 119 (119); *ders.*, in: ZRP 1996, 16 (16 f.); *Goerlich*, in: SächsVBl. 1996, 50 (50).

8 *Czermak*, in: ZRP 1990, 475 (476), ähnlich *Neumann*, in: Recht und Politik 1994, 120 (121).

9 *Czermak*, in: Recht und Politik 1994, 31 (32 ff.); *Neumann*, in: ZRP 1995, 381 (381 f.), *ders.*, Wenn Juristen „Schutzengel“ spielen, in: Besier/Scheuch (Hrsg.), Die neuen Inquisitoren (1999), S. 228 ff.

dard eines freiheitlich-demokratischen Rechtsstaats“[10] sei bisher keineswegs erreicht.[11]

Es wird vor allem der Vorwurf erhoben, daß es einige eigentlich intendierte und in der Verfassung angelegte Ziele gebe – darunter insbesondere die Trennung von Staat und Kirche, staatliche Neutralität und umfassende Religionsfreiheit –, die nicht „richtig“ durchgesetzt und vollendet worden seien. Vielmehr sei man auf halbem Wege stehengeblieben. Der jetzige Zustand, verursacht und gestützt allein durch die herrschende Auslegung, sei bedauerlicherweise noch in den Vorstellungen des früheren christlichen Glaubensstaates verhaftet.

Diese Fehlentwicklung kann nach Einschätzung der Kritiker jedoch ganz (oder doch ganz überwiegend) ohne Änderung der Verfassungsvorschriften behoben werden, allein durch die „richtige“ Interpretation und Anwendung der Normen.[12]

Diese Arbeit will ermitteln, inwieweit die grundsätzliche Kritik berechtigt ist, indem sie die Einwände und Argumentationslinien einiger dieser Kritiker zusammenstellt und untersucht. Durch den Versuch einer Systematisierung der Kritik und durch eine Auseinandersetzung mit ihrer Argumentation soll überprüft werden, inwieweit diese Vorwürfe überzeugen können, ob dem deutschen Staatskirchenrecht die Charakterisierung als „Freiheitsordnung“ oder als „Fehlentwicklung“ eher gerecht wird.

Die Untersuchung beginnt mit einem kurzen Abriß des in Deutschland geltenden Staatskirchenrechts aus der Sicht der Rechtsprechung und der herrschenden Literatur (Teil A). In Teil B werden die bisherigen Infragestellungen dieser Ordnung durch die Politik (B.I) und die Kritik am jetzigen Stand der Auslegung durch Stimmen des Schrifttums (B.II) dargestellt. Teil C setzt sich mit einigen ausgewählten, besonders wichtig erscheinenden Ansätzen dieser grundsätzlichen Kritik auseinander. Die Arbeit schließt mit einer Zusammenfassung des Ergebnisses und einem Ausblick (Teil D).

---

10 *Renck*, in: BayVBl. 1988, 225 (230).

11 *Renck*, in: BayVBl. 1999, 70 (70 f., 77); *Goerlich*, in: SächsVBl. 1996, 50 (51)

12 In diesem Sinne etwa *Renck*, in: JZ 2000, 561 (562).

A. Das Staatskirchenrecht nach herrschender Meinung

Um deutlich zu machen, wogegen sich die angeführte Kritik richtet, soll zunächst das in Deutschland geltende Staatskirchenrecht aus der Sicht der herrschenden Meinung kurz dargestellt werden. Dabei besteht weitestgehend Übereinstimmung zwischen der Rechtsprechung des Bundesverfassungsgerichts und der Auffassung der herrschenden Lehre.[13] Abweichungen und Sonderauffassungen sind jeweils besonders gekennzeichnet.

Das Staatskirchenrecht ist staatliches Recht, das die Rechtsstellung der Religionsgemeinschaften sowie der Einzelnen hinsichtlich der Religion regelt.[14] Traditionell beschränkt sich die deutsche Rechtsordnung nicht auf die Gewährleistung des Grundrechts der Religionsfreiheit, sondern sieht spezielle und detaillierte Regelungen auch für das Verhältnis des Staates zu den Kirchen und übrigen Religionsgemeinschaften vor.

I. Rechtsquellen

Die wesentlichen Normen hierzu finden sich im Grundgesetz. Es handelt sich dabei um Art. 3 III 1, Art. 4, Art. 7 II, III, V, Art. 33 III, Art. 123 II, Art. 140 (i. V. m. Art. 136–139, Art. 141 WRV) und Art. 141 GG. Diese unsystematische Verteilung der Normen über die Verfassung beruht auf der Entstehungsgeschichte des Grundgesetzes, da dieser Komplex nach dem Herrenchiemseer Entwurf ursprünglich den Ländern zur Regelung überlassen werden sollte und erst nachträglich in den Entwurf zum Grundgesetz aufgenommen wurde.

Die Normen der Weimarer Reichsverfassung, die über Art. 140 GG in das Grundgesetz inkorporiert wurden, sind als vollgültiger Bestandteil des Grundgesetzes zu verstehen und stehen gegenüber den übrigen Artikeln nicht auf einer Stufe minderen Ranges.[15] Die übernommenen Regelungen sind, wie alle anderen auch, nunmehr als Elemente des Grundgesetzes und aus dessen Gesamtzusammenhang zu interpretieren. Im Staatskirchenrecht besteht, soweit nicht das Grundgesetz selbst Regelungen trifft, eine Gesetzgebungszuständigkeit der Länder. Viele Landesverfassungen enthalten eigene staatskirchenrechtliche Bestimmungen. Im einfachen Gesetzesrecht finden sich Regelungen insbesondere zum Kirchensteuerrecht und zum Recht des Kirchenaustritts.

---

[13] Die Auffassung der herrschenden Lehre ist im wesentlichen repräsentiert in *Listl/Pirson* (Hrsg.), Handbuch des Staatskirchenrechts der Bundesrepublik Deutschland, 2. Auflage, Bd. 1 (1994) und Bd. 2 (1995) sowie *Hollerbach*, Grundlagen des Staatskirchenrechts (§ 138), in: HdbStR VI (1989), S. 471 ff.; *A. v. Campenhausen*, Staatskirchenrecht (1996).

[14] Vgl. *Pirson*, in: HdbStKR I (1994) § 1 S. 3 (3).

[15] BVerfG, Urt. v. 14. Dezember 1965 – 1 BvR 413, 416/60 –, in: BVerfGE 19, 206 (219).

Eine wichtige Rechtsquelle sind zudem die zahlreichen *Staatskirchenverträge.*[16] Die Länder und auch der Bund haben eine Vielzahl von Verträgen mit der katholischen Kirche („Konkordate") und mit den evangelischen Landeskirchen bzw. der Evangelischen Kirche in Deutschland – EKD – („Kirchenverträge") sowie auch mit zahlreichen kleineren Religionsgemeinschaften abgeschlossen.

Diese Verträge werden als legitimes und besonders zweckmäßiges Regelungsinstrument angesehen. Auf dem Wege einvernehmlicher Regelungen können angemessene und sachgerechte Ausgleichslösungen für das Verhältnis des Staates zu den Religionsgemeinschaften unter Berücksichtigung der jeweiligen Interessen erreicht werden und kann ihre Zusammenarbeit koordiniert werden, ohne daß der Staat sich, evtl. auch ungewollt, durch einseitige Regelungen in die Angelegenheiten der Religionsgemeinschaften einmischt.

II. Religionsfreiheit

Von zentraler Bedeutung ist die Gewährleistung der *Religionsfreiheit.*[17] In Art. 4 I und II GG werden als einzelne Rechte die Glaubens-, Gewissens-, Bekenntnis- und Religionsausübungsfreiheit aufgezählt. Trotzdem wird Art. 4 GG jedoch als ein einheitliches Grundrecht der Religionsfreiheit verstanden.[18] Die Religionsfreiheit wird schrankenlos gewährleistet und ist nur durch kollidierendes Verfassungsrecht einschränkbar.[19] Es handelt sich um ein individuelles, aber auch ein kollektives Recht, welches Einzelpersonen sowie auch den Religionsgemeinschaften zusteht und für alle Religionen und Weltanschauungen gilt.

Der Schutzbereich der Religionsfreiheit ist extensiv auszulegen.[20] Zur Religionsausübung gehören sämtliche Erscheinungsformen religiöser Betätigung und Aktivitäten sowohl des Einzelnen als auch der Religionsgemeinschaften nach Maßgabe des jeweiligen Selbstverständnisses.[21] Art. 4 GG gewährleistet dem Einzelnen „einen von staatlichen Eingriffen freien Rechtsraum, in dem er sich die Lebensform zu geben vermag, die seiner Überzeugung entspricht" und das

---

16 Hierzu *Hollerbach*, in: HdbStKR I (1994), § 7 S. 253 ff.; *A. v. Campenhausen*, Staatskirchenrecht (1996), S. 55 ff.

17 Hierzu *A. v. Campenhausen*, in: HdbStR VI (1989), § 136; *ders.*, Staatskirchenrecht (1996), S. 60 ff.; *Listl*, in: HdbStKR I (1994), § 14 S. 439 ff.

18 BVerfG, Beschl. v. 16. Oktober 1968 – 1 BvR 241/66 –, in: BVerfGE 24, 236 (245); *Listl*, in: HdbStKR I (1994), § 14 S. 439 (454).

19 *Listl*, in: HdbStKR I (1994), § 14 S. 429 (465 ff.). Bestr., teilweise wird eine Anwendung der Schranke des Art. 140 GG i. V. m. Art. 136 I WRV vertreten, so *Starck*, in: v. Mangoldt/Klein/Starck (1999), Art. 4 Rn. 74 ff., *Ehlers*, in: Sachs, GG (1999), Art. 140 Rn. 4.

20 BVerfG, Beschl. v. 16. Oktober 1968 – 1 BvR 241/66 –, in: BVerfGE 24, 236 (246).

21 BVerfG, Beschl. v. 16. Oktober 1968 – 1 BvR 241/66 –, in: BVerfGE 24, 236 (247f.).

„Recht des Einzelnen, sein gesamtes Verhalten an den Lehren seines Glaubens auszurichten und seiner inneren Glaubensüberzeugung gemäß zu handeln."[22]

Außer dieser positiven Religionsfreiheit umfaßt Art. 4 GG auch die negative Religionsfreiheit. Geschützt ist damit die Freiheit, nicht zu glauben, nicht zu bekennen und an keiner religiösen Handlung teilnehmen zu müssen. Hingegen gibt es kein Recht darauf, von der Begegnung mit der religiösen Betätigung anderer verschont zu bleiben. Treffen positive und negative Freiheit im Konflikt aufeinander (was in erster Linie in staatlichen Einrichtungen geschehen kann), müssen sie im konkreten Fall gegeneinander abgewogen werden und muß unter Beachtung des grundgesetzlichen Toleranzgebotes ein Ausgleich gesucht werden; keiner der beiden Seiten ist ein prinzipieller Vorrang zuzuerkennen.[23]

Aus der Religionsfreiheit folgt auch die religiöse Vereinigungsfreiheit, die noch zusätzlich in Art. 140 GG i. V. m. Art. 137 II WRV gewährleistet ist.

III. Institutionelle Regelungen

Das *Verbot der Staatskirche* in Art. 140 GG i. V. m. Art. 137 I WRV wird so verstanden, daß diese Regelung eine prinzipielle Scheidung von Staat und Kirche statuiert. Sie sieht die Trennung von Staat und Kirche in organisatorischer Hinsicht vor und verbietet die Festlegung des Staates auf eine Staatsreligion. Dies gewährleistet sowohl die Freiheit des Staates von religiösen Bindungen als auch die Freiheit der Kirchen (Religionsgemeinschaften) von staatlicher Bevormundung.

Aus dieser Norm wird hingegen nicht das Gebot eines strikten Trennungssystems gefolgert. Nach der vom Grundgesetz vorgesehenen Gesamtordnung handelt es sich nicht um eine „strikte", sondern um eine „hinkende Trennung"[24], die eine Kooperation zwischen Staat und Religionsgemeinschaften erlaubt. So erhalten die Verfassungsregelungen zahlreiche Verbindungen aufrecht und sehen eine Zusammenarbeit vor, wenn sich staatliche und kirchliche Aufgaben und Interessen begegnen und überschneiden.

Ein weiterer wichtiger Aspekt ist die Anerkennung des kirchlichen *Selbstbestimmungsrechts*, das allen Religionsgemeinschaften, unabhängig von ihrer Rechtsform, zusteht. Art. 140 GG i. V. m. Art. 137 III WRV gewährleistet die Freiheit der Organisation, des Ordnens und Verwaltens der eigenen Angelegen-

---

[22] BVerfG, Beschl. v. 19. Oktober 1971 – 1 BvR 387/65 –, in: BVerfGE 32, 98 (106).

[23] BVerfG, Beschl. v. 16. Oktober 1979 – 1 BvR 647/70 und 7/74 –, in: BVerfGE 52, 223 (246 f.); *Listl*, in: HdbStKR I (1994), § 14 S. 439 (441 f.).

[24] Dieser Begriff stammt von *Stutz*, in: Die päpstliche Diplomatie unter Leo XIII. nach den Denkwürdigkeiten des Kardinals Domenico Ferrata. Einzelausgabe (aus: Abh. der preuß. Akademie d. Wiss., Jg. 1925, Phil.-hist. Kl., Nr. 3/4). Berlin 1926, S. 54, zitiert nach *A. v. Campenhausen*, in: HdbStKR I (1994), § 2 S. 47 (73).

heiten innerhalb der für alle geltenden Gesetze und gewährt damit Freiheit von staatlicher Aufsicht und Bevormundung.

Für die Qualifizierung einer Angelegenheit als „eigene“ kommt es auf das Selbstverständnis der jeweiligen Religionsgemeinschaft an.[25] Hierzu gehören insbesondere Lehre und Kultus, Seelsorge, Kirchenverfassung, Organisation und Gebietsgliederung, Kirchenverwaltung und -gerichtsbarkeit, Ausbildung der Geistlichen und Ämterverleihung, Mitgliedschaft, Rechte und Pflichten der Mitglieder, kirchliches Dienst- und Arbeitsrecht, Vermögensverwaltung und karitative Tätigkeit, die insbesondere bei den christlichen Kirchen von großer Bedeutung ist.

Begrenzt ist dieses Selbstbestimmungsrechts durch die Schranke der „für alle geltenden Gesetze“. Auf die Frage, wie bestimmbar ist, welche Gesetze hierzu gehören, hat sich noch keine einheitliche und allgemein anerkannte Antwort gefunden. Die Rechtsprechung nimmt häufig eine Bereichsscheidung vor: Bei „innerkirchlichen“ Angelegenheiten finde die Schrankenklausel gar keine Anwendung; bei Angelegenheiten, die den weltlichen Rechtskreis unmittelbar berührten, seien grundsätzlich alle Gesetze eine zulässige Schranke, jedoch nur dann, wenn sie die Kirchen in ihrer Besonderheit als Kirchen nicht härter träfen als jedermann.[26]

Größerer Konsens herrscht hingegen darüber, daß bei dieser Frage eine Abwägung vorgenommen werden muß (wovon auch die Rechtsprechung ausgeht): Die allgemeinen Gesetze sind bei ihrer Anwendung mit Rücksicht auf Art. 137 III WRV auszulegen. Die Einschränkung der Kirchenfreiheit muß verhältnismäßig sein; die Wechselwirkung von Schrankenzweck und Kirchenfreiheit muß durch eine entsprechende Güterabwägung berücksichtigt werden, wobei die Rechtsprechung dem Selbstverständnis der Religionsgemeinschaften ein besonderes Gewicht zumißt.[27]

Anders als an die „allgemeinen Gesetze“ sind die Religionsgemeinschaften an die Grundrechte nur dann gebunden, wenn sie vom Staat verliehene Befugnisse ausüben (z. B. im Kirchensteuerrecht); im übrigen besteht für sie eine Bindung ebensowenig wie für die übrigen Grundrechtsträger.

Eine besondere Bedeutung hat diese Gewährleistung des Selbstverwaltungsrechts im Bereich des Arbeitsrechts erlangt. Die Kirchen dürfen ihren Beschäftigten gemäß ihrem Selbstverständnis besondere Loyalitätspflichten (innerhalb bestimmter Grenzen auch die Beachtung der tragenden Grundsätze der eigenen

---

25 BVerfG, Beschl. v. 17. Februar 1981 – 2 BvR 384/78 –, in: BVerfGE 57, 220 (243 f.); *Hesse*, in: HdbStKR I (1994), § 17 S. 521 (538 ff.).

26 BVerfG, Beschl. v. 21. September 1976 – 2 BvR 350/75 –, in: BVerfGE 42, 312 (334); diese Formel wird jedoch vom Schrifttum kritisiert, vgl. z. B. *Hesse*, in: HdbStKR I (1994) § 17 S. 521 (555); *A. v. Campenhausen*, Staatskirchenrecht (1996), S. 118 ff.

27 BVerfG, Beschl. v. 25. März 1980 – 2 BvR 208/76 –, in: BVerfGE 53, 366 (400 f.); *Hesse*, in: HdbStKR I (1994), § 17 S. 521 (554 ff.).

Glauben- und Sittenlehre für deren allgemeine Lebensführung) vertraglich auferlegen. Verletzungen dieser Pflichten können Kündigungsgründe sein. Die staatlichen Gerichte haben das Selbstverständnis der Kirchen und deren Bewertung der Pflichten des Arbeitnehmers bei Anwendung des Kündigungsschutzrechts zu berücksichtigen.[28] Das Arbeitskampfrecht und das Zutrittsrecht für Gewerkschaften sind keine allgemeinen Gesetze im Sinne von Art. 137 III WRV und daher auf kirchliche Einrichtungen nicht anwendbar.[29]

Auf das Selbstbestimmungsrecht aus Art. 137 III WRV können sich nicht nur die Kirchen und übrigen Religionsgemeinschaften selbst, sondern auch rechtlich selbständige Einrichtungen berufen, die im kirchlichen Auftrag diakonische oder karitative Aufgaben wahrnehmen.[30]

Mit dem *Status einer Körperschaft des öffentlichen Rechts*[31] sieht das Grundgesetz die Möglichkeit einer besonderen Organisationsform für Religionsgemeinschaften vor. Gemäß Art. 140 GG i. V. m. 137 V WRV bleibt diese Organisationsform den Religionsgemeinschaften erhalten, die sie bereits innehaben, während anderen Religions- und Weltanschauungsgemeinschaften die Möglichkeit des Neuerwerbs dieser Rechtsstellung zugesichert wird. Ihnen ist auf Antrag der Körperschaftsstatus zu verleihen, wenn sie durch ihre Organisation und die Mitgliederzahl[32] die Gewähr der Dauer bieten (Art. 140 GG i. V. m. Art. 137 V, VII WRV). Zusätzlich wird als weitere ungeschriebene Voraussetzung eine grundsätzliche Rechtstreue der diese Rechtsstellung erstrebenden Religionsgemeinschaft gefordert, damit gewährleistet ist, daß die Rechte Dritter nicht verletzt werden.[33]

Die Bedeutung des Körperschaftsstatus wird darin gesehen, daß in ihm eine Absage an ein System strikter Trennung und zugleich ein Zeichen der Wertschätzung des Staates für das Wirken der Religionsgemeinschaften liegt. Der Staat erkennt die Religionsgemeinschaften als gewichtige Faktoren des öffentlichen Lebens an und stellt ihnen mit dem Körperschaftsstatus eine passende Organisationsform zur Verfügung, da das öffentliche Recht dem Selbstverständnis und den Handlungsweisen der Kirchen besser gerecht wird als das Privatrecht.

Der Status einer Körperschaft des öffentlichen Rechts bedeutet keine Eingliederung in die Staatsorganisation; weder leiten die korporierten Religionsgemein-

---

[28] BVerfG, Beschl. v. 4. Juni 1985 – 2 BvR 1703, 1718/83 und 856/84 –, in: BVerfGE 70, 138 (165 ff.); *Rüfner*, in: HdbStKR II (1995), § 66 S. 901 (901 ff.).

[29] BVerfG, Beschl. v. 17. Februar 1981 – 2 BvR 384/78 –, in: BVerfGE 57, 220 (241 ff.); *Richardi*, in: HdbStKR II (1995), § 67 S. 927 (933).

[30] BVerfG, Beschl. v. 17. Februar 1981 – 2 BvR 384/78 –, in: BVerfGE 57, 220 (242 f.).

[31] Hierzu *Kirchhof*, in: HdbStKR I (1994), § 22 S. 651 ff.; *A. v. Campenhausen*, Staatskirchenrecht (1996), S. 139 ff.

[32] In der Praxis wird für eine Verleihung gewöhnlich verlangt, daß mindestens 0,1 % der Einwohner des betreffenden Landes Mitglied der Religionsgemeinschaft sind, vgl. *Kirchhof*, in: HdbStKR I (1994), § 22, S. 651 (686).

[33] BVerfG, Urt. v. 19. Dezember 2000 – 2 BvR 1500/97 –, in: NJW 2001, 429 (431 f.).

schaften ihre Aufgaben und Befugnisse vom Staat ab, noch unterliegen sie einer besonderen Staatsaufsicht.[34] Dieser Status hat vielmehr zur Folge, daß ihnen die Möglichkeit eröffnet wird, Träger gewisser öffentlicher Kompetenzen und Rechte zu sein. Die Religionsgemeinschaften erhalten eine bestimmte Anzahl konkreter Befugnisse, wodurch vor allem die strukturellen Besonderheiten und die finanzielle Unabhängigkeit der Kirchen geschützt werden.

Zu diesen Rechten gehören z. B. das Recht zur Kirchensteuererhebung, die Dienstherrenfähigkeit, die Disziplinargewalt, ein Vereidigungsrecht, die Organisationsgewalt, die öffentlich-rechtliche Rechtsetzungsbefugnis (Autonomie), die Fähigkeit, durch Widmung öffentliche Sachen zu schaffen (sog. „res sacrae"), das Parochialrecht (die automatische Zugehörigkeit des Kirchenmitglieds zur Wohnsitzgemeinde) sowie ein sog. „Privilegienbündel" (Vergünstigungen und Befreiungen im Bereich des Steuer-, Kosten- und Gebührenrechts, Beteiligung an Planungsverfahren und in öffentlich-rechtlichen Gremien, Anerkennung als Träger der freien Jugendhilfe). Üben die Religionsgemeinschaften staatlich verliehene hoheitliche Befugnisse aus, so sind sie auch an die Grundrechte gebunden.[35]

Daneben besteht für Religionsgemeinschaften die Möglichkeit, die Rechtsfähigkeit nach dem Privatrecht zu erlangen. Da auch den privatrechtlich organisierten Religionsgemeinschaften die Gewährleistungen gemäß Art. 4 GG und Art. 140 GG i. V. m. Art. 137 III WRV zugute kommen, sind die prinzipiell für sie geltenden vereinsrechtlichen Vorschriften modifiziert anzuwenden und besondere glaubensbedingte Anforderungen zu berücksichtigen, sofern nicht die Sicherheit des Rechtsverkehrs oder Rechte Dritter entgegenstehen.[36]

Wichtig sind für das Gesamtverhältnis zwischen Staat und Religionsgemeinschaften weiterhin die aus den Verfassungsnormen abgeleiteten Grundsätze der Neutralität[37] und Parität[38]. Der religiös-weltanschaulich *neutrale* Staat will nicht mehr selbst die Frage nach dem Sinn des menschlichen Lebens, nach der „wahren" Religion oder Weltanschauung beantworten, sondern überläßt dies den Bürgern in Freiheit. Die Neutralität des Staates gewährleistet, daß dieser sich mit keiner bestimmten Religion oder Weltanschauung identifiziert, keine besonders privilegiert und sich aus inhaltlichen Auseinandersetzungen heraushält. Er zeigt sich vielmehr gegenüber allen Religionen grundsätzlich gleichmäßig offen und kooperationsbereit.

---

34 BVerfG, Beschl. v. 17. Februar 1965 – 1 BvR 732/64 –, in: BVerfGE 18, 385 (386 f.); *Kirchhof*, in: HdbStKR I (1994), § 22 S. 651 (664 f.).

35 BVerfG, Beschl. v. 31. März 1971 – 1 BvR 744/67 –, in: BVerfGE 30, 415 (422); *Kirchhof*, in: HdbStKR I (1994), § 22 S. 651 (676).

36 BVerfG, Beschl. v. 5. Februar 1991 – 2 BvR 263/86 –, in: BVerfGE 83, 341 (355 f.).

37 Hierzu *Schlaich*, Neutralität (1972).

38 Hierzu *Heckel*, Gleichheit oder Privilegien? (1993), *ders.*, in: HdbStKR I (1994), § 20 S. 589 ff.

Die staatliche *Parität* bedeutet die Gleichberechtigung und Gleichwertigkeit der unterschiedlichen Religionen und Religionsgemeinschaften. Es handelt sich um eine spezielle Ausprägung des allgemeinen Gleichheitssatzes. Die Parität verbietet die Bevorzugung bestimmter Bekenntnisse oder Religionsgemeinschaften. Aus ihr folgt die grundsätzliche Verpflichtung zur Gleichbehandlung. Aufgrund von sachlich begründeten Unterschieden der Religionsgemeinschaften (z. B. Größe, soziale Bedeutung, öffentliche Wirksamkeit) ist hingegen eine differenzierte Behandlung zulässig; eine schematische Gleichbehandlung ist nicht geboten. Das Grundgesetz selbst sieht eine Unterscheidung zwischen Religionsgemeinschaften mit und ohne Körperschaftsstatus vor, so daß diesbezügliche Differenzierungen jedenfalls erlaubt sind. Die Regelung des Art. 3 III GG, durch die eine Benachteiligung oder Bevorzugung „wegen" einer religiösen Anschauung verboten wird, ist nach überwiegender Ansicht nicht als ein Anknüpfungs- und Differenzierungsverbot, sondern als Benachteiligungs- bzw. Bevorzugungsverbot aus religiösen Gründen zu verstehen.[39]

IV. Gemeinsame Angelegenheiten

Die Entscheidung des Staates zur Kooperation mit den Religionsgemeinschaften bewirkt, daß es eine Reihe von „gemeinsamen Angelegenheiten"[40] von Staat und Religionsgemeinschaften gibt. In diesem Bereichen ist ein Zusammenwirken notwendig. Der Begriff der „gemeinsamen Angelegenheiten" hat nur eine beschreibende Funktion. Er faßt eine bestimmte Gruppe von Sachverhalten zusammen; aus ihm lassen sich jedoch keine Rechtsfolgen ableiten.

Ein solches Feld der Zusammenarbeit ist die *Anstaltsseelsorge*[41] durch die Religionsgemeinschaften, insbesondere in staatlichen Krankenhäusern, Altenheimen, in der Bundeswehr und im Strafvollzug. Den Religionsgemeinschaften ist gemäß Art. 140 GG i. V. m. 141 WRV der Zugang zu diesen Institutionen zum Zwecke der Seelsorge garantiert. Darüber hinaus ist verbreitet und wird für zulässig erachtet, daß der Staat die Seelsorge organisiert, Seelsorger in ein Anstellungsverhältnis übernimmt, die Kosten trägt und damit das Tätigwerden unterstützt und fördert. Beim Militär und im Strafvollzug gibt es sogar Seelsorger mit Beamtenstatus.

---

39 Vgl. hierzu vor allem *Heckel*, in: FS Dürig (1990), S. 241 ff.; *ders.*, in: HdbStKR I (1994), § 21 S. 623 (635 ff.); a. A. *Sachs*, in: HdbStR V (1992) § 126 Rn. 65 ff.; *Rüfner*, in: FS Friauf (1996), 331 ff.

40 Vgl. *A. v. Campenhausen*, Staatskirchenrecht (1996), S. 220 f.

41 Hierzu *Eick-Wildgans*, in: HdbStKR II (1995), § 70 S. 995 ff.; *A. v. Campenhausen*, Staatskirchenrecht (1996), S. 221 ff.

Art. 7 III GG gewährleistet den *Religionsunterricht*[42] in öffentlichen Schulen als ordentliches Lehrfach. Die Schüler erhalten eine religiöse Unterweisung gemäß ihrer Konfession. Aus dem Charakter als „ordentliches“ Lehrfach wird gefolgert, daß es sich um ein Pflichtfach handelt, es auch benotet wird und versetzungserheblich sein kann.[43] Veranstalter dieses Unterrichts ist der Staat, der auch die Kosten trägt. Die Religionsgemeinschaften haben gemäß Art. 7 III 2 GG die inhaltliche Verantwortung für den Unterricht; hierzu wird neben der Bestimmung von Inhalt und Ziel der Lehrveranstaltung auch das Recht gezählt, über die Teilnahme konfessionsfremder Schüler am Unterricht zu entscheiden.[44] Die Einrichtung von Religionsunterricht in einer Konfession kann zulässigerweise durch landesrechtliche Regelungen von einer Mindestzahl an Schülern abhängig gemacht werden.[45]

Gemäß Art. 7 II GG haben die Eltern bzw. die religionsmündigen Schüler das Recht, über die Teilnahme am Religionsunterricht zu bestimmen. So wird die (negative) Religionsfreiheit gewährleistet. Es ist nach überwiegender Auffassung zulässig, für die nicht am Religionsunterricht teilnehmenden Schüler einen allgemeinen, nichtkonfessionellen Ethikunterricht als Ersatzfach einzurichten. Durch Art. 7 III 3 GG wird das Recht der Lehrer gewährleistet, die Erteilung von Religionsunterricht abzulehnen.

Art. 141 GG („Bremer Klausel“) statuiert eine Ausnahme von diesem Grundsatz, an öffentlichen Schulen Religionsunterricht einzurichten, wenn in einem Land am 1. 1. 1949 eine andere landesrechtliche Regelung bestanden hat; das war unstreitig in Bremen und Berlin der Fall. Die Anwendung des Art. 141 GG auf die neuen Bundesländer ist umstritten, wird jedoch ganz überwiegend abgelehnt.[46]

Eine weitere gemeinsame Angelegenheit von Staat und Kirchen sind die *theologischen Fakultäten*[47], die an zahlreichen staatlichen Universitäten bestehen. Ihre Existenz wird nicht durch das Grundgesetz, aber durch Landesverfassungen und Staatskirchenverträge garantiert. Sie dienen der Ausbildung von Geistlichen und Religionslehrern sowie der Pflege der bekenntnisgebundenen, wissenschaftlichen Theologie.

---

42 Hierzu *Link*, in: HdbStKR II (1995), § 54 S. 439 ff.; *A. v. Campenhausen*, Staatskirchenrecht (1996), S. 238 ff.

43 BVerwG, Urt. v. 6. Juli 1973 – VII C 36/71 (Münster) –, in: NJW 1973, 1815 (1815 ff.); *Link*, in: HdbStKR II (1995), § 54 S. 439 (462 ff.).

44 BVerfG, Beschl. v. 25. Februar 1987 – 1 BvR 47/84 –, in: BVerfGE 74, 244 (253 ff.); *Link*, in: HdbStKR II (1995), § 54 S. 439 (493 ff.).

45 Gemäß der verschiedenen landesgesetzlichen Bestimmungen werden als Mindestteilnehmerzahl zwischen fünf und zwölf Schülern pro Schule verlangt.

46 Vgl. *Link*, in: FS Hollerbach (2001), S. 747 (757 f.) m. w. N.

47 Hierzu *Hollerbach*, in: HdbStKR II (1995), § 56 S. 549 ff.; *A. v. Campenhausen*, Staatskirchenrecht (1996), S. 248 ff.

Für die Stellenbesetzung sind den Kirchen durch vertragliche Vereinbarungen Mitwirkungsrechte eingeräumt, um zu gewährleisten, daß die Forschung und Lehre an den Fakultäten tatsächlich in Übereinstimmung mit dem kirchlichen Bekenntnis erfolgen. Die Professoren sind Inhaber „konfessioneller Staatsämter“.[48]

Mit dem Körperschaftsstatus verbunden ist das Recht zur Erhebung von *Kirchensteuern*[49], Art. 140 GG i. V. m. Art. 137 VI WRV. Es handelt sich dabei um ein vom Staat abgeleitetes Hoheitsrecht. Der Staat garantiert den Kirchen die Einforderung der Kirchensteuern aufgrund von einseitiger Festsetzung ohne gerichtliches Verfahren und stellt den Religionsgemeinschaften zur Beitreibung den Verwaltungszwang zur Verfügung. Die betreffenden Religionsgemeinschaften haben ein Besteuerungsrecht nur gegenüber ihren Mitgliedern. Für die Mitgliedschaft wird eine Anknüpfung an innerkirchliche Regelungen für zulässig angesehen, wenn eine jederzeitige Beendigungsmöglichkeit der Mitgliedschaft durch Austritt gewährleistet ist.[50]

Der Staat hat die Verpflichtung, die Möglichkeit einer geordneten Verwaltung der Kirchensteuer sicherzustellen.[51] In der Praxis geht der Staat überwiegend über die Gewährleistungen des Art. 140 GG i. V. m. Art. 137 VI WRV hinaus und übernimmt ab einer bestimmten Mitgliederzahl gegen Entgelt die Einziehung und Verwaltung der Kirchensteuer für die Religionsgemeinschaften. Üblich ist als Kirchensteuer ein Zuschlag zur Einkommensteuer, der bei der Lohnsteuer vom Arbeitgeber direkt einzubehalten und abzuführen ist. Diese Verpflichtung des Arbeitgebers wird als zulässige Indienstnahme Privater für öffentliche Aufgaben angesehen.[52]

Zu den gemeinsamen Angelegenheiten und in den Bereich des Art. 141 WRV sind weiterhin die kommunalen *Friedhöfe* zu rechnen (die Einrichtung und Unterhaltung der daneben bestehenden kirchlichen Friedhöfe gehört zur Wahrnehmung der eigenen Angelegenheiten der Religionsgemeinschaften im Sinne von Art. 137 III WRV). Den Religionsgemeinschaften ist freier Zugang zu den kommunalen Friedhöfen zur Vornahme religiöser Handlungen zu gewähren, während der Staat die gesundheitspolizeiliche und sicherheitsrechtliche Seite des Bestattungswesens übernimmt.

---

48 *Hollerbach*, in: HdbStKR II (1995), § 56 S. 549 (571 ff.).

49 Hierzu *Marré*, in: HdbStKR I (1994), § 37 S. 1101 ff.; *A. v. Campenhausen*, Staatskirchenrecht (1996), S. 256 ff.

50 BVerfG, Beschl. v. 31. März 1971 – 1 BvR 744/67 –, in: BVerfGE 30, 415 (422 ff.); *Marré*, in: HdbStKR I (1994), § 37 S. 1101 (1118 f.).

51 BVerfG, Beschl. v. 8. Februar 1977 – 1 BvR 329/71, 217, 2237/73 und 199, 217/74, in: BVerfGE 44, 37 (57).

52 BVerfG, Beschl v. 17. Februar 1977 – 1 BvR 33/76 –, in: BVerfGE 44, 103 (104); *Marré*, in: HdbStKR I (1994), § 37 S. 1101 (1136 f.).

Gemäß Art. 140 GG i. V. m. 139 WRV sind Sonntage und staatlich anerkannte *Feiertage*[53] „als Tage der Arbeitsruhe und der seelischen Erhebung" geschützt. Es handelt sich hierbei um eine institutionelle Garantie. Auch in einzelnen Staatskirchenverträgen findet sich eine Gewährleistung des Schutzes von Sonn- und kirchlichen Feiertagen.

Durch Art. 140 GG i. V. m. 138 II WRV wird das Vermögen der Religionsgemeinschaften gewährleistet. Diese „*Kirchengutsgarantie*" ergänzt das Selbstbestimmungsrecht gemäß Art. 140 GG i. V. m. Art. 137 III WRV; daher wird angenommen, daß die Schranke des „für alle geltenden Gesetzes" auf Art. 138 II WRV zu übertragen ist.

Art. 140 GG i. V. m. 138 I WRV sieht die Ablösung der *Staatsleistungen* an die Kirchen vor, die vor allem in der Säkularisation des Kirchenguts von 1803 ihren Ursprung haben. Die für die Ablösung – d. h. Aufhebung gegen eine angemessene Entschädigung – geltenden Grundsätze hat der Bundesgesetzgeber aufzustellen. Dies ist bisher noch nicht geschehen. Bis zur vorgesehenen Ablösung wird Art. 140 GG i. V. m. 138 I WRV als eine Bestandsgarantie der bisherigen Staatsleistungen verstanden. Nach überwiegender Ansicht ist aus Art. 140 GG i. V. m. 138 I WRV nicht das Verbot einer Neubegründung von Staatsleistungen zu folgern.[54]

Zu einem weiteren Feld des Zusammentreffens und möglicher Konflikte von Staat und Religionsgemeinschaften ist im modernen Sozialstaat der Bereich der *Wohlfahrtspflege* geworden. In diesem Wirkungskreis betätigen sich Staat und Kirchen gleichermaßen. Die christlichen Kirchen sehen die karitative Tätigkeit von jeher als ihre Aufgabe an. Seit der Staat die Aufgabe der Daseinsvorsorge wahrnimmt, besteht eine Konkurrenz von staatlicher und freier Wohlfahrtspflege.

Vom freiheitlichen Staat wird verlangt, daß er die freien Träger nicht verdrängt, sondern die diesbezügliche Vielfalt, die plurale Gestaltung der sozialen Hilfsangebote schützt. Der Staat kann kein Sozialmonopol beanspruchen.[55] Er muß vielmehr auch der freien Wohlfahrtspflege Raum lassen, was durch die

---

[53] Hierzu *Kästner*, in: HdbStKR II (1995), § 51 S. 337 ff.

[54] *Isensee*, in: HdbStKR I (1994), § 35 S. 1009 (1057); a. A. *Weber*, in: ZevKR 36 (1991), S. 253 (263).

[55] BVerfG, Urt. v. 18. Juli 1967 – 2 BvF 3, 4, 5, 6, 7, 8/62; 2 BvR 139, 140, 334, 335/62 –, in: BVerfGE 22, 180 (200 ff., insb. 204), vgl. hierzu auch *Isensee*, in: HdbStKR II (1995), § 59 S. 665 ff.

zunehmenden staatlichen Reglementierungen und Vorgaben und die daraus entstehenden Kosten immer schwieriger wird. Daher berücksichtigt und fördert der Staat die freien Träger – von denen die meisten den Kirchen zuzuordnen sind – auch in finanzieller Hinsicht, um ihre Leistungsfähigkeit und damit ihre Wirkungsmöglichkeiten zu bewahren.

B. Die Kritik an der herrschenden Meinung

Im folgenden sollen die bisherigen Bestrebungen zur Änderung der staatskirchenrechtlichen Ordnung dargestellt werden. Dabei soll zunächst auf die bisherigen rechtspolitischen Infragestellungen eingegangen werden (B I), danach auf die Kritik im Schrifttum an der Auslegung der Normen, die das geltende Staatskirchenrecht im wesentlichen durch eine Änderung der Interpretation und ohne parlamentarische Gesetzesänderungen korrigieren will (B II).

I. Rechtspolitische Kritik und politische Vorstöße

Die staatskirchenrechtlichen Normen des Grundgesetzes und damit die maßgeblichen Regelungen der gesamten staatskirchenrechtlichen Ordnung sind seit Inkrafttreten des Grundgesetzes im Jahre 1949 nicht geändert worden. Es gab auch nur wenige ernsthafte Anläufe und Versuche in diese Richtung. Die erste rechtspolitische Infragestellung ging von Teilen der Liberalen aus.

1. Liberale (1973/74)

Im Wahlkampf 1969 warb die F.D.P. noch mit Plänen zur Abschaffung der Kirchensteuer. Dieses Anliegen wurde jedoch nach der Übernahme der Regierungsverantwortung durch die sozial-liberale Koalition im Oktober 1969 zunächst nicht weiter verfolgt.

a) Deutsche Jungdemokraten

Im Januar 1973 faßte die Bundesdelegiertenversammlung der Deutschen Jungdemokraten (DJD) einen Beschluß zum Thema „Liberalismus und Christentum“, der einen Katalog von 17 rechtspolitischen Forderungen enthielt, deren Verwirklichung zu einer endgültigen Trennung von Kirche und Staat führen sollte.[56]

Die Forderungen beinhalteten eine radikale Umstellung des staatskirchenrechtlichen Systems des Grundgesetzes. So sollten etwa die Kirchen in privatrechtliche Institutionen umgewandelt werden, der Religionsunterricht in der Schule, die staatlich institutionalisierte Militärseelsorge, die Staatsleistungen an die Kirchen und das staatliche Kirchensteuereinzugsverfahren beendet werden. Anstelle der kirchlichen sollten in erster Linie staatliche Sozialeinrichtungen

[56] Beschluß der DJD v. 28. Januar 1973, abgedruckt in: Vorgänge 2 (1973), S. 158 ff.

vorgehalten werden, zu deren Finanzierung eine Sozialsteuer in Höhe der Hälfte der abzuschaffenden Kirchensteuer einzuführen sei. Die Konkordate seien zu kündigen; die theologischen Fakultäten aus den Universitäten auszugliedern und in nur kirchlich finanzierte Einrichtungen umzuwandeln. Außerdem sollten kirchliche Privatschulen nicht mehr gefördert werden dürfen, die Kirchenmitgliedschaft erst ab Erreichen der Religionsmündigkeit möglich sein.

In einer Präambel begründeten die Jungdemokraten ihre Forderungen mit dem Anliegen, möglichst vielen Menschen „Freiheit" zu ermöglichen. Ein Mehr an Freiheit wollten sie zum einen durch die Verwirklichung einer konsequenten Trennung von Kirche und Staat erreichen. Die besonderen Angebote des Staates an die Religionsgemeinschaften zur Zusammenarbeit erschienen ihnen als wettbewerbsverzerrende Privilegien zugunsten der Kirchen gegenüber anderen Verbänden. Dies sei nicht legitim, zumal die Kirchen gar noch versuchten, auf Gestaltung von Staat und Gesellschaft Einfluß zu nehmen. Insbesondere dürfe es auch keinen Mißbrauch weltlicher Macht zur Durchsetzung kirchlicher Angelegenheiten geben, wie sie es z. B. im staatlichen Kirchensteuereinzug gegeben sahen.

Eine weitere Aufgabe sahen die Jungdemokraten in der tabulosen Beschäftigung mit dem Christentum, in einer kritischen Hinterfragung der Rolle des Christentums und der Vermittlung der gewonnenen Erkenntnisse an die Bevölkerung. Zu erstreben sei, den Bürgern eine „ideologiekritische Auseinandersetzung" mit dem Christentum zu ermöglichen; dies solle durch eine „rationale Aufklärung der Bevölkerung" erreicht werden, da dieser die „ideologiebildende und herrschaftsstabilisierende Funktion der Kirchen" bewußt gemacht werden müsse.

Man erkannte einen grundsätzlichen „erkenntnistheoretischen Konflikt" zwischen Liberalismus und Religion an sich, da der Liberalismus aufklärerisch-rational, Religion hingegen mit ihrem Anspruch auf letzte Wahrheiten ideologisch und irrational sei. Mit dem Christentum sei folglich eine ebenso kritische und tabulose Auseinandersetzung zu führen wie mit anderen ideologischen Gruppen, etwa Nationalisten, Konservativen, Sozialisten und Kommunisten.

In diesem Anliegen der Jungdemokraten zeigte sich eine auffallend kirchen- und religionskritische Haltung. Die für die Bevölkerung angestrebte Freiheit schien eher eine Freiheit von jeder Religion als eine Freiheit zur Religion zu sein. Dieses Verständnis – die Freiheit zu vergrößern, indem man den Einfluß der Kirchen und überhaupt der Religion auf die Gesellschaft vermindere – äußert sich z. B. auch deutlich in den Forderungen der Jungdemokraten, eine Kirchenmitgliedschaft nur für Bürger ab 14 Jahren zu erlauben (Forderung Nr. I 1) und an staatlichen Universitäten anstelle der theologischen Fakultäten in Zukunft religionswissenschaftliche Abteilungen einzurichten, die sich „kritisch mit Voraussetzung, Wirkung und Ideologie" der Religionen auseinandersetzen sollten (Forderung Nr. II 4).

Eine negative Beurteilung der Religion wird auch deutlich in der Einschätzung, daß durch die „auf ideologischen Einfluß bedachte kirchliche Caritas“ keine optimale humane Betreuung in der Sozialfürsorge zu erwarten sei, weshalb die staatliche Sozialhilfe Vorrang haben müsse (Forderung Nr. II 6).

b) „F.D.P.-Kirchenpapier“

Der Bundesparteitag der F.D.P. beschloß am 1. Oktober 1974 in Hamburg eine Reihe von Thesen über das Verhältnis von Staat und Kirchen unter der Überschrift „Freie Kirche im freien Staat“, das sogenannte „F.D.P.-Kirchenpapier“.[57]
Grundlage für diese Thesen war ein zuvor im Frühjahr 1973 durch eine Kommission erarbeitetes Grundlagenpapier.[58] Die Forderungen waren gegenüber denen der Jungdemokraten zwar entschärft, gingen aber in dieselbe Richtung.
Die Kernforderungen des „F.D.P.-Kirchenpapiers“ waren, die Kirchensteuer durch ein „kircheninternes Beitragssystem“ zu ersetzen und anstelle des Körperschaftsstatus ein neues, für alle Großverbände angemesseneres Verbandsrecht zu entwickeln, das auch die religiös bedingten Besonderheiten berücksichtige; zur Vorstellung über dessen genaue Ausgestaltung wurden keine näheren Angaben gemacht.
Die weiteren Forderungen waren folgende:
- Der Staat müsse seine verbliebenen Einflußmöglichkeiten (wie z. B. auf die Besetzung kirchlicher Ämter) aufgeben.
- Es sei das Kirchenaustrittsverfahren zu ändern und durch Austrittserklärungen allein gegenüber den Kirchen zu ersetzen.
- Dem Recht aus Art. 136 III WRV i. V. m. Art. 140 GG, seine religiöse Überzeugung nicht offenbaren zu müssen, müsse auch im Personenstandsrecht und im öffentlichen Dienst Geltung verschafft werden.
- In öffentlichen Gebäuden wie Gerichten und Schulen sei auf sakrale Formen und Symbole zu verzichten.
- Die bestehenden Staatskirchenverträge seien nach Verhandlungen aufzuheben, da sie wegen ihres Sonderrechtscharakters als Regelungsinstrument ungeeignet seien. Sie seien durch Gesetze oder Einzelvereinbarungen zu ersetzen.
- Die Staatsleistungen seien, wie in Art. 138 I WRV i. V. m. Art. 140 GG vorgesehen, abzulösen.
- Bildung, Krankenpflege und soziale Versorgung seien öffentliche Aufgaben. Der Staat müsse für eine ausreichende Anzahl weltanschaulich neu-

57 Abgedruckt in: *Funcke u. a.* (Hrsg.), Kirche in Staat und Gesellschaft (1974), S. 103 ff.
58 Abgedruckt in: *Funcke u. a.* (Hrsg.), Kirche in Staat und Gesellschaft (1974), S. 98 ff.

traler Einrichtungen sorgen. Der Vorrang der freien Träger sei aufzuheben.

- Alternativ zum Religionsunterricht sei Religionskundeunterricht mit freier Wahlmöglichkeit anzubieten.
- Die unbehinderte Seelsorge in staatlichen Institutionen solle gewährleistet bleiben, jedoch wieder in der alleinigen Verantwortung der Kirchen stehen. Die Seelsorger seien durch die Kirchen zu bestellen und zu bezahlen.
- Die Vertretung der Kirchen in öffentlichen Gremien sei auf ihre Angemessenheit zu überprüfen.

Damit wurde auf einige weitergehende Ziele des Grundlagenpapiers verzichtet, nämlich die Abschaffung des Religionsunterrichts als ordentlichem Lehrfach und der theologischen Fakultäten in der jetzigen Form. Das Grundlagenpapier hatte auch die nunmehr aufgegebene Forderung enthalten, daß die Mitgliedschaft in einer Kirche (mit Wirkung für das staatliche Recht) erst mit Erreichen der Religionsmündigkeit erworben werden könne. Außerdem waren erhebliche Veränderungen der Präambel vorgenommen, z. B. gänzlich auf den Begriff „Trennung" verzichtet worden.

Begründet wurden diese Forderungen des F.D.P.-Kirchenpapiers in der Präambel mit dem Ziel, auf diese Weise größere Freiheit zu schaffen. Voraussetzung dafür sei eine konsequentere Gleichbehandlung der Bürger in religiöser Hinsicht und ein neutrales Verhalten des Staates. Insbesondere müsse die „gegenseitige Unabhängigkeit von Kirche und Staat" durchgesetzt werden. Das durch die Forderungen erstrebte neue Verhältnis zwischen Staat und Kirche nütze nicht nur dem Staat und der Religionsfreiheit der einzelnen Bürger, sondern ebensosehr der Glaubwürdigkeit der Kirchen.[59]

Die Beschlüsse riefen eine heftige Diskussion mit ganz überwiegend ablehnenden Reaktionen hervor.[60] Insbesondere wurde kritisiert, daß eine Verwirklichung der Thesen – entgegen ihrem Titel – für niemanden zu einem Gewinn an Freiheit führen würde, sondern eher der Verdrängung der Religion aus dem öffentlichen Leben diente: Weder eine Überführung der Kirchen ins Privatrecht, noch die Abschaffung des staatlichen Einzugs der Kirchensteuer noch die Aufgabe des Vertragskirchenrechts und erst recht nicht das ursprünglich angestrebte Verbot, einer Kirche vor dem 14. Lebensjahr zugehören zu können, brächte irgendjemandem – nicht dem Staat, nicht den Bürgern und sicherlich nicht den Kirchen – mehr Freiheit.[61] In vielen Punkten werde die wahre Rechtslage – vielleicht sogar bewußt – verschleiert: so werde der Eindruck erweckt, es gebe

[59] Eine ausführliche Rechtfertigung und Begründung dieser Thesen findet sich bei: *Funcke*, Das Verhältnis von Kirche und Staat muß neu geordnet werden, in: Funcke u. a. (Hrsg.), Kirche in Staat und Gesellschaft (1974), S. 13 ff.

[60] S. die Dokumentation von *Rath* (Hrsg.), Trennung von Staat und Kirche? (1974), S. 18 ff.

[61] *C. v. Heyl*, Das Prinzip der Trennung von Kirche und Staat, in: Funcke u. a. (Hrsg.), Kirche in Staat und Gesellschaft (1974), S. 37 (40 ff.).

die Pflicht, seine religiöse Überzeugung zu offenbaren, obwohl im Personenstandsgesetz nur die freiwillige Eintragung der Religionszugehörigkeit ermöglicht werde; die Forderung nach einer Ersetzung der Kirchensteuer durch ein „kircheneigenes Beitragssystem“ unterschlage, daß es sich auch bei der jetzigen Kirchensteuer der Sache nach schon um ein modifiziertes Mitgliederbeitragssystem handele;[62] die Kritik an der Angemessenheit des Körperschaftsstatus nach öffentlichem Recht werde damit begründet, daß die Kirchen „ihre Aufgaben nicht aus staatlichem Auftrag herleiten“, obwohl durch die Rechtsprechung längst klargestellt sei, daß die Religionsgemeinschaften durch diesen Status nicht mit den anderen, vom Staat beaufsichtigten und ihm eingegliederten, öffentlichen Körperschaften gleichgestellt seien, sondern es sich um einen eigenen Rechtsstatus handele; und bei der Kritik an den Staatskirchenverträgen wegen ihres „Sonderrechtscharakters“ werde unterschlagen, daß es sich bei solchen Verträgen eben nicht um Privilegien der Kirchen handele, sondern daß auch mit zahlreichen kleinen Religionsgemeinschaften solche Vereinbarungen bestünden.[63]

Kritisiert wurde auch das häufig gebrauchte Argument, daß der Verzicht auf bestimmte Rechte doch eigentlich – um ihrer Glaubwürdigkeit willen – im Interesse der Kirche stehen müßte. Ein solcher Versuch, den Kirchen sagen zu wollen, was gut für sie sei, sei eine Bevormundung und Einmischung in innerkirchliche Angelegenheiten.[64]

2. *Grüne und Junge Liberale (1988/89)*

Zu einer Wiederkehr zahlreicher dieser Forderungen kam es etwa 15 Jahre später. Innerhalb eines halben Jahres verabschiedete die Partei „Die Grünen“ auf Landesebene und die „Jungen Liberalen“ auf Bundesebene Thesen zum Verhältnis von Staat und Kirche.[65]

---

[62] *C. v. Heyl*, Das Prinzip der Trennung von Kirche und Staat, in: Funcke u. a. (Hrsg.), Kirche in Staat und Gesellschaft (1974), S. 37 (44 f.).

[63] *Hollerbach*, in: Sontheimer (Hrsg.), Möglichkeiten und Grenzen liberaler Politik (1975), S. 85 (89 ff.).

[64] *C. v. Heyl*, in: Funcke u. a. (Hrsg.), Kirche in Staat und Gesellschaft (1974), S. 37 (47); *Hollerbach*, in: Sontheimer (Hrsg.), Möglichkeiten und Grenzen liberaler Politik (1975), S. 85 (98).

[65] S. hierzu den Bericht von *Göbel*, in: ZRP 1990, 189 ff.

a) Grüne in Baden-Württemberg

Am 21. Oktober 1988 beschloß die Landesdelegiertenversammlung der Grünen Baden-Württembergs Thesen zum Verhältnis von Staat und Kirche. Grundlage dafür waren ein Antrag des Kreisverbandes Rastatt sowie ein dazu ausgearbeiteter, gemäßigterer Alternativantrag der Arbeitsgemeinschaft „Christen bei den Grünen".

Der schließlich als Kompromiß verabschiedete „Tendenzbeschluß" enthielt folgende rechtspolitische Forderungen:

- die Ersetzung der Kirchensteuerregelung durch kircheninterne Beiträge,
- die Abschaffung des konfessionellen Religionsunterrichts,
- die Einführung der allgemeinen Mitbestimmungsrechte für Arbeitnehmer in kirchlichen Einrichtungen und
- die Aufhebung der kirchlichen Einflußmöglichkeiten auf theologische Fakultäten.

In der Begründung dieser Forderungen wurde das Ziel einer offeneren, durch einen „pluralistisch demokratischen Diskurs geprägten Gesellschaft" genannt. Die Trennung von Staat und Kirche sollte uneingeschränkt durchgesetzt und die mit dem bisherigen System angeblich verbundenen Einschränkungen der individuellen Religionsfreiheit beseitigt werden.

b) Junge Liberale

Am 1. Mai 1989 fand in Neumünster der 15. Bundeskongreß der Jungen Liberalen (JULIS) statt.[66] Ihr dort beschlossenes Programm zum Verhältnis von Staat und Kirche entsprach im wesentlichen dem F.D.P.-Kirchenpapier. Allerdings ging der Beschluß in einzelnen Punkten noch darüber hinaus, indem er nun auch die Abschaffung des konfessionellen Religionsunterrichts und dessen Ersetzung durch einen rein staatlich beeinflußten Religionskundeunterricht forderte. Erstmals wurde auch hier ausdrücklich die Anpassung des kirchlichen an das allgemeine Arbeitsrecht gefordert. Die Begründung des Beschlusses beschränkte sich auf einen Hinweis auf die Religionsfreiheit und das Ziel einer „strikten Trennung von Kirche und Staat".

Ein kritischer Bericht über diese Beschlüsse führte dazu, daß in der Literatur die Frage nach der Notwendigkeit einer grundsätzlichen Neuordnung des Staatskirchenrechts erneut diskutiert wurde.[67] Der Vorstoß hätte jedoch politisch

---

66 Vgl. hierzu ebenfalls den Bericht bei *Göbel*, in: ZRP 1990, 189 ff.

67 Auf den Bericht von *Göbel* „Neue Bewegung im Staatskirchenrecht?", in: ZRP 1990, 189 ff. folgte die Reaktion von *Czermak*: „Bewegung ins Staatskirchenrecht!", in: ZRP 1990, 475 ff.; darauf *Müller-Volbehr:* „Staatskirchenrecht im Umbruch", in: ZRP 1991,

kaum Aussicht darauf gehabt, ernsthafte Diskussionen über eine Verfassungsänderung herbeizuführen. Unerwartet ergab sich dann jedoch kurze Zeit später durch die deutsche Wiedervereinigung die Chance einer grundsätzlichen Veränderung der Verfassung und damit auch des Staatskirchenrechts.

3. Gemeinsame Verfassungskommission (1993)

Nach der Wiedervereinigung hatte die bestehende staatskirchenrechtliche Ordnung somit erneut eine Bewährungsprobe zu bestehen. Kritiker der Kirchensteuer und die Gewerkschaften, die eine Benachteiligung kirchlicher Arbeitnehmer und ihrer selbst bemängelten, strebten eine Änderung der diesbezüglichen Regelungen an.[68]

Vor allem aber gab es in den neuen Bundesländern aufgrund der kirchenfeindlichen Politik in der DDR eine wesentlich geringere kirchliche und religiöse Gebundenheit der Bevölkerung. Dort wurde bezweifelt, ob die Ordnung des Grundgesetzes mit ihren institutionellen Gewährleistungen für Religionsgemeinschaften tatsächlich angemessen sei. Selbst bei den Kirchen in Ostdeutschland herrschte zunächst eine kritische oder sogar ablehnende Einstellung gegenüber dem System des Grundgesetzes vor.

Ausdruck fand diese Haltung in dem Antrag zum Staatskirchenrecht von BÜNDNIS 90/DIE GRÜNEN an die Gemeinsame Verfassungskommission aus Bundestag und Bundesrat im Jahre 1993[69].

In diesem Antrag[70] wurde eine grundsätzliche Neuordnung des Verhältnisses von Staat und Kirche vorgeschlagen: in der Präambel des Grundgesetzes sei die Bezugnahme auf Gott zu streichen, ebenso die Regelungen über den Religionsunterricht sowie sämtliche inkorporierte Artikel der Weimarer Reichsverfassung. Hinzuzufügen seien Bestimmungen, die ausdrücklich die Trennung von Staat und Kirche vorsähen, die Freiheit der Religionsgemeinschaften im Rahmen der für alle geltenden Gesetze (vor allem des allgemeinen Arbeits- und Sozialrechts) gewährleisteten, für sie den Erwerb der Rechtsfähigkeit nach bürgerlichem Recht vorsähen und eine ausdrückliche Gleichstellung aller Religions- und Weltanschauungsgemeinschaften normierten.

Eine Änderung des Staatskirchenrechts sei notwendig geworden, da nach 1949 ein tiefgreifender Wandel der gesellschaftlichen Verhältnisse eingetreten sei, der eine Anpassung an die moderne, nicht mehr nur christliche Gesellschaft erfordere. Im Interesse der Freiheit sowohl des Staates als auch der Gläubigen –

---

345 ff. und *Schlaich:* „Staatskirchenrecht im Umbruch?", in: Evang. Theol. 54 (1994), S. 119 ff.

[68] Vgl. BT-Drs. 12/6000 S. 106.

[69] BT-Drs. 12/6000 S. 106 ff.

[70] BT-Drs. 12/6000 S. 149, Kommissionsdrucksache Nr. 37.

wurde argumentiert – müsse eine deutlichere Trennung das Ziel sein. Auf die bisherige staatsnahe Stellung und den Erhalt überkommener Privilegien sei daher zu verzichten. Insbesondere die durch Art. 7 III GG vorgesehene Einrichtung von schulischem Religionsunterricht schränke die Kulturhoheit der Länder ein und weise den Kirchen eine eigenartige, halbstaatliche Stellung zu, die kaum mit dem Trennungsgebot in Einklang stehe. Als Argument gegen die Kirchensteuer wurde angeführt, daß diese gar nicht überwiegend karitativen Zwecken diene, sondern der Bezahlung kirchlicher Bediensteter und anderer innerkirchlicher Zwecke.[71]

Dieser Antrag wurde zunächst vom Abgeordneten *Dr. Wolfgang Ullmann* (BÜNDNIS 90/DIE GRÜNEN), einem ehemaligen Pastoren aus Ostdeutschland, in die Gemeinsame Verfassungskommission eingebracht und nach seinem Ausscheiden von der PDS/LL übernommen. Der Antrag fand jedoch kaum Zustimmung und wurde mit großer Mehrheit zurückgewiesen. Im Bereich des Staatskirchenrechts wurde von der Gemeinsamen Verfassungskommission letztlich keine Empfehlung für eine Grundgesetzänderung gegeben.[72]

Ullmann, später Europaabgeordneter, erläuterte seinen Standpunkt u. a. in einem Referat und in der Diskussion auf einer Tagung der Evangelischen Akademie Loccum im Mai 1993:[73] Für einen demokratischen und pluralistischen Staat erschienen ihm die Regelungen des Grundgesetzes, nach denen eine so große Nähe von Staat und Kirchen möglich sei, als nicht angemessen. Die Kirchen ließen sich auf diese Weise von Staat als „Großunternehmen der religiösen Dienstleistungen" mißbrauchen, wie es auch schon in der DDR der Fall gewesen sei. Dafür erhielten sie gegenüber anderen Religionsgemeinschaften Privilegien. Das sei sowohl aus theologischer als auch aus demokratischer Sicht nicht hinnehmbar.[74] Diese Privilegien, die durch das Grundgesetz den Kirchen eingeräumt würden, sehe heute niemand mehr ein; sie paßten nicht in einen demokratischen Staat und seien auch für die Kirchen daher nur schädlich.[75]

Religionsunterricht schließlich sei Aufgabe allein der Kirchen, nicht des Staates. Ihr Missionsauftrag könne niemals in irgendeiner Weise staatlich vermittelt, etwa durch Religionsunterricht an Schulen, wahrgenommen werden. Das „Kernmysterium des christlichen Glaubens" könne in der Schule gar nicht gelehrt werden. Die Schule habe vielmehr die Aufgabe, den Kindern beizubringen, wie mit dem Grundphänomen Religion und der Tatsache, daß es unterschiedli-

[71] BT-Drs. 12/6000 S. 107; Antrag mit Begründung vollständig abgedruckt in: *Greive* (Hrsg.), Gott im Grundgesetz? (1993), S. 275 ff.
[72] BT-Drs. 12/6000 S. 106 f.
[73] Dokumentation der Tagung in: *Greive* (Hrsg.), Gott im Grundgesetz? (1993).
[74] *Ullmann*, in: Greive (Hrsg.), Gott im Grundgesetz? (1993), S. 123.
[75] *Ullmann*, in: Greive (Hrsg.), Gott im Grundgesetz? (1993), S. 134.

che Religionen gebe, umzugehen sei. Ein Beispiel für einen solchen Versuch sei das Fach „Lebensgestaltung – Ethik – Religionskunde“ in Brandenburg.[76]

Diese Auffassung *Ullmanns* war insbesondere insofern bedeutsam und beachtenswert, als ihr nicht eine kirchenfeindliche Tendenz zugrunde lag, sondern sich in ihr eine Haltung äußerte, die in den neuen Bundesländern häufig anzutreffen war. In diesem Standpunkt offenbarte sich ein dort verbreitetes Mißtrauen gegenüber staatskirchenrechtlichen Einrichtungen wie Religionsunterricht, Militärseelsorge und Kirchensteuer. Dieses Mißtrauen sorgte dort auch nach der Bestätigung des Staatskirchenrechts durch die Gemeinsame Verfassungskommission zunächst für Schwierigkeiten bei der Umsetzung der Regelungen. So wurde befürchtet, daß die Ordnung des Grundgesetzes keine gebührende Trennung von Staat und Kirche vorschreibe und daß die hier vorgesehenen Institutionen nur Reste eines in der DDR glücklich überwundenen Staatskirchentums seien. Man mißverstand dies als Ersetzung der bisherigen Staatsideologie der DDR durch eine Staatsreligion.[77]

Auch bei den ostdeutschen Kirchen stießen die traditionellen staatskirchenrechtlichen Institutionen zunächst auf Mißtrauen. Sie waren in Sorge, nunmehr einer Vereinnahmung durch den Staat zum Opfer zu fallen, der sie sich so lange als einzige nicht gleichgeschaltete Institution widersetzt hatten, und sie befürchteten, ihre Unabhängigkeit zu verlieren. Eine vertrauensvolle Zusammenarbeit mit dem Staat erschien ihnen nicht denkbar und schädlich, zumindest aber verdächtig. Man fürchtete aufgrund der Erfahrungen mit der DDR eine zu große Nähe zum Staat, ohne dabei zu bedenken, daß es eine andere Bedeutung hat, mit einem Staat zusammenzuarbeiten, der keine eigene Weltanschauung besitzt und zu vermitteln sucht.[78]

Außerdem sahen die Kirchen – insbesondere die evangelischen – aber auch Besitzstände gefährdet: Sie wollten nur ungern auf ihre herausgehobene oppositionelle Stellung verzichten. Ihre Sonderrolle in der DDR, die schon allein aus der Opposition gegenüber dem Staat resultierte und ihnen durch die Auseinandersetzungen mit dem Staat Aufmerksamkeit, Autorität und Vertrauen garantiert hatte, entfiel nun. Der ihnen wohlgesonnene Staat eignete sich nicht mehr als „Feindbild“.[79] Die Kirchen konnten sich nicht mehr allein durch ihre Gegnerschaft zum Staat profilieren, sondern mußten nun positiv ihre eigene Position finden und dafür Verantwortung übernehmen. Die Gemeinden mußten aus ihrer

---

[76] *Ullmann*, in: Greive (Hrsg.), Gott im Grundgesetz? (1993), S. 123 f., 152 f.

[77] *Heckel*, Die Vereinigung der evangelischen Kirchen in Deutschland (1990), S. 119 f.; *A. v. Campenhausen*, in: HdbStKR I (1994), § 2 S. 47 (79 f.); in Bezug auf den Religionsunterricht vgl. *Winter*, in: NVwZ 1991, 753 (753); *A. v. Campenhausen* in: HdbStR IX (1997), § 207 Rn. 53.

[78] *A. v. Campenhausen*, in: HdbStKR I (1994), § 2 S. 47 (79 ff.); *ders.* in: HdbStR IX (1997), § 207 Rn. 23 f.; *Heitmann*, in: ZevKR 39 (1994), S. 402 (407).

[79] *Heitmann*, in: ZevKR 39 (1994), 402 (407).

– immerhin zugleich bequemeren – allein nach innen gerichteten und auch als elitär verstandenen Ghettosituation hinaustreten. Zugleich sahen sie sich einer größeren Konkurrenz durch die pluralistische Ordnung und die neuen, bisher unbekannten Angebote (Reise- und Konsummöglichkeiten, Medien usw.) ausgesetzt.[80] Den Kirchen schien die neue Freiheit daher zum Teil eher eine Bedrohung zu sein als neue Wirkungsmöglichkeiten zu bieten.[81]

Mittlerweile wurden die verfassungsrechtlichen Vorgaben zum Staatskirchenrecht aber auch in den neuen Bundesländern überall umgesetzt (teilweise in leicht abgewandelter Form[82]). Auch hier wurde inzwischen das Instrument des Vertrages zur genaueren Regelung der Beziehungen zwischen Staat und Religionsgemeinschaften genutzt.[83] Die neuen staatskirchenrechtlichen Institute und Möglichkeiten werden nunmehr auch zunehmend akzeptiert.

Allein in Brandenburg gab es noch größere Auseinandersetzungen, da sich das Land unter Berufung auf Art. 141 GG weigerte, an den Schulen Religionsunterricht gemäß Art. 7 III GG einzuführen und statt dessen das Pflichtfach „Lebensgestaltung – Ethik – Religionskunde" (LER) einrichtete.[84] Dagegen

---

[80] Ausführlich zu diesen anfänglichen Schwierigkeiten der Kirchen in den neuen Bundesländern *Heckel*, Die Vereinigung der evangelischen Kirchen in Deutschland (1990), insb. S. 119 ff.; *ders.*, in: ZevKR 36 (1991), S. 113 (118ff), *ders.* in: HdbStKR I (1994), § 5 S. 157 (171); *A. v. Campenhausen*, in: HdbStKR I (1994), § 2 S. 47 (79 ff.); *ders.*, in: HdbStR IX (1997), § 207 Rn. 18 ff.; *Heitmann*, in: ZevKR 39 (1994), S. 402 ff.; *Maier*, in: HdbStKR I (1994), § 3 S. 85 (104 ff.).

[81] *Heitmann*, in: ZevKR 39 (1994), S. 402 (406).

[82] So gibt es etwa leicht abweichende Regelungen beim Religionsunterricht in den neuen Bundesländern, vgl. *Link*, in: HdbStKR II (1995), § 54 S. 439 (442 f.) sowie für die evangelische Militärseelsorge in den neuen Bundesländern, vgl. die Rahmenvereinbarung mit der EKD, abgedruckt in: LKV 1996, 196 ff.

[83] Vgl. die Aufstellung der in den neuen Bundesländern mit dem Heiligen Stuhl abgeschlossenen Konkordate sowie der Staatsverträge mit den evangelischen Landeskirchen und den jüdischen Gemeinden bei *Brenner*, in: VVDStRL 59 (2000), S. 265 (266 f.); s. zu diesen Verträgen auch *A. v. Campenhausen*, in: NVwZ 1995, 757 ff. sowie *Anke*, Die Neubestimmung des Staat-Kirche-Verhältnisses in den neuen Ländern durch Staatskirchenverträge (2000).

[84] Zu dieser Auseinandersetzung siehe einerseits die weit überwiegende Meinung im Schrifttum, z. B. *Winter*, in: NVwZ 1991, 753 ff.; *Kremser*, in: JZ 1995, 928 ff.; *Mukkel/Tillmanns*, in: RdJB 1996, 360 ff.; *Mückl*, in: AöR 122 (1997), S. 513 (537 ff.); *Uhle*, in: DÖV 1997, 409 ff.; *de Wall*, in: ZevKR 42 (1997), S. 353 ff.; *Heckel*, Religionsunterricht in Brandenburg (1998); *ders.* in: ZevKR 44 (1999), S. 147 ff., *Puza*, in: FS Listl (1999), S. 407 ff.; *Starck*, in: FS Listl (1999), S. 391 ff.; *A. v. Campenhausen*, in: Essener Gespräche 34 (2000), S. 105 (113 ff.); *Link*, in: FS Hollerbach (2001), S. 747 ff.; *ders.*, in: FS Maurer (2001), S. 397 ff.; andererseits für die Anwendbarkeit des Art. 141 GG bzw. für die Praxis in Brandenburg: *Weber*, in: ZevKR 36 (1991), S. 253 (268 ff.); *Schlink*, in: NJW 1992, 1008 ff.; *Schlink/Poscher*, Der Verfassungskompromiß (2000); *Pieroth/Kingreen*, in: GS Jeand'Heur (1999), S. 265 ff.; *Schmitt-Kammler*, in: Sachs, GG-Kommentar (1999), Art. 141 Rn. 9 ff.; *Renck*, in: LKV 1997, 81 ff.

wurden mehrere Verfassungsklagen angestrengt. Es ist jedoch bislang nicht zu einer Entscheidung des Verfassungsgerichts in dieser Sache gekommen, da das Gericht durch Beschluß vom 11. Dezember 2001 einen Vergleichsvorschlag unterbreitet hat, der überwiegend auf Zustimmung der Beteiligten gestoßen ist. Danach soll durch Gesetzesänderung der konfessionelle Religionsunterricht aufgewertet werden, zugleich LER als Pflichtfach mit vereinfachtem Abmeldeverfahren erhalten bleiben.[85]

4. Resümee

Die bisherigen Versuche von politischen Kräften, das Staatskirchenrecht zu ändern, waren alle auf die Herbeiführung einer strikteren Trennung und die Reduzierung der Zusammenarbeit von Staat und Religionsgemeinschaften gerichtet. Diese „Privatisierungsbestrebungen" hatten zum Ziel, die Kirchen aus dem öffentlichen Leben zurückzudrängen.[86] Sie haben sich nicht durchsetzen können.

Für solche einschneidenden und weitreichenden Änderungen wie die oben dargestellten wäre jedenfalls auch eine Änderung des Grundgesetzes notwendig. Nachdem erst im Jahre 1993 die bestehende Ordnung in der Gemeinsamen Verfassungskommission, in der die wesentlichen politischen Kräfte vertreten waren, mit großer Mehrheit bestätigt wurde und auch in der Bevölkerung keine ernsthafte Akzeptanzkrise des bestehenden Zustandes zu erkennen ist, sieht es zur Zeit nicht so aus, als wären in naher Zukunft die für eine solche Grundgesetzänderung erforderlichen Mehrheiten zu finden.

II. Kritik an der Auslegung der staatskirchenrechtlichen Normen

Neben diesen Versuchen, die geltenden Normen zu ändern, findet sich auch im juristischen Schrifttum grundlegende Kritik an der Auslegung der bestehenden Normen. Der folgende Abschnitt befaßt sich mit Autoren, die das geltende Staatskirchenrecht als Ergebnis der vorherrschenden Interpretation prinzipiell ablehnen und weitreichende Änderungen unter Beibehaltung des gegenwärtigen Normenbestandes herbeiführen wollen. Die folgende Untersuchung beschränkt sich dabei auf die Kritik am derzeitigen Stand des Staatskirchenrechts, also an

---

[85] BVerfG, Beschl. v. 11. 12. 2001 – 1 BvF 1/96, 1 BvR 1697/96, 1 BvR 1718/96, 1 BvR 1783/96, 1 BvR 1412/97 –, http://www.bverfg.de.

[86] *Ehlers*, Bedeutungswandel, in: Pieroth (Hrsg.), Verfassungsrecht und soziale Wirklichkeit (2000), S. 85 (93 f.).

der gegenwärtigen herrschenden Beurteilung der einschlägigen Normen durch Rechtsprechung und Schrifttum.

Unberücksichtigt bleibt damit die Kritik, die sich gegen inzwischen überholte und aufgegebene Positionen richtete. Betroffen davon sind vor allem Angriffe gegen die Koordinationslehre.[87] Die in den 50er und 60er Jahren herrschende Koordinationslehre[88] ging davon aus, daß sich Staat und Kirche als gleichgeordnete und unabhängige Mächte in einem System der Zuordnung gegenüberständen. Als Folge könnten sie daher ihre Angelegenheiten nur einvernehmlich regeln und müßten im Konfliktfall zu einer Verständigung kommen. Bestritten wurde die Befugnis des Staates zur einseitigen Grenzziehung und Normsetzung gegenüber den Kirchen auch auf weltlichem Gebiet.

Die damalige staatskirchenrechtliche „Euphorie“[89] läßt sich erklären mit der schwachen Stellung und geringen Legitimationskraft des Staates nach den Erfahrungen in der Zeit der nationalsozialistischen Herrschaft und der Tatsache, daß die Kirche eine der wenigen Institutionen war, die aus diesem Geschichtsabschnitt moralisch relativ unbeschadet hervorgegangen war.

Seit Ende der 60er Jahre kann diese koordinationsrechtliche Theorie jedoch als überwunden gelten.[90] Die grundsätzliche Maßgeblichkeit des staatlichen Rechts und die einseitige Regelungsbefugnis des Staates dürften heute unstreitig sein. Das heißt aber nicht, daß der Weg der einseitigen Rechtsetzung durch den Staat allgemein als der einzig mögliche oder angemessene angesehen wird, der einer einvernehmlichen, vertraglichen Regelung stets vorzuziehen sei.[91]

Aber auch nach dieser Korrektur gab und gibt es Autoren, die auf Distanz zum ganzen Staatskirchenrecht gegangen sind und die gegenwärtige Interpretation der Gerichte und des Schrifttums vollständig ablehnen. Bei der folgenden Untersuchung soll es nicht um gewöhnliche Meinungsverschiedenheiten in Ein-

---

[87] Zu nennen wären hier vor allem Beiträge von *Krüger*, in: ZevKR 6 (1957/58), S. 72 ff.; *ders.*, in: DÖV 1961, 721, (727 f.), *Quaritsch*; in: Der Staat 1 (1962), 175 ff., 289 ff.; *ders.*, in: Der Staat 5 (1966), S. 451 ff., *Obermayer*; in: DÖV 1967, 9 ff. und *Weber*; Grundprobleme (1970), S. 12 ff.

[88] Vertreten mit deutlichen Abwandlungen im einzelnen z. B. von *Hesse*, Der Rechtsschutz durch staatliche Gerichte (1956), insb. S. 62; *ders.*, in: JöR 10 (1961), S. 3 (26 f.); *Peters*, in: VVDStRL 11 (1954), S. 177 (187 f.); *Mikat*, in: Bettermann/Nipperdey/Scheuner, Die Grundrechte Bd. IV, 1. Halbband (1960) S. 111 (145 f.); *Grundmann*, in: ZevKR 6 (1957/58), S. 278 (284); *ders.*, in: BayVBl. 1962, 33 (34). Diese Sicht fand auch Niederschlag in der damaligen Rechtsprechung, vgl. insb. BGH, Urt. v. 16. März 1961 – III ZR 17/60 –, in: BGHZ 34, 372 (373 f.).

[89] *Hollerbach*, in: JZ 1965, 612 (615).

[90] Vgl. die klärenden Referate von *Heckel* und *Hollerbach* sowie die Aussprache auf der Staatsrechtslehrertagung von 1967 in Frankfurt zu dem Beratungsgegenstand: „Die Kirchen unter dem Grundgesetz“, in: VVDStRL 26 (1968), S. 5 ff., 57 ff., 107 ff.

[91] Zur Legitimität und Bedeutung des Vertragsstaatskirchenrechts *Hollerbach*, in: HdbStKR I (1994), § 7 S. 253 (266 ff.).

zelfragen gehen oder um eine unterschiedliche Beurteilung einzelner Gerichtsentscheidungen, sondern um eine grundsätzliche Kritik, die mit der Richtung, in die sich dieses Rechtsgebiet entwickelt hat, im ganzen nicht einverstanden ist, sie als Fehlentwicklung betrachtet und von Grund auf ändern will.

Vergleicht man die Stimmen der Ablehnung und der Befürwortung der Grundlinie der gegenwärtigen Auslegung, so wäre es nicht zutreffend, von zwei unterschiedlichen „Strömungen" zu sprechen; vielmehr gibt es auf der einen Seite eine weitgehend übereinstimmende herrschende Meinung und auf der anderen Seite vereinzelte, entgegenstehende Autoren. Es sollen nun die Ansätze und Auffassungen einiger dieser Kritiker vorgestellt werden. Dabei soll in der Darstellung selbstverständlich keine Vollständigkeit erreicht werden. Es wurden diejenigen Autoren ausgewählt, deren Kritik den größten Einfluß auf die juristische Auseinandersetzung gehabt hat bzw. noch hat.

1. Fischer

Der bekannteste und der „Klassiker" unter den staatskirchenrechtlichen Kritikern ist der Rechtsanwalt *Erwin Fischer*. Sein Buch „Die Trennung von Staat und Kirche – Die Gefährdung der Religions- und Weltanschauungsfreiheit in der Bundesrepublik Deutschland" enthielt – vor allem in der 1. Auflage (1964) – eine sehr radikale und engagierte Kritik an der herrschenden Auslegung und Umsetzung der grundgesetzlichen Bestimmungen. Im übrigen Schrifttum riefen *Fischers* Ausführungen vorwiegend Ablehnung und heftigen Widerspruch hervor.[92]

In den beiden späteren Auflagen des Buches (1971 und 1984) wurden von *Fischer* – auch als Reaktion auf diese Kritik – jeweils erhebliche Veränderungen vorgenommen. Die 4. Auflage aus dem Jahre 1993, die unter dem Titel „Volkskirche ade!" veröffentlicht und wiederum grundsätzlich verändert worden war, machte die Ansichten des inzwischen fast 90jährigen Autors jedoch weniger deutlich; die Ausführungen erscheinen auch nicht ganz auf dem neuesten Stand der Diskussion. Diese Auflage wird daher im folgenden vernachlässigt.

---

[92] So etwa bei *Hesse*, in: ZevKR 11 (1964/65), S. 337 (355 f., 360 Fn. 60); *Hollerbach*, in: Hochland 58. Jahrgang (1965/66), S. 63 ff.; *Quaritsch*, in: Der Staat 5 (1966), S. 451 (454 Fn. 16); *Scheuner*, in: DÖV 1967, 585 (588); *Heckel*, in: VVDStRL 26 (1968), S. 5 (29 f.); vgl. insbesondere auch die ausführliche und lesenswerte Rezension von *Denninger*, in: Theologica Practica 1967, 168 ff.; zu den späteren Auflagen vgl. die Rezensionen von *Stolleis*, in: ZEE 17 (1973), S. 59 f.; *A. v. Campenhausen*, in: ZevKR 32 (1987), S. 237 ff.; *ders.* in: ZevKR 39 (1994), S. 367 ff.

Fischer veröffentlichte außerdem etliche Aufsätze, insbesondere in der Zeitschrift der Humanistischen Union „Vorgänge“[93]. Er vertrat in Rechtsstreitigkeiten auf dem Gebiet des Staatskirchenrechts zahlreiche Klagen, so auch einige Verfassungsbeschwerden[94], und hatte damit zum Teil Erfolg (ohne daß die Gerichte allerdings seiner Gesamtkonzeption gefolgt wären).

Fischer vertritt eine Auslegung des Staatskirchenrechts unter der Prämisse eines strikten Trennungsprinzips, von dem seiner Ansicht nach die einzigen zulässigen Ausnahmen der Religionsunterricht und die Kirchensteuer seien. Diese seien als Ausnahmen restriktiv auszulegen und paßten zudem nicht mehr in die heutige Zeit.[95]

Fischer leitet dieses strikte Trennungsprinzip unmittelbar aus dem Grundrecht der Religionsfreiheit her. Diesem Trennungsprinzip entnimmt *Fischer* weitreichende Rechtsfolgen; insbesondere folge daraus ein Förderungsverbot und ein Indifferenzgebot, die Pflicht des Staates zur Gleichgültigkeit gegenüber der Religion.

Fischers Kritik richtet sich so z. B. gegen die theologischen Fakultäten, die Ausgestaltung der Anstalts-, insbesondere Militärseelsorge, jegliche staatliche Förderung von Religionsgemeinschaften und religiöser Interessen, die Praxis des Kirchensteuereinzugs über die staatlichen Finanzämter, Schulgebete, die „christlichen Gemeinschaftsschulen“ und den ersatzweisen Ethikunterricht.[96]

In *Fischers* Ausführungen zeichnet sich häufig ab, daß er Religion generell für etwas eher Fragwürdiges hält. Seine Grundhaltung läuft darauf hinaus, daß Religion zwar zu tolerieren sei. Die Gefahren, die von ihr ausgehen, erscheinen aber bedrohlicher als die Gefahren, die für ihre Verwirklichungsmöglichkeit gesehen werden: So steht im Vordergrund das Anliegen, Schutz vor der Religiosität anderer zu bieten, und die Gewährleistung, von den aus der Religion herrührenden, ungewollten Ansprüchen anderer verschont zu bleiben. Weniger wichtig erscheint es dagegen, eine möglichst effektive Verwirklichungs- und Entfaltungsmöglichkeit der Religion zu sichern. Die Konsequenzen religiöser Entscheidungen sollen sich strikt auf die staatsfreie Sphäre beschränken müssen, während der staatliche Raum hiervon frei zu bleiben habe.[97]

Insgesamt wird Religion nach dieser Sicht als etwas Archaisches, Vernunftwidriges und Gefährliches dargestellt, das vom Staat unter Kontrolle gehalten werden müsse, während vom Staat keinerlei Gefahr ausgehen könne, vielmehr

---

[93] Vgl. z. B. die Verteidigung des „Kirchenpapiers“ der F.D.P. von *Fischer*, in: Vorgänge 12 (1974), S. 4 ff.; *ders.*, in: Vorgänge 16 (1975), S. 35 ff.

[94] Z. B. zur Kirchensteuer in glaubensverschiedenen Ehen, zur christlichen Gemeinschaftsschule, zum Schulgebet, zu Konkordatslehrstühlen.

[95] *Fischer*, Trennung von Staat und Kirche, 3. Aufl. (1984), S. 216 ff., 288 ff.

[96] *Fischer*, Trennung von Staat und Kirche, 3. Aufl. (1984), S. 307 ff., 249 ff., 252 ff., 177 ff., 218 ff., 281 ff., 269 ff., *ders.*, in: Vorgänge 92 (1988), 107 ff.

[97] *Fischer*, Trennung von Staat und Kirche, 3. Aufl. (1984), S. 35 ff.

er allein Schutz vor Totalität biete. Fischer betont stets die Irrationalität, Unkultiviertheit und Intoleranz von Religion und die historischen, religiös begründeten Konflikte. Der Zusammenhang von Religion und Ethik werde überschätzt; Freiheit und Menschenrechte seien nicht durch, sondern gegen die Religion erreicht worden.[98]

Dieser Standpunkt zeigt sich etwa auch und besonders deutlich in *Fischers* Einschätzung der Theologie: *Fischer* vertritt die Ansicht, daß Theologie nicht den Minimalanforderungen an die Wissenschaftlichkeit entspreche und vergleicht sie mit Betätigungen wie Wahrsagen, Astrologie und Okkultismus. Theologie sei eine Disziplin, die sich der „Mitarbeit von Geistern, Göttern und anderen überirdischen Instanzen bedient", sich der „Vernunftseinsicht" verschließe und deshalb keine Wissenschaft im Sinne von Art. 5 III GG.[99]

Fischers Argumentation und seine Thesen haben auch heute noch großen Einfluß auf die aktuelle Kritik, die vielfach auf seinen Positionen aufbaut.

2. *Renck*

Der zur Zeit schärfste und unermüdlichste Kritiker des geltenden Rechtszustandes ist wohl *Ludwig Renck*. Er hat seiner Kritik an der herrschenden Lehre und Rechtsprechung in einer überaus großen Anzahl von Aufsätzen Ausdruck gegeben, die beinahe das ganze staatskirchenrechtliche Themenspektrum umfassen und die dort vorgefundenen Zustände ablehnen. Dabei läßt sich *Renck* in seiner Meinung weder von Entgegnungen durch das übrige Schrifttum noch durch die gefestigte, von seiner Ansicht abweichende Rechtsprechung des Bundesverfassungsgerichts beeinflussen, sondern legt in jedem neuen Beitrag – gleichgültig, zu welchem Thema – seine Position unverändert erneut dar.[100]

In der Hauptsache richtet sich *Rencks* Kritik dagegen, daß das Prinzip der „Bekenntnisneutralität" von der herrschenden Meinung nicht hinreichend bei der Rechtsauslegung beachtet werde. In der „Bekenntnisneutralität" sieht *Renck* den zentralen und übergeordneten Grundsatz des gesamten staatskirchenrechtlichen Systems, den er direkt aus Art. 4 GG ableitet. Unter dieser „Bekenntnisneutralität" versteht *Renck* die Forderung nach einer streng neutral-distanzierten Beziehung von Staat und Religion. Daneben gebe es jedoch im Grundgesetz Regelungen wie etwa den Religionsunterricht oder die Kirchensteuer, die zu diesem

---

98 *Fischer*, in: Vorgänge 16 (1975), S. 35 (47); *ders.*, Trennung von Staat und Kirche, 3. Aufl. (1984), S. 37 f., 40 ff.

99 *Fischer*, Trennung von Staat und Kirche, 3. Aufl. (1984), S. 313, 309.

100 So wurde ihm auch schon vorgehalten, sich mit „nahezu an Besessenheit grenzendem missionarischem Eifer" für seine Sicht einzusetzen, vgl. *Brenner*, in: VVDStRL 59 (2000), S. 264 (271 f.) in Bezug auf *Renck* und *Czermak*; vgl. auch *A. v. Campenhausen*, in: BayVBl. 1999, 65 ff.

Prinzip der Bekenntnisneutralität im Widerspruch stünden. *Renck* kritisiert, daß das aus diesem Befund zu folgernde Regel-Ausnahme-System des Grundgesetzes im Staatskirchenrecht von der herrschenden Meinung zu Unrecht geleugnet werde.[101] *Renck* zieht hieraus hingegen weitreichende Konsequenzen, wie etwa das Verbot, den Hauptgrundsatz der „Bekenntnisneutralität" durch weitere („systemwidrige") Ausnahmen über die im Grundgesetz vorgesehenen Ausnahmen hinaus – etwa mittels Verträgen, Landesgesetzen oder einfachen Gesetzen – zu „durchbrechen".

Ein weiterer Vorwurf *Rencks* lautet, daß ein bereits von selbst eingetretener Verfassungswandel einfach nicht beachtet werde. Die soziologischen Veränderungen, wie zahlreiche Kirchenaustritte und der Bedeutungsverlust der Kirchen in den letzten Jahren, würden bei der Auslegung nicht hinreichend berücksichtigt. *Renck* mißt diesem Wandel eine erhebliche juristische Bedeutung zu, die bei der Auslegung der Rechtsvorschriften beachtet werden, wenn nicht sogar zum automatischen Fortfall bestimmter Verfassungsnormen führen müsse.[102]

Diese Sicht führt dazu, daß *Renck* auf zahlreichen Gebieten der Berührung von Staat und Kirchen bzw. Staat und Religion verfassungswidrige Zustände entdeckt. Seine Kritik richtet sich so etwa gegen die Ausgestaltung des Schulwesens[103], den ersatzweisen Ethikunterricht[104], den Religionsunterricht in den neuen Bundesländern[105], das neue Bayerische Schulkreuzgesetz[106], theologische Fakultäten[107], die Rechtsform der res sacrae[108], Einordnung und Inhalt der Staatskirchenverträge[109], das kirchliche Friedhofsrecht[110], die Kirchenaustrittsbestimmungen[111], das kirchliche Gebührenrecht[112], den Feiertagsschutz[113], das kirchliche Drittsenderechte im Rundfunk[114], die noch bestehenden Kirchenbau-

---

[101] *Renck*, in: BayVBl. 1999, 70 (72 ff.) und passim.

[102] *Renck*, in: ThürVBl. 1994, 182 (183 f.); *ders.*, in: NVwZ 1996, 333 (338); *ders.*, in: LKV 1997, 81 (84f); *ders.*, in: BayVBl. 1999, 70 (75 ff.); *ders.*, in: ZRP 1999, 137 (139).

[103] *Renck*, in: NVwZ 1991, 116 ff.; *ders.* in: BayVBl. 1994, 39 ff.; *ders.* in: KJ 1994, 488 ff.; *ders.* in: BayVBl. 1994, 713 ff.; *ders.* in: ThürVBl. 1997, 221 ff.

[104] *Renck*, in: BayVBl. 1992, 519 ff.; *ders.* in: BayVBl. 1994, 432 f.; *ders.* in: NVwZ 1999, 713 ff.; *ders.* in: BayVBl. 2000, 305 f.

[105] *Renck*, in: LKV 1993, 88 f.; *ders.*, in: ThürVBl. 1993, 102 ff.; *ders.*, in: DÖV 1994, 27 ff.; *ders.*, in: ThürVBl. 1994, 182 (184); *ders.*, in: ThürVBl. 1996, 73 (76); *ders.* in: LKV 1997, 81 ff.; *ders.*, in: ZRP 1999, 137 ff.

[106] *Renck*, in: BayVBl. 1996, 492 f.; *ders.*, in: NJW 1999, 994 ff.

[107] *Renck*, in: ThürVBl. 1994, 182 (184); *ders.*, in: NVwZ 1996, 333 ff.

[108] *Renck*, in: NVwZ 1990, 38 ff.; *ders.*, in: DÖV 1990, 333 ff.; *ders.* in: BayVBl. 1996, 264 ff.

[109] *Renck*, in: ThürVBl. 1995, 31 ff.; *ders.* in: DÖV 1997, 929 ff.

[110] *Renck*, in: DÖV 1992, 485 ff.; *ders.* in: DÖV 1993, 517 ff.

[111] *Renck*, in: DÖV 1995, 373 ff.

[112] *Renck*, in: DÖV 1999, 458 ff.

[113] *Renck*, in: NVwZ 1993, 648 ff.

[114] *Renck*, in: NVwZ 2000, 868 ff.

lastverträge[115] und die Unterscheidung und Abwägung zwischen positiver und negativer Religionsfreiheit[116].

Renck beklagt weiterhin, daß sich auf dem Gebiet des Staatskirchenrechts die herrschende Meinung weit von den anerkannten juristischen Methoden entfernt habe und will in der juristischen Diskussion erhebliche dogmatische Schwächen feststellen.[117] Es bestehe ein „ergebnisorientierter Methodensynkretismus"[118]. Dies sei möglich geworden, da sich das Staatskirchenrecht vom übrigen Staatsrecht abgekoppelt habe und auf dem Gebiet des Verfassungsrechts eine Sonderrolle spiele. Da kaum ein Interesse der übrigen Staatsrechtswissenschaft an diesem Bereich und daher auch keine Kontrolle bestehe, habe sich das Gebiet zu einer „quasi esoterischen Disziplin"[119] entwickelt.[120]

Auffallend an *Rencks* Kritik ist, daß er häufig vom allgemeinen juristischen und auch vom gesetzlichen Sprachgebrauch abweichende Begriffe wählt. So spricht er stets von „Bekenntnisneutralität", „Bekenntnisunterricht", und „Bekenntnisgemeinschaften" – alles Begriffe, die im Gesetz nicht vorkommen. Als zu erreichendes Ziel nennt er ein „republikanisches Staatskirchenrecht"[121]; Verträge zwischen Staat und Kirchen bezeichnet er abwertend als „sog. Staatskirchenverträge".[122] Dieses Vorgehen erscheint insbesondere deshalb problematisch, da *Renck* in seiner Argumentation die Rechtswirklichkeit und sogar die Verfassung selbst, so etwa ihre „Widerspruchsfreiheit", an diesen von ihm gewählten Begriffen mißt.

Renck wehrt sich gegen den Vorwurf, seine Kritik sei eigentlich rechtspolitisch und ziele auf ein anderes, nicht vom Grundgesetz gedecktes Verhältnis von Staat und Religionsgemeinschaften bzw. Religion ab, das nur durch eine Änderung des Grundgesetzes zu erreichen sei.[123] Er ist der Ansicht, daß die von ihm gezogenen Konsequenzen sich bei „richtigem" Verständnis schon aus den jetzt gültigen Normen ergäben.[124]

---

115 *Renck*, in: BayVBl. 1996, 554 ff.; *ders.*, in: DÖV 2001, 103 ff.

116 Renck, in: ZRP 1996, 16 (18); *ders.*, in: ThürVBl. 1996, 73 (74 f.); *ders.*, in: ZRP 1996, 205 (206)

117 *Renck*, in: ZRP 1996, 16 (16); *ders.*, in: ThürVBl. 1996, 73 (74 Fn. 10); *ders.* in: ZRP 1999, 323 (323).

118 *Renck*, in: ZRP 1999, 323 (323).

119 *Renck*, in: ZRP 1996, 16 (16); *ders.*, in: ThürVBl. 1996, 73 (74 Fn. 10).

120 *Renck*, in: ZRP 1996, 16 (20); *ders.* in: DÖV 1999, 458 (463).

121 *Renck*, in: BayVBl. 1988, 225 (230); *ders.*, in: BayVBl. 1995, 224; *ders.*, in: ZRP 1996, 16 (16): „republikanisches Religionsrecht", *ders.* in: ZRP 1999, 323 (326): „republikanisches Bekenntnisrecht".

122 *Renck*, in: ThürVBl. 1995, 31 ff.

123 Dies wird ihm vorgehalten z. B. von *A. v. Campenhausen*, in: BayVBl. 1999, 65 (68); *Heckel*, in: JZ 1999, 741 (743 f. Fn. 17); *ders.*, in: JZ 2000, 563 (563).

124 *Renck*, in: JZ 2000, 561 (562).

3. Czermak

Neben *Renck* ist in den letzten Jahren besonders *Gerhard Czermak* durch zahlreiche kritische Beiträge zum Staatskirchenrecht hervorgetreten. Die diesbezügliche Dominanz der Beiträge erschien so auffallend, daß sie schon bezeichnet wurden als „Kritikerduo Czermak/Renck, das seit langen Jahren eine erbitterte Fehde gegen alles führt, was nur im entferntesten mit Religion oder Kirche zu tun hat“[125].

Czermak geht bei seiner Argumentation so vor, daß er einen Vergleich zwischen der „Verfassungswirklichkeit“ und dem „Verfassungsrecht“ in Deutschland anstellt. Er nimmt seine Beobachtung der gesellschaftlichen und religiösen Verhältnisse in Deutschland als Ausgangspunkt und schließt aus der (im Vergleich zu anderen Religionen und Weltanschauungen) starken Stellung des Christentums in diesem Land und der Vielzahl der Fälle, in denen christliche Belange Berücksichtigung gefunden und zu einer Zusammenarbeit von Staat und Kirchen geführt haben, darauf, daß dieses Ergebnis auf einer ungerechtfertigten Bevorzugung durch den Staat beruhen müsse.[126] Der deutsche Staat sei in seiner Verfassungswirklichkeit nicht weltanschaulich neutral, sondern ein „quasichristlicher Staat“.[127] Das Grundgesetz hingegen sei nicht christlich, sondern „formal-rechtlich gesehen“ ausschließlich weltanschaulich neutral.[128] Aus dieser Diskrepanz folgert *Czermak* eine gesetzwidrige Entfernung der Rechtstatsachen vom Sinn und Text der Verfassung und konstatiert einen „unerträglichen Gesamtzustand“.[129] Sein Ziel sieht *Czermak* darum in erster Linie darin, die „religiös-weltanschaulich formale Gleichberechtigung grundsätzlich aller Richtungen“[130] herzustellen. Es müsse endlich in aller Konsequenz erkannt und beachtet werden, daß im Grundgesetz ein Trennungssystem mit nur einzelnen Ausnahmen verwirklicht sei.[131] Zur Abhilfe des gegenwärtigen Zustandes erscheint *Czermak* eine „möglichst unideologische Durchforstung“[132] des Staatskirchenrechts dringend notwendig.

---

[125] *Geis*, in: RdJB 1999, 116 (117).

[126] So z. B. *Czermak*, in: KJ 1992, 46 (51); *ders.*, in: Recht und Politik 1994, 31 (32f); zuletzt etwas vorsichtiger und einräumend, daß Rechtsgleichheit durchaus differenzierend wirken könne *ders.*, in: KJ 2000, 229 (232 f.).

[127] *Czermak*, in: ZRP 1990, 475 ff.; *ders.*, in: Recht und Politik 1994, 31 (32 ff.).

[128] *Czermak*, Staat und Weltanschauung (1993), S. 270; *ders.*, in: KJ 2000, 229 (240 f.).

[129] *Czermak*, in: ZRP 1990, 475 (475 f.).

[130] *Czermak*, Staat und Weltanschauung Bd. 2 (1999), S. 11.

[131] *Czermak*, in: KJ 2000, 229 (234 ff., 246 f.).

[132] *Czermak*, in: ZRP 1990, 475 (475).

Im einzelnen richtet sich die Kritik *Czermak*s z. B. gegen die Bezeichnung des Rechtsgebiets als Staatskirchenrecht[133], die Aufrechterhaltung der „Nominatio Dei“ in der Verfassungspräambel[134], die Unterscheidung zwischen positiver und negativer Religionsfreiheit[135], die Verträge zwischen Staat und Religionsgemeinschaften, die weitgehend verfassungswidrig seien[136], eine „Monopolisierung“ des Sozialsystems durch die christlichen Kirchen[137], die Auslegung des kirchlichen Selbstbestimmungsrechts im Bereich des Arbeitsrechts, welche die Arbeitnehmer unangemessen benachteilige[138], die Praxis des Kirchensteuereinzugs, welche die Arbeitgeber ungewollt zur Unterstützung der Kirchen und die Arbeitnehmer zur Offenbarung ihrer Konfessionszugehörigkeit nötige[139], den ersatzweisen Ethikunterricht[140], die staatliche Förderung von Religion und Religionsgemeinschaften[141], insbesondere die Staatsleistungen an die Kirchen[142].

Vielfach wird von *Czermak* auch kritisiert, daß eine Ausgrenzung von kritischen Stimmen im Bereich des Staatskirchenrechts stattfinde. So erklärt er eine ernsthafte und kritische Auseinandersetzung mit den Problemen auf diesem Gebiet für einen Universitätsprofessoren sogar für „berufsschädlich“.[143] Die Kritik werde im übrigen „demonstrativ kaum zur Kenntnis“ genommen und einfach ignoriert[144] oder absichtlich mißverstanden.[145] Insbesondere um das Auffinden solcher Literatur zu erleichtern, hat *Czermak* zwei kommentierte Bibliographien

---

133 *Czermak*, Staat und Weltanschauung (1993), S. 259; *ders.* in: KJ 1997, 120 (122); *ders.* in: NVwZ 1999, 743 f.

134 *Czermak*, in: NJW 1999, 1300 ff.; *ders.* in: KJ 2000, 229 (241 ff.).

135 Czermak, in: ZRP 1996, 201 (204); *ders.*, in: ThürVBl. 1996, 241 (242); *ders.*, in: KJ 2000, 229 (232 f.).

136 *Czermak*, Staat und Weltanschauung (1993), S. 283 ff.; *ders.* in: Recht und Politik 1994, 31 (36); *ders.* in: Der Staat 39 (2000), S. 69 (76 ff.).

137 *Czermak*, in: ZRP 1990, 475 (476 f.); *ders.*, Staat und Weltanschauung (1993), S. 290 ff.; *ders.* in: Recht und Politik 1994, 31 (32 f.).

138 *Czermak*, in: ZRP 1990, 475 (477); *ders.*, Staat und Weltanschauung (1993), S. 292 ff., 298 ff.; *ders.* in: Der PersR 1995, 455 ff.

139 *Czermak*, Staat und Weltanschauung (1993), S. 307 ff.

140 *Czermak*, in: Praktische Theologie 29 (1994), S. 231 ff.; *ders.* in: BayVBl. 1996, 406 ff.; *ders.* in: NVwZ 1996, 450 ff. ; *ders.* in: DÖV 1999, 725 ff.

141 *Czermak*, Staat und Weltanschauung (1993), S. 262 Fn. 34, 309, 328 ff.

142 *Czermak*, Staat und Weltanschauung (1993), S. 310 ff.

143 *Czermak*, Staat und Weltanschauung (1993), S. 350.

144 *Czermak*, Staat und Weltanschauung (1993), S. 10 f.; *ders.* in: Recht und Politik 1994, 31 (37); *ders.*, in: KJ 1995, 121 (123); *ders.* in: KJ 1997, 120 (122 f.); *ders.*, in: NVwZ 2000, 896 (896).

145 *Czermak*, in: KJ 1997, 120 (123); *ders.*, Zur Unzulässigkeit des Kreuzes, in: Brugger/Huster (Hrsg.), Der Streit um das Kreuz (1998), S. 13 (18 Fn. 15); *ders.*, in: KJ 2000, 229 (235, 247 Fn. 92).

zum Staatskirchenrecht veröffentlicht, in denen die „kritische Literatur" besonders berücksichtigt ist.[146]

Czermak vertritt sein Anliegen, die herrschende Auslegung zu ändern, außerordentlich engagiert und kämpferisch, worunter zuweilen seine Beiträge leiden. Eine drastische und weitgehende (nicht selten auch polemische und aggressive) Kritik wird oftmals gleich wieder durch abschwächende Ausdrücke relativiert und dadurch undeutlich und vage, so daß der genaue Standpunkt *Czermaks* häufig schwer zu fassen ist.

Ähnlich heikel erscheint die Vermischung von juristischer und rechtspolitischer Kritik, die etwa lautet, vermutlich sei die Auslegung der Normen unrichtig, zumindest aber müsse man andernfalls die Normen selbst ändern. *Czermaks* häufige Bewertung von Tatsachen als „verfassungsrechtlich problematisch"[147] läßt in vielen Fällen unentschieden, welche Position er hierzu genau einnimmt, ob er sie für rechtswidrig hält oder nicht. Dieses Vorgehen erschwert eine argumentative Auseinandersetzung, vermittelt aber zugleich das Gefühl, der Zustand sei allenfalls „legal", aber keineswegs „legitim".[148]

4. Kleine

Markus Kleine sieht das Hauptproblem in einem Mangel an Methodik in der staatskirchenrechtlichen Diskussion begründet.[149] Sein Vorwurf lautet, daß die herrschende Auslegung nicht durch eine rational begründbare Methodik bestimmt werde, sondern durch das Ziel, den „gesellschaftlichen status quo" zu rechtfertigen, also ergebnisorientiert sei.[150] In der Auslegung durch die herrschende Meinung zeigt sich für *Kleine* ein „Bild interpretatorischer Beliebigkeit", allenfalls „disziplinierter Beliebigkeit" ohne „rationale Methodik".[151] Ins-

---

[146] *Czermak*, Staat und Weltanschauung, Bd. 1 (1993) und Bd. 2 (1999); dazu kritisch *A. v. Campenhausen*, in: ZevKR 39 (1994), S. 370 ff.

[147] *Czermak*, Staat und Weltanschauung (1993), S. 262 Fn. 34, 284, 307; *ders.*, in: Recht und Politik 1994, 31 (33); *ders.*, in: Der Staat 39 (2000), S. 69 (82 f., 85).

[148] So spricht *Czermak* z. B. von „legalen, aber nicht ohne weiteres legitimen Systemwidersprüchen" des Grundgesetzes, *Czermak*, Staat und Weltanschauung (1993), S. 346.

[149] *Markus Kleine* hat seine grundlegende Kritik am herrschenden Verständnis des Staatskirchenrechts in einer von dem früheren katholischen Kirchenrechtler *Johannes Neumann* betreuten Dissertation dargelegt, *Kleine*, Institutionalisierte Verfassungswidrigkeiten im Verhältnis von Staat und Kirchen unter dem Grundgesetz – Ein Beitrag zur juristischen Methodik im Staatskirchenrecht (1993); dazu kritisch *A. v. Campenhausen*, in: ZevKR 43 (1998), S. 536 ff.

[150] *Kleine*, Institutionalisierte Verfassungswidrigkeiten (1993), S. 123.

[151] *Kleine*, Institutionalisierte Verfassungswidrigkeiten (1993), S. 103.

besondere der genaue Normtext werde bei der Auslegung zu wenig berücksichtigt.[152]

Kleine entwickelt daher zunächst selbst aus einer „rechtsstaatlichen Verfassungstheorie“[153] eine „rechtsstaatliche Methodik“. Deren Vorzug sieht er darin, daß sie streng „normtextorientiert“ vom „Regelungsbereich der Normen“ ausgehe und daher vorentscheidende, aber nicht begründbare Begrifflichkeiten und Prinzipien vermeide.[154] Er mache daher bei der Auslegung weder den Fehler mancher Kritiker, ein „verabsolutiertes Trennungsprinzip“ vorauszusetzen, noch habe er – wie die herrschende Meinung – das ebenfalls nicht begründbare Vorverständnis von einer gelockerten Fortsetzung der Verbindung von Staat und Kirche.

Mit Hilfe der so entwickelten Methodik überprüft *Kleine* die herrschende Auslegung im Staatskirchenrecht. Er will damit ausdrücklich der bereits genannten Forderung *Czermaks*[155] nachkommen, eine „kritische, aber möglichst unideologische Durchforstung des Staatskirchenrechts“ vorzunehmen.[156] Bei dieser Untersuchung kommt *Kleine* zu – wie er selbst sagt – „zweifellos (...) traditionsfeindlichen Ergebnissen“[157].

Kleine begründet – ob tatsächlich immer unter strenger Anwendung seiner Methodik, bleibt fraglich – ein staatskirchenrechtliches Ordnungsmodell des Grundgesetzes, nach dem wegen Art. 140 GG i. V. m. Art. 137 I WRV das Trennungsprinzip die Regel und das Zusammenwirken von Staat und Kirche die nur begrenzt zulässige Ausnahme ist. Bei einem Vergleich dieser so entwickelten Ordnung mit der Wirklichkeit entdeckt *Kleine* eine Vielzahl von tatsächlichen Einrichtungen, die dazu in Widerspruch stehen. Verfassungswidrig seien etwa – zumindest in ihrer tatsächlichen Ausgestaltung – Konkordatslehrstühle[158], die Militärseelsorge[159], theologische Fakultäten[160] und die Rechtsform der res sacrae.[161] Art. 140 GG i. V. m. Art. 137 VI WRV – die Gewährleistung der Kirchensteuer – identifiziert *Kleine* sogar als einen „verfassungswidrigen Verfassungsartikel“.[162]

---

[152] *Kleine*, Institutionalisierte Verfassungswidrigkeiten (1993), S. 86, 96, 112.
[153] Er verweist auf F. Müller, Schlink und Böckenförde.
[154] *Kleine*, Institutionalisierte Verfassungswidrigkeiten (1993), S. 151.
[155] *Czermak*, in: ZRP 1990, 475 (475).
[156] *Kleine*, Institutionalisierte Verfassungswidrigkeiten (1993), S. 123.
[157] *Kleine*, Institutionalisierte Verfassungswidrigkeiten (1993), S. 229, ähnlich S. 122.
[158] *Kleine*, Institutionalisierte Verfassungswidrigkeiten (1993), S. 159 ff.
[159] *Kleine*, Institutionalisierte Verfassungswidrigkeiten (1993), S. 163 ff.
[160] *Kleine*, Institutionalisierte Verfassungswidrigkeiten (1993), S. 95 ff.
[161] *Kleine*, Institutionalisierte Verfassungswidrigkeiten (1993),S. 119 ff.
[162] *Kleine*, Institutionalisierte Verfassungswidrigkeiten (1993),S. 212 ff.

Die gegenwärtige staatskirchenrechtliche Lage erscheint *Kleine* insgesamt nicht nur als „Ausdruck einer permanenten Mißachtung des Grundgesetzes“, sondern sogar als Infragestellung der „Funktion der Verfassung an sich“.[163]

5. *Obermayer*

Die Kritik von *Klaus Obermayer* unterscheidet sich von vielen anderen dadurch, daß sie nicht in erster Linie von einer kirchenkritischen Einstellung herrührt, sondern aus einer äußerst liberalen Grundhaltung. So greift *Obermayer* zwar einerseits vielfach die von ihm als zu eng angesehenen Verbindungen zwischen Staat und Kirchen an; er warnt aber auf der anderen Seite vor einer gleichgültigen Haltung des Staates gegenüber der Religion, da dies dem Laizismus nahekomme.[164] Insbesondere geht er nicht von einem Betätigungsverbot des Staates auf religiösem Gebiet aus, sondern nimmt sogar eine „Sinnverantwortung des Staates“ an, eine Pflicht des Staates, dafür zu sorgen, daß die „Sinnfrage“ gestellt werden könne.[165]

Abweichend von der h. M. setzt *Obermayer* eine festgelegte abgestufte Rangfolge der einzelnen Verfassungsnormen voraus. Diese könne dazu führen, daß eine „schwächere“ Norm gegenüber einer „stärkeren“ bzw. „höherrangigen“ Norm restriktiv auszulegen sei oder sich im Extremfall sogar als „verfassungswidriges Verfassungsrecht“ erweise.[166] So ordnet er etwa das Grundrecht der Religionsfreiheit den anderen staatskirchenrechtlich relevanten Normen vor. Daher müsse z. B. Art. 7 III GG restriktiv ausgelegt werden, solle diese Norm nicht überhaupt der Verfassungswidrigkeit verfallen.[167] *Obermayer* lehnt es auch ab, Art. 140 GG i. V. m. Art. 137 III und V WRV gegenüber Art. 4 GG als lex specialis anzusehen oder einen gleichrangigen Ausgleich der Normen vorzunehmen; Art. 4 GG müsse Vorrang haben.[168]

Von großer Bedeutung für seine Sicht ist, daß *Obermayer* besonderen Wert auf abstrakte Verfassungsprinzipien legt. Dazu zählt er Rechtsprinzipien, die in geschriebenen Normen Ausdruck gefunden haben und denen er besondere Bedeutung zumißt, da sie Ausdruck „vorstaatlicher“ oder „überpositiver Rechtsprinzipien“ seien, wie etwa die Religionsfreiheit in Art. 4 GG oder der Gleichheitssatz in Art. 3 GG;[169] ebenso geht es ihm dabei auch um ungeschriebene Verfassungsprinzipien wie etwa „Bekenntnisneutralität“ oder „Nichtidentifika-

---

[163] *Kleine*, Institutionalisierte Verfassungswidrigkeiten (1993), S. 230.
[164] *Obermayer*, in: Bonner Kommentar, Zweitbearbeitung (1971), Art. 140 Rn. 79.
[165] *Obermayer*, Staat und Religion (1977), S. 16 ff.
[166] *Obermayer*, in: BK (1971) Art. 140 Rn. 71.
[167] *Obermayer*, in: NJW 1973, 1817 (1817).
[168] *Obermayer*, in: BK (1971) Art. 140 Rn. 73.
[169] *Obermayer*, in: DÖV 1967, 9 (11); *ders.*, in: NJW 1973, 1817 (1817).

tion".[170] An diesen Prinzipien mißt er dann die (übrigen) Normen des Grundgesetzes. Diese Verfassungsprinzipien könnten durch andere Verfassungsnormen keinesfalls „durchbrochen", höchstens konkretisiert werden.[171] Dabei sieht *Obermayer* zum Teil auch tatsächlich Schwierigkeiten, geschriebene Grundgesetznormen mit einem solchen „Hauptgrundsatz" zum Ausgleich zu bringen, etwa bei Art. 7 III und V GG.[172] Auch die Verfassungswirklichkeit auf den Gebieten des Kirchensteuerwesens, des Schul- und Hochschulwesens und der Militär- und Anstaltsseelsorge hält *Obermayer* für unzulässig.[173]

Als Folge dürfte es aus *Obermayer*s Sicht z. B. den Religionsunterricht in der heutigen Form nicht geben. Ein bekenntnisgebundenes, aber den übrigen Pflichtfächern – abgesehen von einer Abmeldungsmöglichkeit – gleichgestelltes ordentliches Schulfach,[174] sei verfassungswidrig. Hierin überdauerten lediglich „obsolet gewordene Verfassungsvorstellungen".[175] Aus *Obermayer*s Sicht kann die Bezeichnung des Religionsunterrichts in Art. 7 III GG als „ordentliches Lehrfach" nur formal verstanden werden: der Unterricht dürfe, wenn er verfassungsgemäß sein solle, nicht benotet werden, keinesfalls dürften die Noten versetzungserheblich sein. Als Grund führt Obermayer die mangelnde Kontrolle und den fehlenden Einfluß des Staates auf den Religionsunterricht an sowie die Ungleichbehandlung der teilnehmenden und nichtteilnehmenden Schüler.[176] Nur eine restriktive Auslegung bewahre Art. 7 III GG vor einer Kollision mit übergeordneten Verfassungsprinzipien und somit davor, „verfassungswidriges Verfassungsrecht" zu sein; die Norm sei gegenüber den „stärkeren" Art. 3 GG und Art. 4 GG die „schwächere Norm".[177]

Auch den Staatskirchenverträgen steht *Obermayer* kritisch gegenüber. Er äußert ernsthafte Zweifel, ob sie tatsächlich ein geeignetes Mittel für die Gestaltung der Rechtsbeziehungen von Staat und Kirchen sein könnten, da „gerade in den Kirchenverträgen so viele verfassungsrechtlich anfechtbare Bestimmungen" zu finden seien.[178]

Sie seien als innerstaatliche Verträge zu qualifizieren und hätten keinesfalls völkerrechtlichen Charakter.[179] Da Vertragsvereinbarungen dem Verfassungsrecht entsprechen müßten, seien etwa Vereinbarungen nichtig, die konfessionelle Staatsämter vorsähen oder den Religionsgemeinschaften Mitwirkungsrechte

---

[170] *Obermayer*, in: BK (1971) Art. 140 Rn. 76 ff.
[171] *Obermayer*, in: NJW 1973, 1817 (1817).
[172] *Obermayer*, in: BK (1971) Art. 140 Rn. 78.
[173] *Obermayer*, in: BK (1971) Art. 140 Rn. 78.
[174] So das BVerwG, Urt. v. 6. Juli 1973 – VII C 36/71 (Münster) –, in: NJW 1973, 1815 ff.
[175] *Obermayer*, in: NJW 1973, 1817 (1817).
[176] So widerspreche es der Chancengleichheit, wenn den Schülern, die am Religionsunterricht teilnehmen, für ihre Versetzung zusätzliche Leistungen abverlangt würden.
[177] *Obermayer*, in: NJW 1973, 1817 (1817); *ders.*, in: Staat und Religion (1977), S. 13 f.
[178] *Obermayer*, in: BK (1971) Art. 140 Rn. 94.
[179] *Obermayer*, in: BK (1971) Art. 140 Rn. 93.

bezüglich der theologischen Fakultäten an staatlichen Hochschulen einräumten, da dies den Verfassungsgrundsätzen der Neutralität und Nichtidentifikation widerspreche.[180]

6. *Preuß*

Auch *Ulrich Preuß* steht in seiner Kommentierung zu Art. 140 GG im Alternativkommentar zum Grundgesetz[181] der herrschenden Meinung in fast allen Positionen kritisch gegenüber. Seine Sicht des Staatskirchenrechts weicht vor allem darin ab, daß er den staatskirchenrechtlichen Regelungen des Art. 140 GG eine grundsätzlich andere Bedeutung und Rechtfertigung zumißt und als Folge die einzelnen Gewährleistungen in diesen Normen anders versteht. Man dürfe – betont er – bei der Auslegung nicht übersehen, daß mit diesen Normen, auch wenn sie für alle Religionsgemeinschaften gelten, in erster Linie die Stellung der beiden Großkirchen festgelegt werden sollte.[182]

Der grundlegende Unterschied ist, daß *Preuß* keinen Zusammenhang zwischen diesen „Kirchenartikeln" und der Religionsfreiheit sehen will. Der besondere, geistliche Auftrag der Kirchen dürfe vom Staat wegen seiner Neutralität nämlich gar nicht in besonderer Weise beachtet und als Besonderheit anerkannt werden. Nach *Preuß'* Ansicht berücksichtigt das Grundgesetz mit diesen Sonderregelungen daher lediglich die besondere Eigentümlichkeit der Kirchen als Verbände, insbesondere ihren stiftungsähnlichen Charakter, über den die Mitglieder nicht verfügen könnten.[183]

Nur diese verbandlichen Besonderheiten wolle etwa Art. 140 GG i. V. m. Art. 137 III WRV schützen. Die Kirchenfreiheit des Art. 137 III 1 WRV versteht *Preuß* so als besondere Ausprägung nicht der Glaubens-, sondern der Vereinigungsfreiheit. Diese Norm verbiete über Art. 9 GG hinaus staatliche Regelungen, die in die Beziehungen zwischen den Kirchen und ihren Mitgliedern und in die innere Verbandsstruktur eingreifen und damit möglicherweise den zugrundeliegenden „Stifterwillen" beeinträchtigen könnten. Nur diese Beziehungen seien als „eigenen Angelegenheiten" im Sinne von Art. 137 III WRV zu verstehen. Dogma, Lehre und Kultus seien hingegen keine „eigenen Angelegenheiten" im Sinne dieser Norm, sondern würden allein über Art. 4 GG geschützt.[184]

---

180 *Obermayer*, in: BK (1971) Art. 140 Rn. 95.

181 *Preuß*, in: Kommentar zum Grundgesetz, Reihe Alternativkommentare, Bd. 2 (1989), Art. 140.

182 *Preuß*, in: AK (1989) Art. 140 Rn. 17. *Preuß* sieht in der für die Kirchen vorgesehenen Rechtsstellung die Verwirklichung eines neokorporativen Verbandsmodells, vgl. Art. 140 Rn. 19 f.

183 *Preuß*, in: AK (1989) Art. 140 Rn. 28 f.

184 *Preuß*, in: AK (1989) Art. 140 Rn. 30 f.

Auch die Berücksichtigung des Art. 140 GG i. V. m. Art. 137 III WRV im Bereich des Arbeitsrechtes wird von *Preuß* abgelehnt: Die Norm wolle die Besonderheit der Kirchen nur als Verband, nicht als Arbeitgeber schützen. Der von den Kirchen angestellte Einzelne sei, selbst wenn er ihr Mitglied sei, hier nur als Arbeitnehmer, nicht als Verbandsmitglied betroffen. Eine andere Sicht mißachte die Grundrechte der Arbeitnehmer. Die Religion als Beweggrund des sozialen Engagements könne über den Tendenzschutz hinreichend berücksichtigt werden.[185] Im übrigen dürfe Art. 140 GG i. V. m. Art. 137 III WRV auch nur für die Religionsgemeinschaften selbst, nicht für ihre Anstalten, Stiftungen etc. gelten.[186]

Auch Art. 140 GG i. V. m. Art. 137 V WRV sei vor dem genannten Hintergrund zu betrachten und zu verstehen: Die Rechtfertigung des Körperschaftsstatus liege in der Anerkennung der verbandlichen Besonderheiten der Kirchen. Sie sei Ausgleich dafür, daß die Kirchen – wie auch andere Massenverbände – Leistungen erbrächten, von denen Nichtmitglieder profitierten; den Kirchen sei wegen ihrer besonderen Struktur aber keine Kompensation nachlassender Mitgliedermotivation etwa durch binnendemokratische Strukturen möglich. Dies wolle Art. 140 GG i. V. m. Art. 137 V WRV durch einige Privilegien ausgleichen.[187]

Mit diesem Verständnis der institutionellen Gewährleistungen für Religionsgemeinschaften lehnt *Preuß* eine wesentliche Entwicklung in der übrigen Literatur und der Rechtsprechung ab, in der sich immer mehr durchsetzte, als Funktion dieser Normen auch die Unterstützung der individuellen Religionsfreiheit zu sehen und eine zumindest teilweise Überschneidung der Gewährleistungen anzunehmen.[188]

Wesentlich für seine Kritik ist weiterhin, daß *Preuß* das Verständnis der staatskirchenrechtlichen Gesamtordnung als Regel-Ausnahme-System teilt: Wegen Art. 140 GG i. V. m. Art. 137 I WRV sei jede organisatorische Verbindung von Staat und Religionsgemeinschaften grundsätzlich verboten und nur verfassungsrechtlich angeordnete Ausnahmen hiervon seien möglich, wie in Art. 7 III, V GG, Art. 140 GG i. V. m. Art. 137 IV WRV.[189]

Dies habe Folgen für die konfessionellen Staatsämter der Militär- und Anstaltsgeistlichen und der Theologieprofessoren sowie für Einflußrechte der Kirchen auf die theologischen Fakultäten an staatlichen Hochschulen, die *Preuß* für

---

[185] *Preuß*, in: AK (1989) Art. 140 Rn. 48.

[186] *Preuß*, in: AK (1989) Art. 140 Rn. 45.

[187] *Preuß*, in: AK (1989) Art. 140 Rn. 54.

[188] So zuerst *Listl*, Religionsfreiheit als Individual- und Verbandsgrundrecht, in: Essener Gespräche 3 (1969), S. 34 ff. = Joseph Listl, Kirche im freiheitlichen Staat, 1. Halbband (1996), S. 3 (insb. S. 44 ff.).

[189] *Preuß*, in: AK (1989) Art. 140 Rn. 41.

unzulässig hält.[190] Auch Verträge könnten daran nichts ändern, da sie die verfassungsrechtliche Stellung der Kirchen nicht verändern könnten, die durch das Grundgesetz als „politischer Gesamtzustand" festgelegt sei.[191]

7. *Verfasser einzelner Beiträge*

Eine Reihe von Kritikern haben sich nur einige Male zu staatskirchenrechtlichen Themen geäußert und ihr Anliegen danach nicht weiter verfolgt. Ihre Beiträge liegen zwar zum Teil schon recht lange zurück, sind aber immer noch Gegenstand der staatskirchenrechtlichen Diskussion. Daher sollen auch sie in diese Untersuchung einbezogen werden. Obwohl es in den Beiträgen häufig nur um einzelne Teilbereiche des Staatskirchenrechts geht, kritisieren auch sie grundlegend die herrschende Auslegung und stellen die gesamte staatskirchenrechtliche Ordnung in Frage.

a) *von Zezschwitz*

Friedrich v. Zezschwitz betrachtet insbesondere die Zulässigkeit religiöser Einflüsse in der Schule kritisch.[192] Er beklagt, daß es bedenkliche Bestrebungen gebe, die im Grundgesetz ausgesprochene Trennung von Staat und Kirche zu relativieren. Diese Strömung verlange die Freiheit der Kirchen vom Staat, gestehe dem Staat aber umgekehrt keine Freiheit von den Kirchen und von der Inanspruchnahme durch diese zu.[193] Auch sei nur in wenigen Verfassungsfragen „die Scheidelinie zwischen exegetischem Bemühen und schlichter „Ideologiejurisprudenz" so schlecht markiert wie bei der Beurteilung der religiösen und weltanschaulichen Aktivitäten des Staates"[194]. *V. Zezschwitz*` Anliegen ist es, einige Unstimmigkeiten im Bereich des staatlichen Schulwesens aufzudecken.

Dabei betont er, daß die Glaubensfreiheit vorrangig ein abwehrend wirkendes individuelles Freiheitsrecht des einzelnen und ein „Minderheitenschutzrecht" sei. Allein den persönlichen Glauben des einzelnen, nicht hingegen die Dogmen von Glaubensgemeinschaften, will *v. Zezschwitz* durch Art. 4 GG geschützt sehen.[195]

---

190 *Preuß*, in: AK (1989) Art. 140 Rn. 43, 71.

191 *Preuß*, in: AK (1989) Art. 140 Rn. 43.

192 *F. v. Zezschwitz* veröffentlichte einige Aufsätze zum Staatskirchenrecht, zum Thema Schule und Religion in: JZ 1966, 337 ff.; *ders.* in: JZ 1971, 11 ff.; allgemeiner zur staatlichen Neutralität *ders.* in: RuG 1973, 134 ff.

193 *F. v. Zezschwitz*, in: JZ 1966, 337 (337).

194 *F. v. Zezschwitz*, in: JZ 1971, 11 (11).

195 *F. v. Zezschwitz*, in: JZ 1971, 11 (11 ff.).

Entscheidend ist für *v. Zezschwitz* der Schutz des einzelnen davor, vom Staat in seiner persönlichen Glaubensentscheidung und seiner individuellen religiösen Vorstellung in irgendeiner Weise beeinflußt zu werden.[196] Er betont, daß eine solche Gefahr besonders leicht bei jungen und ungefestigten Menschen gegeben sei. Das Verbot sei folglich in der Schule streng zu beachten, da Schüler leicht zu beeinflussen seien. Schon eine Konfrontation mit Glaubensinhalten anderer, auch ohne irgendwelche Zwangselemente, müsse daher als Indoktrination angesehen werden. Dies gelte auch, wenn es um die Konfrontation des Schülers mit dem eigenen Bekenntnis, eine staatliche Unterweisung in den dogmatischen Lehren der eigenen Religionsgemeinschaft gehe, da nicht „institutionalisierte Glaubensdogmen", sondern die individuelle, persönliche Entscheidung geschützt sei und der Staat auf diese weder verunsichernd noch bestärkend einwirken dürfe.[197] Der einzelne soll danach nicht nur vor einer Beeinflussung durch andere Religionen und Weltanschauungen geschützt sein, sondern auch in seinen eigenen Zweifeln. In dieser Auffassung zeigt *v. Zezschwitz* erneut ein extrem individualistisches Verständnis der Glaubensfreiheit.

Entscheidend für die Frage, inwieweit Religion in der Schule Berücksichtigung finden könne (ob etwa die Veranstaltung eines Gebetes in der Schulklasse unter Anleitung und Aufsicht eines Lehrers zulässig sein kann[198]), ist für *v. Zezschwitz* jedoch nicht in erster Linie das Grundrecht der Religionsfreiheit, sondern die Frage der staatlichen Kompetenz; verfehlt sei hier der Ansatz der herrschenden Meinung, zwischen positiver und negativer Religionsfreiheit abzuwägen.[199] Die Religionsfreiheit könne keine Rolle spielen, da der Staat, der „Veranstalter" solcher Schulgebete sei, sich nicht auf Religionsfreiheit berufen könne. Freiheit im rechtlichen Sinne – so *von Zezschwitz* – sei Freiheit vom Staat. Verkündigungs- und Bekenntnisfreiheit gebe es „nur in dem von staatlicher Verantwortung freien Raum"; die Schule aber gehöre zum staatlichen Raum.[200]

Es gehe also allein um die Frage der Zuständigkeit und Kompetenz des Staates, nicht um die Religionsfreiheit. Daher seien Schulgebete unzulässig, selbst wenn alle Schüler dies wollten. Auch ein Einverständnis könne keine Zuständigkeiten schaffen und daher an der Inkompetenz des Staates und seiner Pflicht zur Enthaltsamkeit nichts ändern, da der Grundrechtsschutz unverzichtbar sei.[201]

---

[196] *F. v. Zezschwitz*, in: JZ 1971, 11 (12).
[197] *F. v. Zezschwitz*, in: JZ 1971, 11 (12 f.).
[198] Zu dieser Frage siehe die Entscheidungen des Hess. StGH, Urt. v. 27. Oktober 1965 – P. St. 388 –, in: DÖV 1966, 51 ff.; BVerwG, Urt. v. 30. November 1973 – BVerwG VII C 59.72 –, in: BVerwGE 44, 196 ff.; BVerfG, Beschl. v. 16. Oktober 1979 – 1 BvR 647/70 und 7/74 –, in: BVerfGE 52, 223 ff.
[199] *F. v. Zezschwitz*, in: JZ 1966, 337 (338 f., 344).
[200] *F. v. Zezschwitz*, in: JZ 1966, 337 (339).
[201] *F. v. Zezschwitz*, in: JZ 1966, 337 (344).

Von Zezschwitz verweist auf den von *Herbert Krüger* geprägten Grundsatz der „Nicht-Identifikation"[202] und leitet aus der Neutralitätspflicht des Staates ab, daß nicht nur die staatliche Identifikation mit dem Inhalt einer bestimmten Religion verboten sei, sondern jedes Befassen mit religiösen Anliegen gegen das Gebot der Nichtidentifikation verstoße: Der Staat müsse uneingeschränkte religiöse Indifferenz, unbedingte Enthaltsamkeit und ein gleichgültiges Verhalten in religiösen Dingen zeigen; dies könne entgegen anderer Auffassung nicht durch eine gleichmäßige Berücksichtigung aller vertretenen Bekenntnisse geschehen. In diesem Bereich meine jede Bevorzugung der einen Gruppe zwangsläufig und automatisch die Benachteiligung der anderen. Eine absolute Gleichbehandlung bei staatlicher Förderung sei schon wegen der Unterschiedlichkeit der einzelnen Religionsgemeinschaften nicht denkbar.[203]

Entsprechend kritisch steht *v. Zezschwitz* dem Religionsunterricht gemäß Art. 7 III GG gegenüber, ohne aber dessen Zulässigkeit in Zweifel zu ziehen. Beim Religionsunterricht beeinflusse der Staat den Glauben seiner Bürger; er identifiziere sich in der Person des Organwalters (des Lehrers) mit einer einzelnen Religion und tue damit genau das, was ihm sonst verboten sei.[204] Eine Identifizierung des Staates mit einer Religion dürfe grundsätzlich weder im ganzen noch in partiellen Bereichen stattfinden. Art. 7 III GG sei einzige Ausnahme und Durchbrechung der genannten Grundsätze und stelle sich daher als „systemwidrig" dar.[205] Er schränke Art. 4 GG ein und sei eine restriktiv auszulegende Ausnahme. *V. Zezschwitz* beurteilt den Religionsunterrichts als ein „Fossil", ein nicht mehr sachgerechtes Überbleibsel aus vorkonstitutioneller Zeit.[206]

b) *Keim*

Wolfgang Keim untersuchte im Jahre 1969 das Schulwesen in den USA und in Deutschland sowie den Einfluß der Religion in diesem Bereich.[207] Dabei stellt er zwischen beiden Ländern große Unterschiede fest. Er weist darauf hin, daß die schulrechtlichen Regelungen in Deutschland (wie etwa die Möglichkeit von Bekenntnisschulen) nicht mit dem amerikanischen Verständnis von Neutralität in Einklang stünden. Allerdings seien die Verhältnisse in Deutschland durch die

---

202 *Krüger*, Allgemeine Staatslehre (1966), S. 178 ff.
203 *F. v. Zezschwitz*, in: JZ 1966, 337 (339 ff.); *ders.*, in: RuG 1973, 134 (137 f.).
204 *F. v. Zezschwitz*, in: JZ 1966, 337 (342); *ders.* in: JZ 1971, 11 (13).
205 *F. v. Zezschwitz*, in: JZ 1966, 337 (342); *ders.* in: JZ 1971, 11 (13).
206 *F. v. Zezschwitz*, in: JZ 1971, 11 (13 f.).
207 *Keim*, Schule und Religion – Die religiös-weltanschauliche Neutralität des Staates und die Verbreitung religiösen Gedankenguts mit Hilfe des Schulwesens in den Vereinigten Staaten von Amerika und in Deutschland, 2. Aufl. (1969); vgl. hierzu *A. v. Campenhausen*, Literaturübersicht, in: Gesammelte Schriften (1995), S. 538 (570 ff.).

Verfassung ausdrücklich zugelassen. Gäbe es diese Verfassungsnormen nicht – so betont er – wäre jedoch fraglich, ob der Zustand in Deutschland überhaupt verfassungsgemäß wäre.[208]

Nach *Keims* Einschätzung „durchbricht" der deutsche Staat mit der Ermöglichung der Bekenntnisschulen den „für den modernen Staat wesentlichen Gedanken, (...) daß er religiös-weltanschaulich neutral ist, daß er also von Dingen der Religion keine Kenntnis nimmt und daher religiösen Anliegen keine Förderung angedeihen lassen" darf.[209] Nach *Keims* Verständnis bedeutet Neutralität, daß der Staat sich mit religiösen Anliegen nicht identifiziere, sie nicht einmal zur Kenntnis nehmen dürfe, sondern ihnen gegenüber indifferent und gleichgültig sein müsse.[210] Diese Neutralität sieht *Keim* auch durch das Grundgesetz festgelegt, nämlich in Art. 3 III GG, Art. 4 I GG, 33 III und Art. 140 GG. Sie sei nur durch einzelne Regelungen wie etwa Art. 7 V GG (einzuordnen als lex specialis) durchbrochen.[211]

Gegen die Annahme einer staatlichen Indifferenz könne auch nicht die besondere Stellung, die das Grundgesetz den Religionsgemeinschaften zuerkenne[212], ins Feld geführt werden. Diese Normen hätten Bedeutung allein für das Verhältnis „Staat – Kirche"; hiervon sei aber das Verhältnis des Staates zum einzelnen Bürger, wozu auch das Schulwesen gehöre, streng zu trennen.[213]

Keim hält es gleichzeitig für zweifelhaft, ob das deutsche System, das eine Identifizierung des Staates mit religiösem Anliegen ermögliche, überhaupt „mit dem Wesen des modernen Staates", welches religiöse Indifferenz verlange, vereinbar sei.[214]

Keims Kritik ist somit insgesamt als eher rechtspolitisch einzuordnen, da er einerseits auf die ausdrücklichen Regelungen der deutschen Verfassung zum Staatskirchenrecht und Schulrecht hinweist, die den gegenwärtigen Zustand ermöglichen, sie aber zugleich als „historische Bedingtheit"[215] abwertet, für die er in einem „modernen Staat" keinen Platz sieht. Dieses habe man in den USA „mit aller Deutlichkeit erkannt", in Deutschland hingegen (noch) nicht.[216] Sein Hinweis, daß man beim Vorliegen einer anderen gesetzlichen Grundlage zu einer anderen Beurteilung der Zulässigkeit bestimmter Einrichtungen kommen könne oder müsse, besagt letztlich nur eine Selbstverständlichkeit.

---

208 *Keim*, Schule und Religion (1969), S. 159.
209 *Keim*, Schule und Religion (1969), S. 238.
210 *Keim*, Schule und Religion (1969), S. 131 f., 159.
211 *Keim*, Schule und Religion (1969), S. 161.
212 Hierzu stellt *Keim* kritisch fest, daß die Entwicklung unter dem Grundgesetz zu einer Freiheit der Kirchen vom Staat, aber umgekehrt nicht zur Freiheit des Staates von den Kirchen geführt habe, Schule und Religion (1996), S. 146.
213 *Keim*, Schule und Religion (1969), S. 131 f. Fn. 675; 147.
214 *Keim*, Schule und Religion (1969), S. 239 f.
215 *Keim*, Schule und Religion (1969), S. 147.
216 *Keim*, Schule und Religion (1969), S. 238 f.

Anderseits versucht *Keim* aber, sein rechtspolitisches Anliegen als logisch zwingend herzuleiten, indem er einen unauflösbaren logischen Widerspruch zwischen den verschiedenen im Grundgesetz vorgesehen Regelungen feststellen will und sie zu widerstreitenden, letztlich unvereinbaren Prinzipien erklärt. Dazu gehört etwa der Hinweis, Art. 4 I GG schließe Bekenntnisschulen eigentlich zwingend aus.[217] So schließt *Keim* sein Buch, indem er zu bedenken gibt, „ob das öffentliche Schulwesen der Bundesrepublik erst dann die nach dem Grundgesetz zulässige Ausgestaltung erfährt, wenn das Staatskirchenrecht einen grundlegenden Wandel durchgemacht hat und der Staat sich entschlossen hat, die Förderung religiöser Anliegen nicht mehr als seine eigene Aufgabe zu betrachten".[218]

c) *Wieland*

Joachim Wieland hat die Rechtsprechung des Bundesverfassungsgerichts zur Interpretation des Art. 140 GG i. V. m. Art. 137 III WRV, insbesondere zur Stellung der Kirchen und ihrer Einrichtungen als Arbeitgeber, untersucht und diese grundsätzlich in Frage gestellt.[219] Ihm erscheint die Auslegung des Selbstverwaltungsrechts der Religionsgemeinschaften viel zu großzügig. Die Rechtsprechung zu Art. 140 GG i. V. m. Art. 137 III WRV gehe bei der Auslegung nicht genügend vom Gesetzestext aus, sondern von einem vorgefaßten Verständnis des Verhältnisses von Staat und Religionsgemeinschaften.[220]

Auch *Wieland* verneint den von der herrschenden Meinung[221] angenommenen engen Zusammenhang zwischen dem Selbstbestimmungsrecht nach Art. 140 GG i. V. m. Art. 137 III WRV und dem Grundrecht der Religionsfreiheit in Art. 4 GG: Es sei ein Mißverständnis, Art. 137 III WRV als Teil der Religionsfreiheit aufzufassen.[222] Entscheidend sei, daß Art. 4 GG ein Freiheitsrecht sei, während Art. 140 GG i. V. m. Art. 137 III WRV einer Religionsgemeinschaft die Ordnungsbefugnis über andere Menschen gewähre und gewährleiste.[223] Es gehe daher in Art. 140 GG i. V. m. Art. 137 III WRV um eine „Abgrenzung der Regelungsbefugnisse" zwischen Staat und Religionsgemeinschaften.[224] Die gegenteilige Auffassung verkennt nach *Wielands* Ansicht, daß Art. 140 GG

---

217 *Keim*, Schule und Religion (1969), S. 238.

218 *Keim*, Schule und Religion (1969), S. 240.

219 *Wieland* veröffentlichte zwei Aufsätze zu diesem Thema, *Wieland*, in: Der Staat 25 (1986), S. 321 ff.; *ders.*, in: DB 1987, 1633 ff.

220 *Wieland*, in: Der Staat 25 (1986), S. 321 (328).

221 So z. B. BVerfG, Beschl. v. 25. März 1980 – 2 BvR 208/76 –, in: BVerfGE 53, 366 (401); *Listl*, Die Religionsfreiheit als Individual- und Verbandsgrundrecht, in: Listl, Kirche im freiheitlichen Staat, 1. Halbband (1996), S. 3 (50 f.).

222 *Wieland*, in: Der Staat 25 (1986), S. 321 (327 f.).

223 *Wieland*, in: Der Staat 25 (1986), S. 321 (327 f., 344); *ders.*, in: DB 1987, 1633 (1636).

224 *Wieland*, in: Der Staat 25 (1986), S. 321 (348).

i. V. m. Art. 137 III WRV den Charakter einer Freiheitsnorm nur für die Kirchen habe, hingegen eine freiheitsbeschränkende Wirkung für „die Objekte des Ordnens und Verwaltens", den einzelnen Menschen.[225]

Da es sich also nicht wie bei Art. 4 GG um ein Freiheitsrecht handele, müsse zum Schutz der Betroffenen der Umfang dieses Rechts genau und objektiv bestimmt sein. Daher lehnt *Wieland* auch eine weite Auslegung des Art. 140 GG i. V. m. Art. 137 III WRV wie bei einem Grundrecht, eine Abwägung der verschiedenen Interessen und die Berücksichtigung des kirchlichen Selbstverständnisses ab.[226] Dies gebe schon der Normtext des Art. 137 III WRV vor, da darin die „eigenen Angelegenheiten" als objektiver Begriff erschienen.[227] Die Schranke der „für alle geltenden Gesetzes" müsse rein formal verstanden werden, nämlich als Beschränkbarkeit durch jedes normale, verfassungsmäßige Gesetz.[228] Nur dann werde der wahren Intention der Norm entsprochen, die darin liege, die Religionsgemeinschaften vor nachteiligen Sondergesetzen und Diskriminierungen zu schützen, nicht aber darin, sie zu privilegieren.[229]

Da somit die Kirchen an die allgemeine Rechtsordnung gebunden seien, könnten arbeitsrechtliche Beziehungen auch gar nicht unter die „eigenen Angelegenheiten" der Religionsgemeinschaften im Sinne dieser Norm fallen. Mit dem Abschluß eines Arbeitsvertrages mit einzelnen Bürgern nehme eine Religionsgemeinschaft Beziehung zu anderen Rechtssubjekten auf und gehe daher über ihren eigenen Rechtskreis hinaus. Bediene sich eine Religionsgemeinschaft jedoch des staatlichen Rechts, müsse sie auch die Konsequenzen tragen und könne sich diesen nicht einfach entziehen. Art. 140 GG i. V. m. Art. 137 III WRV gelte insoweit nicht.[230] Andernfalls wandele sich das Recht auf Selbstbestimmung des Art. 140 GG i. V. m. Art. 137 III WRV in ein Recht auf Fremdbestimmung über andere.[231]

Wieland lehnt es zugleich ab, auch den selbständigen, den Kirchen zugehörigen Einrichtungen das Recht aus Art. 140 GG i. V. m. Art. 137 III WRV zuzuerkennen. Es handele sich nicht mehr um eigene Angelegenheiten, wenn Religionsgemeinschaften ihre karitativen Einrichtungen nicht selbst betrieben, sondern durch rechtlich selbständige Einrichtungen betreiben ließen; das Selbstbestimmungsrecht komme nur dem Grundverband zu. Neben dem Wortlaut und dem herkömmlichem Verständnis der Norm unter der Weimarer Reichsverfassung führt *Wieland* als Argument an, daß sonst eine noch größere Anzahl von Ange-

---

[225] *Wieland*, in: Der Staat 25 (1986), S. 321 (347 f.).
[226] *Wieland*, in: DB 1987, 1633 (1635 f.).
[227] *Wieland*, in: Der Staat 25 (1986), S. 321 (345); kritisch gegenüber dieser Argumentation *Jeand'Heur/Korioth*, Staatskirchenrecht (2000), S. 138 f.
[228] *Wieland*, in: Der Staat 25 (1986), S. 321 (350).
[229] *Wieland*, in: Der Staat 25 (1986), S. 321 (348, 350); *ders.*, in: DB 1987, 1633 (1637).
[230] *Wieland*, in: DB 1987, 1633 (1635).
[231] *Wieland*, in: Der Staat 25 (1986), S. 321 (344); *ders.*, in: DB 1987, 1633 (1635, 1637).

stellten einen minderen Rechtsschutz erhalte, zumal diese Einrichtungen auch viel stärker als die Kirchen am Rechtsverkehr teilnähmen.[232]

Die Darstellung und Argumentation *Wielands* erweckt insgesamt den Eindruck, als seien nach dem Verständnis der von ihm kritisierten Rechtsprechung die Kirchen gar nicht an das allgemeine Arbeitsrecht gebunden, als gälten die arbeitsrechtlichen Vorschriften bei Anwendung des Art. 140 GG i. V. m. Art. 137 III WRV überhaupt nicht. Dieser Anschein vermittelt sich etwa, wenn *Wieland* schreibt, die Einrichtungen, die als eigene Angelegenheiten der Religionsgemeinschaften anerkannt werden, seien „tendenziell der staatlichen Rechtsordnung entzogen“[233] oder „von einer Bindung der Religionsgesellschaften an das für alle geltende Gesetz bleibt kaum etwas“[234].

Dies ist jedoch irreführend, da es auch nach dem von *Wieland* kritisierten Verständnis des Art. 137 III WRV bei einer differenzierten Anwendung der allgemeinen arbeitsrechtlichen Bestimmungen bleibt. Dabei sind die staatlichen Gerichte bei der Beurteilung bestimmter Fragen, etwa dem Umfang und Gewicht der Loyalitätspflichten der Mitarbeiter, an kirchliche Maßstäbe gebunden und haben das kirchliche Selbstverständnis zu berücksichtigen. Es bleibt jedoch im übrigen bei der Geltung des allgemeinen Kündigungsschutzrechts.

Wielands Vorstellungen zur Bedeutung des Art. 137 III WRV entsprechen einer Auffassung zur Rechtsstellung der Religionsgemeinschaften, die im 19. Jahrhundert und noch bis zum Inkrafttreten des Grundgesetzes vertreten wurde und die von einer staatlichen Kirchenhoheit ausging.

8. Ergebnis

Bei einer genaueren Betrachtung und Systematisierung dieser vielfältigen Kritik fallen einige zentrale Punkte auf, die für die abweichenden Sichtweisen wesentlich sind und sich bei verschiedenen Kritikern wiederholen:

So wird insbesondere gefordert, es müsse im Staatskirchenrecht ein dem Grundgesetz zugrundeliegendes Regel-Ausnahme-System erkannt und bei der Auslegung berücksichtigt werden. Das Grundgesetz enthalte auf diesem Gebiet eine Grundentscheidung mit nur einzelnen, limitierten Durchbrechungen. Diese Erkenntnis müsse wesentliche Auswirkungen auf die Interpretation der staatskirchenrechtlichen Normen sowie für die Beurteilung der Zulässigkeit weiterer traditionell anerkannter staatskirchenrechtlicher Einrichtungen haben. Benennung, Begründung und Herleitung dieser „Grundentscheidung“ differieren bei den einzelnen Ansätzen; die aus ihr gezogenen Folgerungen ähneln sich jedoch.

---

232 *Wieland*, in: Der Staat 25 (1986), S. 321 (343 ff.); *ders.*, in: DB 1987, 1633 (1637).
233 *Wieland*, in: Der Staat 25 (1986), S. 321 (334).
234 *Wieland*, in: Der Staat 25 (1986), S. 321 (340).

Weiterhin wird vielfach verlangt, für einige, als Ausnahmen einzuordnende Verfassungsnormen bestimmte Konsequenzen zu ziehen: sie seien restriktiv auszulegen; sie seien teilweise sogar verfassungswidrig; sie seien aufgrund eines Verfassungswandels entfallen. Im übrigen seien weitere Ausnahmen von der verfassungsrechtlichen „Grundentscheidung" weder durch den Landesgesetzgeber noch durch Verträge zwischen Staat und Religionsgemeinschaften einführbar.

Außerdem wird die von der herrschenden Meinung vorgenommene Unterscheidung zwischen positiver und negativer Religionsfreiheit abgelehnt und die Abwägung zwischen diesen Komponenten des Grundrechts im Konfliktfall kritisiert.

Im folgenden Teil soll eine eingehende Auseinandersetzung mit diesen Punkten der Kritik stattfinden.

C. Die Auseinandersetzung mit der Kritik

I. Verständnis der Grundgesetzsystematik als Regel-Ausnahme-System

1. Einleitung

Eine Vielzahl von Meinungsverschiedenheiten über einzelne Fragen des Staatskirchenrechts läßt sich auf einen Hauptgesichtspunkt zurückführen, nämlich auf die Frage nach der Systematik der staatskirchenrechtlichen Ordnung des Grundgesetzes. Viele Vertreter der Mindermeinung haben eine von der herrschenden Meinung grundsätzlich abweichende Ansicht darüber, was das Grundgesetz im Bereich des Staatskirchenrechts als „Normalfall", „Hauptprinzip", „Grundvorgabe" o. ä. vorsehe und welche Normen demzufolge als Ausnahmevorschriften anzusehen seien. Dies führt in zahlreichen Einzelfällen automatisch zu anderen Ergebnissen.

Diese Kritiker stimmen – bei unterschiedlichen Ansätzen – darin überein, daß sie der Verfassung die Grundentscheidung für eine größere Distanz zwischen Staat und Religionsgemeinschaften entnehmen. Als Folge dieser Sicht wird eine Reihe von Normen, die dieser vermeintlichen Grundentscheidung widersprechen, als Ausnahmevorschriften eingeordnet. Diese Ausnahmen werden dann als systemwidrig, zum Teil sogar als verfassungswidrig angesehen. Im Ergebnis zielt diese Kritik auf ein als zu eng angesehenes Verhältnis des Staates zu den christlichen Kirchen ab.

Die herrschende Meinung hingegen sieht in diesen Ansätzen ein Mißverständnis der vom Grundgesetz tatsächlich gewollten Regelung. Schon der Ausgangspunkt der Kritik, daß es in der staatskirchenrechtlichen Ordnung des Grundgesetzes überhaupt einen einzigen, derartig übergeordneten Hauptgrundsatz gebe, sei falsch.

Diese Differenzen äußern sich unter anderem in der Auseinandersetzung um die passende Bezeichnung für das staatskirchenrechtliche System des Grundgesetzes. So kritisiert etwa *Renck* unter der Überschrift „System oder historischer Wildwuchs?"[235] die Ansicht der herrschenden Meinung, es sei nicht möglich, den Typ des Verhältnisses von Staat und Kirche, wie ihn das Grundgesetz vorsieht, mit einem einheitlichen Begriff kurz und treffend darzustellen.[236]

In der Tat herrscht in der von *Renck* kritisierten Literatur die Ansicht vor, es sei schwierig, wenn nicht unmöglich, eine treffende Kurzbezeichnung für das

[235] *Renck*, in: BayVBl. 1999, 70 (71 ff.).

[236] *Renck*, in: BayVBl. 1999, 70 (71); auch schon früher *ders.* in: ThürVBl. 1994, 182 (182).

System des Staatskirchenrechts in Deutschland zu finden.[237] Das hänge damit zusammen, daß hier nicht ein übergeordneter Systemgedanke durchgehend verwirklicht worden sei, sondern daß man einen Kompromiß gesucht und gefunden habe. Man habe sich für den Weg des Interessenausgleichs entschieden, gegen die konsequente Durchsetzung einer einseitigen Extremlösung. So sei das deutsche Staatskirchenrecht ein komplexes und differenziertes Gebilde, in dem Elemente verschiedener Systeme miteinander verbunden seien und das auf verschiedenartigen, in einem Spannungsverhältnis zueinander stehenden Prinzipien beruhe, die miteinander zum Ausgleich zu bringen seien.[238]

Dies alles könne mit einer schlagkräftigen Kurzformel nicht richtig erfaßt werden. So stelle jede Kurzbezeichnung zwar ein wichtiges Element heraus, betone dieses dadurch aber einseitig und vernachlässige einen anderen, ebenso wichtigen Gesichtspunkt.[239] Dies könne eher zu Mißverständnissen führen, als zu einem besseren Verständnis verhelfen.[240]

Gleichwohl wird aber das Bedürfnis nach einer zusammenfassenden Charakterisierung auch anerkannt. Es werden didaktische und informatorische Gründe[241], Gründe der Abgrenzung und Rechtsvergleichung angeführt[242], aus denen sich die Notwendigkeit einer Bezeichnung ergeben könne. Wichtig sei jedoch, daß man sich der Unzulänglichkeit dieser Versuche bewußt sei und aus der beschreibenden und erläuternden Bezeichnung selbst keine Folgerungen zu ziehen versuche.[243]

So gibt es (auch von Seiten der h. M.) zahlreiche solcher Charakterisierungsversuche des vom Grundgesetz vorgesehenen Verhältnisses von Staat und Kirche, etwa:

- hinkende Trennung[244]

---

[237] *Scheuner*, in: HdbStKR I 1. Aufl. (1974), § 1 S. 5 (50); *Weber*, in: NJW 1983, 2541 (2554); *Hollerbach*, in: HdbStR VI (1989), § 138 Rn. 138; *A. v. Campenhausen*, in: v. Mangoldt/Klein/Starck, GG-Kommentar (2001), Art. 140 Rn. 12; *Mikat*, in: HdbVerfR (1994), § 29 Rn. 6; *Ehlers*, in: Sachs, GG-Kommentar (1999), Art. 140 Rn. 7; ausführlich hierzu *Bielitz*, in: ZevKR 29 (1984), S. 103 (106, 111).

[238] *Weber*, in: NJW 1983, 2541 (2554); *Bielitz*, in: ZevKR 29 (1984), S. 103 (104, 106, 111); *Hollerbach*, in: HdbStR VI (1989), § 138 Rn. 138; *A. v. Campenhausen*, in: v. Mangoldt/Klein/Starck, GG-Kommentar (2001), Art. 140 Rn. 12 ff.; *ders.*, in: HdbStKR I (1994), § 2 S. 47 (54 f.); *Ehlers*, in: Sachs, GG-Kommentar (1999), Art. 140 Rn. 7.

[239] *Hollerbach*, in: HdbStR VI (1989), § 138 Rn. 138; *Bielitz*, in: ZevKR 29 (1984), S. 103 (104); *A. v. Campenhausen*, Staatskirchenrecht (1996), S. 419.

[240] *Weber*, in: NJW 1983, 2541 (2554); *Hollerbach*, in: HdbStR VI (1989), § 138 Rn. 138.

[241] *Hollerbach*, in: HdbStR VI (1989), § 138 Rn. 138.

[242] *Weber*, in: NJW 1983, 2541 (2553); vgl. auch *Christophs* Bericht über die Diskussion auf dem IV. Internationalen Symposium der VELKD (1999), in: ZevKR 45 (2000), S. 319 (338).

[243] *A. v. Campenhausen*, Staatskirchenrecht (1996), S. 419 f.

[244] Zustimmend *Ehlers*, in: Sachs, GG-Kommentar (1999), Art. 140 Rn. 7; die Formulierung geht zurück auf: *Stutz*, Die päpstliche Diplomatie unter Leo XIII. nach den Denkwürdig-

- positive Trennung[245]
- balancierte Trennung[246]
- kooperative Trennung[247]
- Trennung eigener Art[248]
- gelockerte Fortsetzung der Verbindung[249]

oder etwas differenzierter:

- den Vertrag als Gestaltungsmittel bevorzugendes System sachlich begrenzter Kooperation[250]
- verfassungs- und vertragsrechtlich begründetes freiheitliches Kooperationssystem.[251]

Nach *Rencks* Ansicht zeigt sich hingegen in diesem skeptischen und zurückhaltenden Standpunkt und der Weigerung der herrschenden Meinung, den Gesamtkomplex des Staatskirchenrechts unter einen einheitlichen Systemgedanken zu stellen, vielmehr ein Verzicht auf eine systematische Erfassung des Rechtsgebiets und die Vernachlässigung einer soliden Dogmatik. Es sei ein Vorwand für die seiner Ansicht nach wahre Intention der herrschenden Meinung, sich mit Hilfe einer „gepflegten Systemlosigkeit"[252] und Unverbindlichkeit das Rechtsgebiet offenzuhalten für beliebige, ihr genehme Interpretationen.[253] *Renck* sieht in dem Verständnis der herrschenden Meinung zum Staatskirchenrecht ein „nur nach historischen Zufälligkeiten erklärbares Konglomerat gegensätzlicher Elemente", für das „in der rationalen Rechtsordnung eines aufgeklärten, säkularen Staates" kein Platz sei.[254] Ob ein Kompromiß überhaupt als „Normalfall ei-

---

keiten des Kardinals Domenico Ferrata, Abh. Preuß. Akademie d. Wiss. Jg. 25 Phil.-hist. Kl., Einzelausgabe 1926, S. 54 Anm. 2, zit. nach *Ehlers*, in: Sachs, GG-Kommentar (1999), Art. 140 Rn. 7.

245 *Link*, in: BayVBl. 1966, 297 (304); *Mikat*, in: Bettermann/Nipperdey/Scheuner, Die Grundrechte IV, 1. Halbband (1996), S. 111 (146).

246 *Böckenförde*, Staat – Gesellschaft – Kirche, in: Christlicher Glaube und moderne Gesellschaft, Teilband 15, S. 5 (64), zit. nach *Bielitz*, in: ZevKR 29 (1984), S. 103 (103); zustimmend *Morlok*, in: Dreier, GG-Kommentar (2000), Art. 140/137 Rn. 12; *Bergmann*, in: Seifert/Hömig, GG-Kommentar (1999), Art. 140 Rn. 4.

247 *Obermayer*, in: BK (1971), Art. 140 Rn. 84.

248 *Heckel*, Staat Kirche Kunst (1968), S. 198.

249 *Scheuner*, in: ZevKR 7 (1959/1960), S. 225 (245).

250 *Hollerbach*, in: HdbStR VI (1989), § 138 Rn. 138; ebenso *ders.* schon früher in: VVDStRL 26 (1968), S. 57 (101).

251 *Listl/Hollerbach*, in: HdbKathKR (1999), § 18 S. 1268 (1273).

252 *Renck*, in: BayVBl. 1999, 70 (72).

253 *Renck*, in: BayVBl. 1999, 70 (71f); *ders.* in: ZRP 1999, 323 (323); ähnlich *Czermak*, in: KJ 2000, 229 (239).

254 *Renck*, in: BayVBl. 1999, 70 (72).

ner bekenntnisfreien Grundrechtsordnung" gelten könne, erscheint ihm gleichfalls zweifelhaft.[255]

Unbestritten und Ursache dieser gesamten Auseinandersetzung ist, daß das Grundgesetz sowohl Vorschriften enthält, die auf eine Distanz von Staat und Religion bzw. Religionsgemeinschaften hinzielen und bestimmte enge Verbindungen verbieten, als auch Vorschriften, die zu einer engen Verbindung und Zusammenarbeit von Staat und Religionsgemeinschaften führen. Einzelne Normen und Elemente könnte man für sich gesehen in Rechtsordnungen eines Staates mit strengem Trennungssystem finden, andere hingegen auch in staatskirchlichen Ordnungen.

Fraglich ist aber, ob daraus ein Regel-Ausnahme-Verhältnis herzuleiten ist – den trennenden Normen ein übergeordneter Charakter zukommt und die geregelten Fälle der Kooperation Ausnahme und Obergrenze für Zusammenarbeit und staatliche Berücksichtigung sind – oder ob ein Kompromiß aus verschiedenen Grundsätzen verwirklicht wurde, die miteinander zum Ausgleich gebracht werden müssen, ohne daß dem einen oder anderen ein übergeordneter Charakter zukommt. Konsequenzen hat diese Frage in erster Linie für die Fälle einer Zusammenarbeit von Staat und Religionsgemeinschaften, die nicht unmittelbar durch die Verfassung positiv geregelt sind. Eine solche weitergehende Zusammenarbeit ohne ausdrückliche verfassungsrechtliche Erlaubnis halten Vertreter eines Regel-Ausnahme-Verständnisses als Verstoß gegen die übergeordnete Regel für unzulässig.

Im folgenden sollen die Ansätze einiger Autoren, die ein solches Regel-Ausnahme-Modell vertreten, auf ihre Vereinbarkeit mit dem Grundgesetz überprüft werden.

2. *„Trennungssystem mit Ausnahmen" nach* Fischer

a) Darstellung

Fischer versteht das Staatskirchenrecht des Grundgesetzes als „Norm-Ausnahmeverhältnis" bzw. als „Trennungssystem mit legalen Systemwidersprüchen".[256] Er geht von der Grundthese aus, daß der individuellen Religionsfreiheit gemäß Art. 4 GG der unbedingte Vorrang vor allen übrigen Regelungen des Staatskirchenrechts einzuräumen sei. Aus der Religionsfreiheit leitet *Fischer* das objektiv-rechtliche Gebot für eine ganz bestimmte Ausgestaltung des Verhältnisses von Staat und Kirchen ab, nämlich die Forderung nach einer strikten und

---

[255] *Renck*, in: BayVBl. 1999, 70 (71 Fn. 11); ähnlich kritisch über den Kompromißcharakter auch *ders.* in: ZRP 1999, 137 (138).

[256] *Fischer*, Trennung von Staat und Kirche, 3. Aufl. (1984), S. 176.

radikalen Trennung. Dies sei die einzige Möglichkeit für eine widerspruchsfreie Ordnung. Er bezeichnet eine solche Trennungskonzeption – unter Verweis auf die Ausführungen *Giacomettis* aus dem Jahre 1926[257] – als „logische Folge der Religionsfreiheit", als einzige Folgerung, die der „zwingenden Logik" nachkomme.[258] Alle dem Grundsatz der Trennung nicht entsprechenden Abweichungen seien folglich strikt als Ausnahmen zu behandeln.[259]

Unter dieser Trennung versteht *Fischer* vor allem eine Abgrenzung der Aufgaben und Bereiche von Staat und Religionsgemeinschaften. Einen Platz für Religion und Religionsgemeinschaften gebe es dabei nur im „staatsfreien" Raum der Gesellschaft. In der Sphäre staatlicher Öffentlichkeit könne es für die Kirchen hingegen keine Betätigungs- und Einflußnahmemöglichkeiten geben.[260]

Die Religion dürfe für den Staat keine Bedeutung haben.[261] Aus dem Verbot staatlicher Einflußnahme ergebe sich zwangsläufig auch das Verbot jeder staatlichen Förderung religiöser Bedürfnisse, da mit jeder Förderung stets eine solche unzulässige Einflußnahme verbunden sei.[262] Aus diesen Vorgaben seines Trennungsprinzips entwickelt *Fischer* den Maßstab für die Frage nach der Einordnung und Zulässigkeit einzelner Tatbestände.

Diese Sichtweise hat zum einen Folgen für die im Grundgesetz vorgesehenen Einrichtungen, die dieser Auffassung einer strengen Trennung widersprechen: Da *Fischer* der Religionsfreiheit und ihren Konsequenzen Vorrang vor den institutionellen Regelungen einräumt, sieht er diese, nämlich die Kirchensteuer gemäß Art. 140 GG i. V. m. Art. 137 VI WRV und den Religionsunterricht gemäß Art. 7 III GG[263] als Ausnahmen, „legale Verfassungswidersprüche", „Systemwidrigkeiten" und „Fremdkörper"[264] an und fordert, diese Normen deshalb eng auszulegen.[265]

Zahlreiche übrige Erscheinungen wie etwa die theologischen Fakultäten[266], die Militär-[267] und sonstige staatlich organisierte Anstaltsseelsorge[268], die Praxis des Kirchensteuereinzugs über die staatlichen Finanzämter[269], eine staatliche

257 *Giacometti*, Quellen zur Geschichte von Staat und Kirche (1926), S. XV ff.
258 *Fischer*, Trennung von Staat und Kirche, 3. Aufl. (1984), S. 49 ff.
259 *Fischer*, Trennung von Staat und Kirche, 3. Aufl. (1984), S. 51.
260 *Fischer*, Trennung von Staat und Kirche, 3. Aufl. (1984), S. 59, 167.
261 *Fischer*, Trennung von Staat und Kirche, 3. Aufl. (1984), S. 59.
262 *Fischer* Trennung von Staat und Kirche, 3. Aufl. (1984), 321.
263 *Fischer*, Trennung von Staat und Kirche, 3. Aufl. (1984), S. 164.
264 *Fischer*, Trennung von Staat und Kirche, 1. Aufl. (1964), S. 141, 3. Aufl. (1984), S. 288, 294; *ders.*, in: KJ 1989, 295 (300).
265 *Fischer*, Trennung von Staat und Kirche, 3. Aufl. (1984), S. 169; *ders.*, in: KJ 1989, 295 (301).
266 *Fischer*, Trennung von Staat und Kirche, 3. Aufl. (1984) S. 307 ff.
267 *Fischer*, Trennung von Staat und Kirche, 3. Aufl. (1984), S. 252 ff.
268 *Fischer*, Trennung von Staat und Kirche, 3. Aufl. (1984), S. 249 ff.
269 *Fischer*, Trennung von Staat und Kirche, 3. Aufl. (1984), S. 218 ff.

Förderung der Kirchen[270] oder kirchlicher Einrichtungen[271], die ebenfalls nicht seiner Trennungskonzeption entsprechen und für die es keine Ausnahmeregelung im Grundgesetz gibt, erklärt er für schlicht verfassungswidrig.[272]

b) Würdigung

aa) Grundrechtsverständnis

Fischer versucht, das gesamte Verhältnis von Staat und Religionsgemeinschaften direkt aus dem Grundrecht der Religionsfreiheit abzuleiten. Dabei wirkt sich insbesondere sein Grundrechtsverständnis auf das von ihm aus Art. 4 GG gefolgerte Trennungsprinzip aus.[273]

Fischer versteht die Religionsfreiheit ausschließlich als ein Abwehrrecht gegen den Staat: Als Grundrecht des status negativus sichere sie dem Einzelnen eine Sphäre zur eigenen Ausgestaltung und gegen Eingriffe und jegliche Einflußnahme öffentlicher Gewalt. Für die Entfaltung der Religionsfreiheit garantiere der Staat einen von staatlicher Einflußnahme freien, einen „staatsfreien" Raum.[274] Die Religionsfreiheit sei gewährleistet, wenn der Staat sich um Glauben und Bekenntnis nicht kümmere, verpflichte diesen also zu einem Unterlassen. Der Staat gewähre Religionsfreiheit durch seine Abwesenheit und seinen Nichteingriff in einen gesicherten Freiraum, einen von staatlichem Einfluß ausgegrenzten Bereich. Alles, was mit Religion zusammenhänge, müsse in rechtlicher Hinsicht irrelevant sein.[275] So lehnt *Fischer* auch die Unterscheidung von positiver und negativer Religionsfreiheit ab, da es immer nur darum gehe, daß der Staat einen Eingriff in einen geschützten Bereich unterlasse.[276]

In diesem „staatsfreien" Raum, aber auch nur dort könne sich Religion dann aber auch entfalten. Das bedeute, daß der staatliche Bereich hierfür eben nicht zur Verfügung stehe.[277] Der durch die Religionsfreiheit geschaffene Freiraum gehöre der Privatsphäre und dem gesellschaftlichen Bereich an, während Religion im staatlichen Bereich „nichts zu suchen" habe. Ein „Freiraum" für die Aus-

---

[270] *Fischer*, Trennung von Staat und Kirche, 3. Aufl. (1984), S. 177 ff.

[271] *Fischer*, in: KJ 1989, 295 (304 f.).

[272] *Fischer*, in: RuG 3 (1973), 142 (142 f.); *ders.*, Sozial-liberale Koalition, in: Rath (Hrsg.), Trennung von Staat und Kirche? (1974), S. 40 (47 f.).

[273] Ein ähnliches Grundrechtsverständnis findet sich bei *F. v. Zezschwitz*, in: JZ 1966, 337 (339); *ders.*, in: JZ 1971, 11 (11 ff.).

[274] *Fischer*, Trennung von Staat und Kirche, 3. Aufl. (1984), S. 166 f.

[275] *Fischer*, Trennung von Staat und Kirche, 3. Aufl. (1984), S. 59.

[276] *Fischer*, Trennung von Staat und Kirche, 3. Aufl. (1984), S. 56 ff.

[277] *Fischer*, in: FG BVerwG (1978), S. 194; *ders.*, Trennung von Staat und Kirche, 3. Aufl. (1984), S. 59, 167; *ders*, in: KJ 1989, 295 (300).

übung der Religionsfreiheit in diesem Bereich, z. B. in der öffentlichen Schule, sei daher „undenkbar". Die Rechtsprechung des Bundesverfassungsgerichts, wonach religiösen Elementen auch in der Schule Raum zu geben sei[278], wird von *Fischer* dementsprechend kritisiert und abgelehnt.[279]

Als Folge des Verständnisses der Religionsfreiheit als Garantie einer Ausgrenzung bedeutet „Trennung von Staat und Kirche" für *Fischer* daher nicht nur ein organisatorisches Auseinandertreten, sondern eine gleichsam räumliche Aufteilung des Gemeinwesens, nach der ein Bereich für den Staat und ein anderer Bereich für die Kirche als Teil der Gesellschaft problemlos unterschieden werden kann und muß. Religion und Religionsgemeinschaften gehören dann allein auf die Seite der Gesellschaft.[280]

Ziel dieser strikten Trennung ist möglichst die Vermeidung jeglicher Berührung. Eine Einwirkung und Einflußnahme der Bereiche aufeinander dürfe es nicht geben. Das Wirken der Religionsgemeinschaften im staatlichen Bereich sei ausgeschlossen. Zugleich sei auch zwangsläufig dem Staat jede Förderung von Religionsgemeinschaften untersagt.[281] Da dem Staat der religiöse Bereich verschlossen sei, müsse er Indifferentismus, Teilnahmslosigkeit und Gleichgültigkeit zeigen.[282]

Diese Sicht der Trennung als Vermeidung von Berührungen hat zur Folge, daß jede Überschneidung der Wirkungsbereiche und jedes Zusammentreffen von Staat und Religion bzw. Religionsgemeinschaften in einem Bereich als Ausnahme, als „legaler Systemwiderspruch" erscheint: Da z. B. die Schule allein in den Bereich des Staates fallen soll, biete sie an sich keinen Platz für Religion. Die Idee von Religionsunterricht in der staatlichen Schule erscheint folglich als systemwidrig.[283] Das gleiche gilt für die Kirchensteuer.[284]

Dies zeigt sich auch in *Fischers* Verständnis des Art. 140 GG i. V. m. Art. 141 WRV: Mit dieser Norm werde nicht etwa die Entfaltung der Religionsfreiheit im staatlichen Bereich ermöglicht. Die Verfassung sehe hier nicht vor, daß der Staat religiöse Bedürfnisse berücksichtigen und unterstützen solle; diese dürften den Staat hier wie sonst nicht kümmern, da schon darin ein unzulässiger Übergriff läge.[285] Vielmehr nehme der Staat sich hier zurück. Er verzichte auf seine aus der Anstalts- und Befehlsgewalt resultierenden Rechte, damit auch in

---

278 BVerfG, Beschl. v. 16. Oktober 1979 – 1 BvR 647/70 und 7/74 –, in: BVerfGE 52, 223 (241).

279 *Fischer*, in: KJ 1989, 295 (300); *ders.*, Trennung von Staat und Kirche, 3. Aufl. (1984), S. 59.

280 *Fischer*, Trennung von Staat und Kirche, 3. Aufl. (1984), S. 167.

281 *Fischer*, Trennung von Staat und Kirche, 3. Aufl. (1984), S. 177 ff., 321.

282 *Fischer*, Sozial-liberale Koalition, in: Rath (Hrsg.), Trennung von Staat und Kirche? (1974), S. 40 (48 f.).

283 *Fischer*, Trennung von Staat und Kirche, 3. Aufl. (1984), S. 288 ff.

284 *Fischer*, Trennung von Staat und Kirche, 3. Aufl. (1984), S. 216 ff.

285 *Fischer*, Trennung von Staat und Kirche, 3. Aufl. (1984), S. 249 f.

staatlichen Einrichtungen der genannte „staatsfreie“ Raum entstehen könne und eine ungestörten Religionsausübung nicht behindert werde.[286] Eine über diesen Verzicht hinausgehende Ermöglichung, Berücksichtigung und Förderung, etwa durch Organisationshilfen und finanzielle Unterstützung, sei hingegen nicht nur durch Art. 140 GG i. V. m. Art. 141 WRV nicht geboten, sondern dem Staat verboten.[287]

bb) Angemessenheit dieses Grundrechtsverständnisses im heutigen Staat

Dieses hier sichtbar werdende Grundrechtsverständnis *Fischers* ist jedoch zweifelhaft: Seine strikte Beschränkung der Religionsfreiheit auf ein Abwehrrecht und ein Ignorierungsgebot an den Staat steht im Widerspruch zum modernen Grundrechtsverständnis. Zwar ist überwiegend anerkannt, daß sich aus Art. 4 GG keine unmittelbaren Leistungs- und Teilhabeansprüche gegen den Staat ergeben.[288] Daraus darf aber nicht die Unzulässigkeit einer jeden Förderung gefolgert werden: Man kann nicht davon ausgehen, daß der Staat heute stets einen Freiheitsbereich vorfindet und seine Aufgabe sich darin erschöpft, diesen zu achten. Ein Grundrecht erlegt dem Staat auch auf, die Voraussetzungen für eine möglichst effektive Grundrechtsausübung zu schaffen und zu sichern. Der Staat bietet Hilfe und Unterstützung zur Grundrechtsverwirklichung und gewährleistet diese damit auch durch positive Maßnahmen und aktives Tätigwerden. Diese staatliche Aufgabe der Freiheits- und Grundrechtsförderung besteht auch bei der Religionsfreiheit.[289]

Weiterhin ist heute unbestritten, daß die Geltung der Grundrechte nicht auf den nichtstaatlichen Bereich beschränkt ist. Die Grundrechte sind stets zu berücksichtigen; sie gelten auch in sog. „Sonderstatusverhältnissen“.[290] Dazu

---

[286] *Fischer*, Trennung von Staat und Kirche, 3. Aufl. (1984), S. 249 f., 254.

[287] *Fischer*, Trennung von Staat und Kirche, 3. Aufl. (1984), S. 250.

[288] *Herzog*, in: Maunz/Dürig, GG-Kommentar (1988), Art. 4 Rn. 108; *v. Campenhausen*, in: HdbStR VI (1989) § 136 Rn. 40; *Robbers*, in: HdbStKR I (1994), § 31 S. 867 (876); *Hekkel*, Religionsfreiheit, in: Gesammelte Schriften IV (1997), S. 647 (724 f.); *Kokott*, in: Sachs, GG-Kommentar (1999), Art. 4 Rn. 65; *Starck*, in: v. Mangoldt/Klein/Starck, GG-Kommentar (1999), Art. 4 Rn. 17; *Marré*, in: FS Hollerbach (2001), S. 879 (885).

[289] *Ehlers*, in: ZevKR 32 (1987), S. 158 (173); *ders.*, in: Pieroth (Hrsg.), Verfassungsrecht und soziale Wirklichkeit (2000), S. 85 (95); *Isensee*, in: HdbStKR I (1994), § 35 S. 1009 (1061); *Robbers*, in: HdbStKR I (1994), § 31 S. 867 (876); *A. v. Campenhausen*, Staatskirchenrecht (1996), S. 278, 335 f.; *Ennuschat*, Militärseelsorge (1996), S. 226; *Morlok*, in: Dreier, GG-Kommentar (1996), Art. 4 Art. 126; *Heckel*, Religionsfreiheit, in: Gesammelte Schriften IV (1997) S. 647 (739); *Marré*, in: FS Hollerbach (2001), S. 879 (885).

[290] Dies ist allgemein anerkannt seit der Strafgefangenenentscheidung durch das BVerfG, Beschl. v. 14. März 1972 – 2 BvR 41/71 –, in: BVerfGE 33, 1 (9 ff.); vgl. auch *v. Münch/Kunig*, GG-Kommentar (1992), Art. 4 Rn. 4; *Eick-Wildgans*, in: HdbStKR II

bedürfte es keiner Regelung wie Art. 140 GG i. V. m. Art. 141 WRV – aus der *Fischer* diese Rechtsfolge ableitet –, und dies gilt auch nicht nur für die in Art. 141 WRV erwähnten staatlichen Institutionen. Somit ist also auch in der Schule die Religionsfreiheit nicht einfach unbeachtlich, eine religiöse Betätigung der Schüler nicht grundsätzlich ausgeschlossen. Auch die staatlich organisierten Bereiche sind – soweit wie möglich – offen für eine Aktivität der Bürger, die auch hier den Schutz durch die Grundrechte genießt.[291]

Fischers Konzeption entspricht einem altliberalen, vordemokratischen Grundrechtsverständnis aus dem 19. Jahrhundert, das eine strenge Trennung und gegenseitige Abschottung von Staat und Gesellschaft voraussetzt. Freiheit besteht nach dieser Sicht nur im staatsfreiem Raum, durch Abwesenheit des Staates. Staat und Freiheit schließen sich aus, erscheinen als Gegensätze. Freiheit ist hiernach nur als Freiheit vom Staat und außerhalb des Staates, nicht im Staat und durch den Staat vorstellbar.[292]

Diese Vorstellung einer strikten Trennung von Staat und Gesellschaft wird heute in Frage gestellt: Sie entspreche nicht mehr den tatsächlichen Gegebenheiten, da man nicht mehr von einer derartigen Unabhängigkeit der Gesellschaft vom Staat ausgehen könne. Es sei zu einer zunehmenden Verstrickung und Vermischung von Staat und Gesellschaft gekommen, die eine säuberliche Trennung – trotz grundsätzlicher Unterscheidbarkeit – nicht mehr so leicht möglich mache. Der Staat habe sein Wirkungsfeld immer weiter ausgedehnt, sei immer stärker in früher gesellschaftliche Bereiche vorgerückt. So habe er z. B. Bildung, Kunst und Wissenschaft in seine Obhut übernommen und übe durch ein dichter werdendes Regelungsnetz zunehmend Einfluß auf die Gesellschaft aus.[293]

Diese Entwicklung sei im Grundgesetz mit der Entscheidung für einen Sozial- und Kulturstaat auch bereits angelegt. Als Kulturstaat ermögliche und sichere der Staat die Bedingungen, unter denen sich Kultur entwickeln und entfalten könne, nicht mit dem Ziel der Beeinflussung, sondern um überhaupt die Grundlage für eine freiheitliche Entfaltung zu schaffen. Die staatliche Förderung von

---

(1995), § 70 S. 995 (1005 f., 1013); *A. v. Campenhausen*, Staatskirchenrecht (1996), S. 223; *Morlok*, in: Dreier, GG-Kommentar (1996), Art. 4 Rn. 107 ff.

[291] *Morlok*, in: Dreier, GG-Kommentar (1996), Art. 4 Rn. 100, 123, 126; *Heckel*, Religionsfreiheit, in: Gesammelte Schriften IV (1997), S. 647 (734 f.).

[292] *Schlaich*, Neutralität (1972), S. 26; *Meyer-Teschendorf*, in: ZevKR 23 (1978), 202 (207 f.); *ders.*, Staat und Kirche (1979), S. 166; *Ennuschat*, Militärseelsorge (1996), S. 226; *Heckel*, Religionsfreiheit, in: Gesammelte Schriften IV (1997), S. 698 f. Auch die Forderungen *Krügers* für das Verhalten des dem Gebot der Nicht-Identifikation verpflichteten Staates setzten die Vorstellung einer solchen strengen Trennung von Staat und Gesellschaft voraus, vgl. *Krüger*, Allgemeine Staatslehre (1966), S. 178 ff.

[293] *Schlaich*, Neutralität (1972), S. 26, 184, 242, 252; *Meyer-Teschendorf*, Staat und Kirche (1979), S. 175, 191f; *Marré*, in: FS Hollerbach (2001), S. 879 (883 f.); *Robbers*, in: HdbStKR I (1994), § 31 S. 867 (877); *Morlok*, in: Dreier, GG-Kommentar (2000), Art. 140/137 Rn. 20.

Massenverbänden und von gesellschaftlicher Betätigung sei in diesem Zusammenhang „kulturstaatliche Normalität".[294] Für den Sozial- und Leistungsstaat, bei dem sich die Finanzmacht konzentriere und der die Aufgabe der Daseinsvorsorge habe, sei die Mittelverteilung und die Berücksichtigung gesellschaftlicher Bedürfnisse eine wesentliche Funktion.[295] Auch umgekehrt finde eine Einflußnahme der gesellschaftlichen Kräfte auf Herrschaft und staatliches Tätigwerden durch die politische, demokratische Mitwirkung der Gesellschaft statt.[296]

Diese Veränderung der Verhältnisse muß auch für das Grundrecht der Religionsfreiheit Folgen haben, wenn es seiner Bedeutung als Mittel zur Freiheitssicherung gerecht werden soll. Allein in der Ignorierung, Ausgrenzung und dem Verweis auf den verbleibenden staatsfreien Raum liegt unter diesen Voraussetzungen keine effektive Freiheitssicherung. Eine solche Rechtsfolge mag im Staat des 19. Jahrhunderts für eine Freiheitsgewährleistung ausgereicht haben, im heutigen Leistungsstaat hätte dies eine eher behindernde Wirkung.

Staatliches Tätigwerden führt im heutigen Gemeinwesen nicht allein zu Freiheitseinschränkungen, sondern fördert oder ermöglicht in mancher Hinsicht erst die Ausübung von Freiheitsrechten. Die Einschränkung und Gefährdung der Freiheit droht nicht mehr nur durch gezielte staatliche Eingriffs- und Lenkungsversuche, sondern auch durch das dichte, allgemeine Regelungsgefüge und die Ausbreitung des Staates auf zahlreiche neue, ursprünglich rein gesellschaftliche Gebiete. Wenn daher überall dort, wo sich der Staat ordnend und organisierend betätigt, religiöse Interessen und sogar die religiöse Betätigung ausgeschlossen sein sollten, gäbe es für sie nicht mehr viel Platz zur Entfaltung. Indem der Staat immer weniger Bereiche sich selbst überläßt, würde der unter diesen Voraussetzungen für Religion zur Verfügung stehende und zugängliche Bereich immer kleiner.[297]

Wo die natürliche Handlungsfreiheit durch eine staatliche Ausbreitung unterbunden oder behindert wird, muß es daher möglich sein (oder ist es sogar geboten), diese Einschränkungen durch Förderung zu kompensieren und auf diese Weise eine Hilfe zur Grundrechtsausübung zu geben.[298] Wenn der Staat die

---

[294] *Robbers*, in: HdbStKR I (1994), § 31 S. 867 (878); *Marré*, in: FS Hollerbach (2001), S. 879 (884); ähnlich *A. v. Campenhausen*, Staatskirchenrecht (1996), S. 279, 335; *Heckel*, Religionsfreiheit, in: Gesammelte Schriften IV (1997), S. 649 (739).

[295] *A. v. Campenhausen*, Staatskirchenrecht (1996), S. 278; *Robbers*, in: HdbStKR I (1994), § 31 S. 867 (877 ff., 888 f.); *Heckel*, Religionsfreiheit, in: Gesammelte Schriften IV (1997) S. 647 (739), *Marré*, FS Hollerbach (2001), S. 879 (884).

[296] *Rupp*, in: HdbStR I (1995), § 28 Rn. 17; *Ennuschat*, Militärseelsorge (1996), S. 226.

[297] *Heckel*, Religionsfreiheit, in: Gesammelte Schriften IV (1997), S. 647 (699); *Ehlers*, in: Pieroth (Hrsg.), Verfassungsrecht und soziale Wirklichkeit (2000), S. 85 (95); vgl. zu den Schwierigkeiten, die sich seit der Ausweitung der Staatstätigkeit auch in den USA mit ihrer strengen Trennungskonzeption ergeben haben, *A. v. Campenhausen*, Staatskirchenrecht (1996), S. 396 ff.; *Heun*, in: FS Heckel (1999), S. 341ff, insb. S. 356.

[298] *Pirson*, in: Essener Gespräche 28 (1994), S. 83 (97 f.).

Ausübung von Freiheitsrechten durch Verrechtlichung immer mehr von der Erfüllung bestimmter Bedingungen abhängig macht, trifft ihn auch eine entsprechend größere Pflicht zur Förderung (z. B. im Bereich des Privatschulwesens und der Caritas und Diakonie).[299] So sichert der Staat Grundrechte nicht mehr allein durch Nichtbeachtung und Ausgrenzung eines Bereiches, sondern durch Grundrechtsförderung.

Eine Förderung kann somit nicht – wie von *Fischer* vorausgesetzt – generell als unzulässige Einflußnahme erscheinen, insbesondere wenn staatliche Förderung auf breiter Ebene stattfindet; in diesem Fall läge vielmehr in einer Nichtförderung eine Beeinflussung. Wenn der Staat sich zur Förderung entschließt, ist für die Freiheitssicherung entscheidend, daß dies in grundsätzlicher Gleichbehandlung und ohne generelle Herausnahme bestimmter Interessengebiete geschieht. Ein vollständiger Ausschluß eines bestimmten Bereiches von staatlicher Berücksichtigung und Förderung wäre in diesem Umfeld eine Benachteiligung, hier eine Einflußnahme gegen die Religion mit großer Wirkung, durch die religiöse Entfaltungsmöglichkeiten erschwert, wenn nicht sogar unterbunden würden.

Fischer wehrt sich zwar gegen den Vorwurf, daß sein Modell bedeute, dem Bürger „Indifferentismus“ vorzuschreiben, da sich dieses Verhaltensgebot nur auf den Staat beziehe.[300] Er muß sich aber entgegenhalten lassen, daß bei einer Verwirklichung seiner Forderungen sich der Bürger letztlich vom Staat so behandeln lassen müßte, als sei auch er indifferent; seine diesbezüglichen Interessen würden ignoriert, dürften bei der Ausgestaltung der gesellschaftlichen Rahmenbedingungen, der Schule, bei Förderungsentscheidungen etc. keine Berücksichtigung finden, würden aus dem sich vergrößernden staatlichen Einflußbereich ausgegrenzt und auf für unerheblich befundene Randbereiche verwiesen.[301]

Fraglich ist, ob der Einwand relevant ist, daß es sich bei der Religionsfreiheit um ein mit anderen Grundrechten nicht vergleichbares Freiheitsrecht handele, für das die sonst geltenden Erkenntnisse nicht anwendbar seien. *Fischer* hebt die Unvergleichbarkeit und Andersartigkeit der Religionsfreiheit hervor, die eine Übertragung der Rechtsprechung etwa zur Kunst- und Wissenschaftsfreiheit nicht zulasse. Ebenso sei auch die Aufgabe der Daseinsvorsorge nur auf den materiellen Bereich beschränkt, beziehe sich allenfalls noch auf den ideellen Bereich, aber keinesfalls den religiös-weltanschaulichen.[302]

---

[299] *Robbers*, in: HdbStKR I (1994), § 31 S. 867 (876 f.).

[300] *Fischer*, Sozial-liberale Koalition, in: Rath (Hrsg.), Trennung von Staat und Kirche? (1974), S. 40 (48).

[301] Vgl. auch *Meyer-Teschendorf*, Staat und Kirche (1979), S. 173; *Heckel*, Religionsfreiheit, in: Gesammelte Schriften IV (1997), S. 647 (699).

[302] *Fischer*, Sozial-liberale Koalition, in: Rath (Hrsg.), Trennung von Staat und Kirche? (1974), S. 40 (49); *ders.*, Trennung von Staat und Kirche, 3. Aufl. (1984), S. 177 ff.

Dies erscheint jedoch nicht überzeugend: Auch wenn das Grundrecht der Religionsfreiheit dem Staat stärker als in anderen Bereichen der Kultur Neutralität auferlegt und eine Beeinflussung verwehrt, worauf jede Förderung Rücksicht zu nehmen hat, ist dennoch keine derartige Ungleichbehandlung zur Lösung dieses Problems vertretbar. Religionsgemeinschaften müssen mit anderen Verbänden, religiöse Interessen mit anderen „materiellen" und „ideellen" Interessen konkurrieren – auch um Finanzmittel – und sich im selben Umfeld behaupten. Daher muß der Staat sich der durchaus nicht einfachen Aufgabe stellen, sachgerechte Förderungskriterien zu entwickeln, die nicht zu Lenkung und Einflußnahme führen. An der Entwicklung zum Leistungsstaat müssen auch Religionsgemeinschaften teilhaben.[303]

Darüber hinaus hat der Staat aber sogar ein objektives Interesse am Vorhandensein von Religionsgemeinschaften:[304] Die religiösen Bedürfnisse und Interessen der Menschen verlangen in der Regel nach einem „institutionellen Unterbau", der die Voraussetzungen für das mit den meisten Religionen einhergehende Interesse an gemeinsamer Religionsausübung und am Leben nach gemeinsamen Werten schafft. Da der religiös neutrale Staat dieses Bedürfnis aber nicht selbst erfüllen kann, muß ihm im Interesse seiner Bürger an der Existenz selbständiger Institutionen liegen, die ihnen die Unterstützung bieten, die der Staat nicht geben darf und kann. Dies rechtfertigt sogar eine besondere Förderung und Berücksichtigung diesbezüglicher außerstaatlicher Institutionen.

Trotz aller Unterschiede ist daher ein genereller und totaler Ausschluß von der staatlichen Beachtung und Förderung, wie Fischer ihn fordert, nicht möglich, wenn keine Beeinträchtigung der Religionsfreiheit erfolgen soll.

Die von *Fischer* vertretene laizistische Trennung von Staat und Kirche läßt sich somit aus dem Grundrecht der Religionsfreiheit gemäß Art. 4 GG nicht herleiten. Damit verlieren aber auch die von *Fischer* als Verstöße gegen dieses Prinzip identifizierten Tatbestände ihren „Ausnahme"- bzw. „Verfassungswidrigkeits"-Charakter.

cc) Überordnung der Religionsfreiheit

Fischers besonderes Grundrechtsverständnis hinsichtlich der Religionsfreiheit wirkt sich deshalb so gravierend auf seine Auffassung zum Verhältnis Staat-Religionsgemeinschaften aus, da er allein die Religionsfreiheit als Maßstab für dieses Verhältnis heranzieht. Er will die gesamte staatskirchenrechtliche Ordnung allein aus der Religionsfreiheit erklären. So sollen insbesondere Art. 140 GG und Art. 7 III GG keine Auswirkungen auf Art. 4 GG haben dürfen. *Fischer*

---

303 *Robbers*, in: HdbStKR I (1994), § 31 S. 867 (873).

304 Hierzu *Starck*, in: JZ 2000, 1 (5 f.).

übergeht sie kurzerhand, indem er die Religionsfreiheit für „übergeordnet" erklärt.

Diese Überordnung des Art. 4 GG ist jedoch nicht zu begründen. *Fischer* führt nur die allgemeine Aufwertung der Grundrechte durch das Grundgesetz und die schrankenlose Gewährleistung der Religionsfreiheit und ihre systematische Stellung im Grundrechtsteil (im Gegensatz zum Standort des Art. 140 GG am Ende der Verfassung) an und verweist auf die Betonung der besonderen Bedeutung der Grundrechte durch das Bundesverfassungsgericht.[305]

Jedoch kann aus der gehobenen Bedeutung der Grundrechte unter dem Grundgesetz nicht gefolgert werden, daß die übrigen Verfassungsnormen bei der Auslegung der Grundrechte unberücksichtigt bleiben müssen. Für Art. 4 GG wie für jede andere Norm ist die Einheit der Verfassung[306] entscheidendes Auslegungskriterium, das eine isolierte Interpretation der Norm ausschließt.

So müssen sich auf die Auslegung des Art. 4 GG die übrigen Verfassungsnormen auswirken. Gerade wenn aus Art. 4 GG Konsequenzen für das Verhältnis des Staates zu den Religionsgemeinschaften gezogen werden sollen, dürfen die Normen, die für dieses Verhältnis spezielle Regelungen treffen – wie etwa die institutionellen Regelungen in Art. 140 GG und Art. 7 III, V GG – bei der Auslegung des Art. 4 nicht außer Betracht gelassen werden.[307] Bei Mitberücksichtigung all dieser (z. T. eindeutig religionsfreundlichen[308]) Verfassungsnormen lassen sich die Konsequenzen *Fischers* für das generelle staatliche Verhalten – insbesondere das allgemeine Indifferenzgebot, Förderungs- und Berücksichtigungsverbot – aber nicht halten.

Bei *Fischer* verwirklicht sich genau die Gefahr, vor der gewarnt wurde[309], daß nämlich Grundrechtstheorien über die Verfassungsauslegung bestimmen könnten und diese in Beliebigkeit verfalle, sofern man sich nicht streng an der individuellen Verfassung orientiere. Ein bestimmtes Vorverständnis, ein als bestimmend eingeordnetes Rechtsprinzip muß immer an der konkreten Verfassung entwickelt, zumindest aber an ihr überprüft und korrigiert werden, wenn es nicht eine Eigendynamik entwickeln, sich „vor den Verfassungstext stellen" und die Verfassung aushebeln soll.[310]

---

[305] *Fischer*, Trennung von Staat und Kirche, 3. Aufl. (1984), S. 16 ff., 50 f.

[306] BVerfG, Urt. v. 14. Dezember 1965 – 1 BvR 413, 416/60 –, in: BVerfGE 19, 206 (220); vorher schon ähnlich BVerfG, Urt. v. 23. Oktober 1951 – 2 BvG 1/51 –, in: BVerfGE 1, 14 (32 f.).

[307] *Schlaich*, Neutralität (1972) S. 198; *A. v. Campenhausen*, Staatskirchenrecht (1996), S. 81; *Morlok*, in: Dreier; GG-Kommentar (1996), Art. 4 Rn. 28.

[308] Z. B. Art. 7 III, V GG, Art. 140 GG i. V. m. Art. 137 III, V, VI, 141 WRV.

[309] *Heckel*, Religionsfreiheit, in: Gesammelte Schriften IV (1997), S. 647 (732 f.); *Starck*, in: v. Mangoldt/Klein/Starck, GG-Kommentar (1999), Art. 1 Abs. 3, Rn. 139.

[310] *Weber*, Grundprobleme (1970), S. 38 f.;); *Meyer-Teschendorf*, ZevKR 23 (1978), S. 202 (213); *A. v. Campenhausen*, in: HdbStKR I (1994), § 2 S. 47 (57 f.); *Morlok*, in: *Dreier*; GG-Kommentar (2000), Art. 140 Rn. 31.

Diese Regulierungsmöglichkeit hat *Fischer* aber durch die Außerachtlassung der allermeisten Normen und der Bildung eines übergeordneten Prinzips (mit damit automatisch einhergehenden, „logisch zwingenden“ Rechtsfolgen) ausgeschlossen. Da nach *Fischers* Vorgehen – wegen der Ausschaltung aller Einflüsse der konkreten Verfassung – für die Feststellung der maßgeblichen Ausgestaltung der staatskirchenrechtlichen Ordnung allein das Wesen der Religionsfreiheit – einer im luftleeren Raum hängenden Religionsfreiheit – übrigbleibt, ist seine Sicht anfällig für rechtspolitische Ideen und Wünsche.

c) Ergebnis

Fischers Trennungsprinzip erweist sich somit letztlich als ein abstraktes Prinzip, das er außerhalb und ohne Beachtung der konkreten Verfassung „Grundgesetz“ konstruiert und das er auch nicht an den Normen des Grundgesetzes überprüft, sondern an dem er die Verfassung mißt und beurteilt.

3. *„Trennungssystem mit Ausnahmen“ nach* Kleine

a) Darstellung

Kleine sieht im Grundgesetz folgendes staatskirchenrechtliches Ordnungsmodell verwirklicht: Es handele sich um ein Trennungssystem mit einer limitierten Anzahl von verfassungsrechtlich gerechtfertigten Ausnahmen. Er stützt seine Regel-Ausnahme-Sicht auf Art. 140 GG i. V. m. Art. 137 I WRV. Art. 137 I WRV sei die staatskirchenrechtliche „Grundnorm“ des Grundgesetzes. Diese Regelung verbiete staatskirchliche Rechtsformen und beinhalte nach allgemeiner Ansicht eine Absage an jede institutionelle Verbindung von Staat und Kirche. Andererseits enthalte das Grundgesetz aber auch durchaus Regelungen, die im Gegensatz hierzu eine institutionelle Verbindung vorsähen. Hierbei handele es sich um Art. 140 GG i. V. m. Art. 137 V, VI WRV und Art. 7 III, V GG. Diesen Widerspruch löst *Kleine*, indem er Art. 140 GG i. V. m. Art. 137 I WRV zur Grundnorm und Regel (mit begrenzten Ausnahmen) erklärt.[311]

---

[311] *Kleine*, Institutionalisierte Verfassungswidrigkeiten (1993), S. 148 f.; eine ähnliche Argumentation findet sich bei *Preuß*, in: AK (1989), Art. 140 Rn. 41: „Das Verbot der Staatskirche bedeutet die Untersagung jeglicher institutioneller Verbindung von Staat und Kirchen mit den in der Verfassung selbst vorgesehenen Ausnahmen (Art. 7 Abs. 3, 5, 140/137 Abs. 4 WRV)“

Art. 140 GG i. V. m. Art. 137 I WRV sei zugleich – neben anderen Normen – Ausdruck des Gebotes der weltanschaulichen Neutralität des Staates.[312] Jede Institution, die das Gebot weltanschaulicher Neutralität betreffe, jede „fördernde Beziehung zwischen Staat und Kirche" müsse daher an Art. 140 GG i. V. m. Art. 137 I WRV gemessen werden; Verstöße hiergegen seien nur möglich, sofern sie durch das Grundgesetz selbst vorgesehen seien.[313] Landesrecht könne hingegen wegen Art. 31 GG keine weiteren Spezialnormen zu Art. 140 GG i. V. m. Art. 137 I WRV vorsehen. Auch Verträge dürften gegen den durch die Verfassung vorgegebenen „politischen Gesamtzustand" nicht verstoßen und dürften insbesondere keine den Art. 140 GG i. V. m. Art. 137 I oder III WRV widersprechenden Vereinbarungen enthalten.[314] In dem durch Art. 140 GG i. V. m. Art. 137 I WRV vorgesehenen Verbot jeglicher institutionellen Verbindung von Staat und Kirche seien das Verbot staatskirchlicher Rechtsformen und das Gebot der staatlichen Neutralität zusammengeführt.[315]

Folglich seien institutionelle Verbindungen, die man zugleich als staatskirchliche Rechtsformen qualifizieren müsse, immer verfassungswidrig. Solche institutionellen Verbindungen, die keine staatskirchlichen Rechtsformen darstellten, seien als partielle Durchbrechungen des Neutralitätsgebotes dann, aber auch nur dann zulässig, wenn sie ausdrücklich durch die Verfassung zugelassen seien.[316]

Staatskirchliche Rechtsformen sieht *Kleine* (im Anschluß an *Preuß*[317]) immer dann gegeben, wenn entweder kirchliche Verbandsfunktionen durch staatliche Amtsträger/Organe oder umgekehrt staatliche Funktionen durch kirchliche Amtsträger wahrgenommen würden, wie z. B. vor bei der Rechtsstellung der Militärseelsorger.[318] Ebenfalls sei es als eine staatskirchliche Rechtsform anzusehen, wenn staatliche Organe durch die Kirchen für eigene kirchliche Zwecke genutzt würden oder staatliche Hoheitsgewalt an kirchliche Organe delegiert werde, wie im Falle der Kirchensteuer und der res sacrae.[319] Als Konsequenz seien somit wegen des Vorliegens staatskirchlicher Rechtsformen die Ausgestaltung der Militärseelsorge, der Rechtsstatus der res sacrae, aber auch die Delegation staatlicher Macht zur kirchlichen Friedhofsverwaltung mit hoheitlich-staatlichen Mitteln verfassungswidrig. Der eine solche staatskirchliche Rechtsform vorsehende Art. 140 GG i. V. m. Art. 137 VI WRV (Vorsehung der Kir-

---

[312] *Kleine*, Institutionalisierte Verfassungswidrigkeiten (1993), S. 150.
[313] *Kleine*, Institutionalisierte Verfassungswidrigkeiten (1993), S. 151, 211.
[314] *Kleine*, Institutionalisierte Verfassungswidrigkeiten (1993), S. 151 f.
[315] *Kleine*, Institutionalisierte Verfassungswidrigkeiten (1993), S. 150.
[316] *Kleine*, Institutionalisierte Verfassungswidrigkeiten (1993), S. 228.
[317] *Preuß*, in: AK-Preuß (1989) Art. 140 GG Rn. 42.
[318] *Kleine*, Institutionalisierte Verfassungswidrigkeiten (1993), S. 228.
[319] *Kleine*, Institutionalisierte Verfassungswidrigkeiten (1993), S. 228 f.

chensteuer) sei ein verfassungswidriger und daher unanwendbarer Verfassungsartikel.[320]

Eine institutionelle Verbindung ohne staatskirchliche Rechtsform, aber eben eine Neutralitätsdurchbrechung, bestehe bei kirchlicher Mitwirkung in staatlichen Angelegenheiten, wie sie z. B. im Religionsunterricht oder bei theologischen Fakultäten vorkomme. Im ersten Fall sei dies durch die Verfassung in Art. 7 III GG gerechtfertigt, im zweiten Fall nicht und daher verfassungswidrig.[321]

b) Würdigung

aa) Begründung *Kleines*

Kleine will den Fehler vermeiden, mit vorgefaßten Prinzipien und Vorverständnissen an die Interpretation der Grundgesetznormen heranzugehen, wie er es etwa bei *Fischer*, aber ebenso bei Vertretern der h. M. bemängelt, sondern will sich streng an dem Gesetzestext orientieren.[322]

Im Gegensatz zu *Fischer* lehnt er es auch ab, Art. 4 GG den Vorrang vor den übrigen Regelungen (Art. 140 GG etc.) zuzusprechen, da es dafür keine Rechtfertigung gebe, vielmehr alle Verfassungsnormen gleichrangig nebeneinanderstünden.[323]

Die Regelbedeutung und den Grundnormcharakter des Art. 140 GG i. V. m. Art. 137 I WRV folgert *Kleine* in erster Linie aus der „Regelungsweite" sowie der systematischen Stellung innerhalb des Art. 137 WRV:

Die richtungsweisende Funktion der Regelung ergebe sich schon aus ihrem Standort innerhalb des Art. 137 WRV: Es sei naheliegend, daß im ersten Satz einer Norm die Grundvorgabe genannt werde.[324] Entscheidend sei jedoch, daß bei Art. 137 I WRV die Weite des Regelungsbereiches – im Gegensatz zu anderen staatskirchenrechtlichen Normen – nicht beschränkt sei. Daher gelte ihre Vorgabe als die „generelle Thematisierung"[325] überall dort, wo sonst nichts Abweichendes normiert sei; sie treffe überall dort die Entscheidung, wo das Grundgesetz schweige.[326] Regelungen wie Art. 7 III, V GG und Art. 140 GG i. V. m. 137 V, VI WRV, die im Widerspruch dazu institutionelle Verbindungen vorsähen, hätten im Gegensatz zu Art. 140 GG i. V. m. Art. 137 I WRV

[320] *Kleine*, Institutionalisierte Verfassungswidrigkeiten (1993), S. 120 ff., 209 ff., 228 f.
[321] *Kleine*, Institutionalisierte Verfassungswidrigkeiten (1993), S. 110 f., 229.
[322] *Kleine*, Institutionalisierte Verfassungswidrigkeiten (1993), S. 91 ff., 151.
[323] *Kleine*, Institutionalisierte Verfassungswidrigkeiten (1993), S. 145 f.
[324] *Kleine*, Institutionalisierte Verfassungswidrigkeiten (1993), S. 149, 155.
[325] *Kleine*, Institutionalisierte Verfassungswidrigkeiten (1993), S. 161.
[326] *Kleine*, Institutionalisierte Verfassungswidrigkeiten (1993), S. 149.

hingegen einen nur beschränkten Regelungsbereich und seien daher leges speciales.[327]

Die entscheidende Besonderheit dieser Norm gegenüber den anderen staatskirchenrechtlichen Normen wäre nach dieser Auffassung, daß sie eine Aussage trifft, die für jede Berührung von Staat und Religionsgemeinschaften gilt und nicht, wie z. B. der Religionsunterricht, nur eine spezielle Frage regelt. Daraus ergibt sich nach *Kleines* Ansicht, daß die Vorgabe des Art. 140 GG i. V. m. Art. 137 I WRV, die er in dem generellen Verbot jeglicher institutionellen Verbindung von Staat und Kirche sieht, grundsätzlich bei jeder Begegnung von Staat und Religionsgemeinschaften zu beachten sei, sofern das Grundgesetz nicht selbst ausdrücklich eine Ausnahme vorsehe.

Gegen diese Folgerung spricht jedoch, daß *Kleine* diese angebliche Bedeutung des Art. 137 I WRV als „Absage an jede institutionelle Verbindung von Staat und Kirche" nicht überzeugend belegen kann, sondern allein mit einem Verweis auf die „allgemeine Ansicht" begründet.[328]

Tatsächlich ist jedoch diese auf *Forsthoff*[329] zurückgehende Definition des Art. 137 I WRV nicht allgemeine und unbestrittene Ansicht.[330] Vielmehr wird diese Definition – sofern auf sie Bezug genommen wird – überwiegend entweder ausdrücklich abgelehnt[331] oder aber relativiert, so etwa durch die Beschränkung des Verbots *jeder* institutionellen Verbindung auf „eine solche Verbindung im inneren Verfassungsrechtskreis"[332]; durch ihre Charakterisierung als „mißverständliche Deutung", die nicht als eine „undurchsichtige Mauer zwischen zwei sich mit Mißtrauen beäugenden Institutionen" verstanden werden dürfe, „sondern als heute selbstverständliche Anerkennung der kirchlichen Eigenständigkeit und der Scheidung der beiden Institutionen in der Wurzel"[333]; durch den Hinweis, daß sie den Rechtsgehalt des Art. 137 I WRV allein noch nicht abschließend umschreibe, vielmehr die Absätze 1, 3 und 5 als verschiedene

---

[327] *Kleine*, Institutionalisierte Verfassungswidrigkeiten (1993), S. 149, 151.

[328] *Kleine*, Institutionalisierte Verfassungswidrigkeiten (1993), S. 148.

[329] *Forsthoff*, Die öffentliche Körperschaft im Bundesstaat (1931), S. 112, zitiert nach *Schlaich*, Neutralität (1972), S. 171.

[330] Darauf weist auch *Mehrle*, Trennung vom Staat (1998), S. 30 ff. hin. Der Definition wird ausdrücklich zugestimmt von *Hesse*, in: JöR 10 (1961), S. 3 (24); *Preuß*, in: AK (1989), Art. 140 Rn. 41; *Czermak*, in: ZRP 1990, 475 (478); *Renck*, in: ThürVBl. 1994, 182 (182); *Morlok*, in: Dreier, GG-Kommentar (2000), Art. 140/137 Rn. 16.

[331] *Scheuner*, in: DÖV 1966, 145 (146); *Denninger*, in: Theologica Practica 1967, 168 (174); *Heckel*, in: VVDStRL 26 (1968), S. 5 (S. 38, 54 LS 37); *Schlaich*, Neutralität (1972), S. 171 f.; *Mikat*, in: HdbVerfR (1994), § 29 Rn. 22; *Mehrle*, Trennung vom Staat (1998), S. 37.

[332] *Hollerbach*, in: VVDStRL 26 (1968), S. 57 (62); *ders.*, in: HdbStR VI (1989) § 138 Rn. 112.

[333] *A. v. Campenhausen*, Staatskirchenrecht (1996), S. 95.

Aspekte einer Gesamtkonzeption zu verstehen seien[334]; oder durch die Forderung nach einer Reduzierung auf ihren ursprünglichen Bedeutungsgehalt, der ihr durch ihre Urheber *Forsthoff* und *Anschütz* beigelegt worden sei, nämlich die Untersagung der „Verwaltung innerkirchlicher Angelegenheiten durch staatliche Organe, wie sie charakteristisch für das landesherrliche Kirchenregiment" gewesen sei.[335] Es handelt sich also bei diesem „Verbot jeglicher institutionellen Verbindung" um eine unterschiedlich verstandene Aussage, bei der schon deshalb eine Berufung auf ihre allgemeine Anerkennung nicht ausreichen kann.[336]

Eine andere Begründung als den Verweis auf die angeblich allgemeine Ansicht und einen allgemeinen Hinweis auf das Gebot weltanschaulicher Neutralität, deren Ausdruck die Norm sei, bietet *Kleine* jedoch für seine Interpretation des Art. 140 GG i. V. m. Art. 137 I WRV nicht. Ohne jede Anknüpfung an den Wortlaut der Vorschrift oder an andere anerkannte Auslegungskriterien widerspricht *Kleine* jedenfalls zugleich schon seiner eigenen „normtextorientierten" bzw. „rechtsstaatlichen" Methodik[337].

bb) Auslegung des Art. 140 GG i. V. m. Art. 137 I WRV

Ob sich *Kleines* Deutung der Norm als „Verbot jeder institutionellen Verbindung zwischen Staat und Kirche"[338] halten läßt und sich aus ihr die genannten Konsequenzen ziehen lassen, soll nun im Wege der Auslegung des Art. 140 GG i. V. m. Art. 137 I WRV untersucht werden. Dabei wird für diese Verfassungsinterpretation die allgemeine Methode der Gesetzesauslegung mit ihrem klassischen canones herangezogen.[339]

---

334 *Link*, in: BayVBl. 1966, 297 (301).

335 *Ennuschat*, in: ZevKR 41 (1996), S. 419 (424 f.).

336 Diese Unklarheit, welche Reichweite ein solches Verbot hätte, betont auch *Ennuschat*, Militärseelsorge (1996), S. 164.

337 Vgl. *Kleine*, Institutionalisierte Verfassungswidrigkeiten (1993), S. 123 ff.

338 Bei der folgenden Untersuchung wird – wie von *Kleine* vorausgesetzt – zu solchen „institutionellen Verbindungen" auch die punktuelle Kooperation von Staat und Religionsgemeinschaften gezählt, wie etwa bei Theologischen Fakultäten, im Religionsunterricht an öffentlichen Schulen, durch die Kirchensteuer usw.

339 Vgl. *Stern*, Staatsrecht Bd. I (1984), S. 163 ff.; *Starck*, in: HdbStR VII (1992), § 164 Rn. 16 ff.; *Larenz/Canaris*, Methodenlehre (1995), S. 180 ff., insbes. S. 183; *Maurer*, Staatsrecht (1999), § 1 Rn. 49 ff.

(1) Grammatische Auslegung

Ausgangspunkt einer jeden Auslegung ist der mögliche Wortsinn einer Norm.[340] Art. 137 I WRV enthält nur die knappe Feststellung „Es besteht keine Staatskirche." Zunächst kann man dem Wortlaut des Art. 137 I WRV also das Verbot entnehmen, eine Staatskirche aufrechtzuerhalten oder einzuführen. Somit ist eine bestimmte, besonders enge Verbindung zwischen Staat und Kirche untersagt.

Als „Staatskirche" wird eine Kirche verstanden, die dem Staat organisatorisch eingegliedert ist, so daß die kirchlichen Aufgaben Staatsaufgaben sind, kirchliche Gewalt als staatliche Gewalt und kirchliche Organe zugleich als staatliche Organe gelten. Die Kirche steht unter staatlicher Herrschaft und Aufsicht, der Staat nimmt für sie eine Fürsorgepflicht wahr.[341]

Bei einer Beschränkung auf dieses Verständnis hätte die Regelung allerdings keine große Bedeutung, da eine solche Einheit von Staat und Kirche in Deutschland selbst im Jahre 1919 bereits überwunden war. Der Wortlaut der Norm enthält mit dieser zurückhaltenden Formulierung somit wenig Hinweise für ihre genaue Bedeutung.

Auffallend ist allerdings, daß die Norm nach ihrem Wortlaut nicht einmal ein ausdrückliches Trennungsgebot ausspricht, wie es in einigen anderen Rechtsordnungen vorkommt. Für ein striktes, radikales Trennungsgebot, ein weitgehendes Verbot der Zusammenarbeit zwischen Staat und Religionsgemeinschaften, das eine jede organisatorische Verbindung verbietet, gibt der Wortlaut der Norm gerade keinerlei Anhaltspunkte.[342]

Art. 137 I WRV enthält also das Verbot eines bestimmten Verhältnisses, sagt aber nichts über die positive Ausgestaltung aus. Sein Wortlaut schließt somit zwar die von *Kleine* genannte Definition nicht aus, gibt aber auch keinen Hinweis darauf.

(2) Historische Auslegung

Durch die historisch-teleologische Auslegung anhand der Entstehungsgeschichte der Norm soll unter Berücksichtigung der historischen Situation untersucht werden, was der damalige Gesetzgeber zu regeln beabsichtigte. Dabei sind die Gesetzesmaterialien heranzuziehen, welche die Diskussion um die Gesetz-

---

[340] *Larenz/Canaris*, Methodenlehre (1995), S. 141.

[341] Vgl. hierzu *Heun*, Art. „Staatskirche", in: EvStL II (1987), Sp. 3423 (3423).

[342] Darauf verweisen auch *Ennuschat*, in: ZevKR 41 (1996), S. 419 (424); *ders.*, Militärseelsorge (1996), S. 164; *Jeand'Heur/Korioth*, Staatskirchenrecht (2000), Rn. 164.

gebung und die Normvorstellungen des Gesetzgebers dokumentieren.[343] Erschwerend wirkt sich dabei im vorliegenden Fall aus, daß Art. 137 I WRV zu den Normen gehört, die im Jahre 1919 für die Weimarer Reichsverfassung formuliert worden waren – also in einer anderen historischen Situation und für eine andere Verfassungsordnung – und die dann 1949 durch Inkorporation in das Grundgesetz übernommen worden sind. Folglich fanden die Diskussionen um die tatsächliche Formulierung der Norm und um ihre Einbeziehung in das Grundgesetz in gänzlich verschiedenen Ausgangslagen statt.

Kleine kritisiert eine Überbetonung der historischen Auslegung im Staatskirchenrecht.[344] Ebenso kritisch zu einer Berücksichtigung der historischen Situation äußert sich auch *Renck*: Die Vorstellungen des historischen Gesetzgebers seien unerheblich, wenn sie keinen Niederschlag im Wortlaut gefunden hätten.[345] Dem ist jedoch entgegenzuhalten, daß kein Text ohne Berücksichtigung der Situation seiner Entstehung richtig verstanden werden kann, so daß auch bei der Auslegung der vor vielen Jahren formulierten staatskirchenrechtlichen Normen die historische Auslegung von großer Bedeutung ist, soll es nicht zu einem Mißverständnis oder einer Verkehrung der vom Gesetzgeber getroffenen Aussagen und Entscheidungen kommen.

Die Regelung des Art. 137 I WRV richtete sich, da schon im Jahre 1919 in Deutschland keine Staatskirche im eigentlichen Sinne mehr bestand, zunächst gegen die noch vorhandenen Reste des landesherrlichen Kirchenregiments, nämlich vom Staat beanspruchte Kirchenhoheits- und Kirchenaufsichtsrechte. In der Nationalversammlung nannte der Berichterstatter *Mausbach* den Art. 137 I WRV eine scharfe Absage „gegenüber einer bestimmten, engen Verbindungen zwischen Staat und Kirche, wie sie bei der evangelischen Landeskirche bislang vorhanden war".[346]

Ausgehend von der damaligen Rechtslage ergibt sich also, daß nicht nur eine regelrechte Staatskirche, sondern alle staatskirchlichen Rechtsfolgen verboten werden sollten, insbesondere Rechtsformen und Rechtsfolgen der Staatskirchenhoheit. Zu einer solchen staatskirchlichen Rechtsform zählt jedoch nicht schon – automatisch und unabhängig von ihrer genauen Ausgestaltung – jede institutionelle Verbindung von Staat und Religionsgemeinschaften.[347]

---

343 *Larenz/Canaris*, Methodenlehre (1995), S. 149 ff.; 164 f.

344 *Kleine*, Institutionalisierte Verfassungswidrigkeiten (1993), S. 102.

345 *Renck*, in: BayVBl. 1999, 70 (72); *ders.*, in: JZ 2000, 561 (562).

346 Vgl. hierzu Abg. *Mausbach* (Zentrum) in: Verhandlungen WRV Bd. 328 S. 1644 (C); s. auch *Link*, in: BayVBl. 1966, 297 (298 ff.); *Jeand'Heur*, in: Der Staat 30 (1991), S. 442 (455 f., 467); *A. v. Campenhausen*, in: HdbStKR I (1994), § 2 S. 47 (64 f.); *Ehlers*, in: Sachs, GG-Kommentar (1999), Art. 140 GG/137 WRV Rn. 2.

347 Davon geht anscheinend auch *Kleine* aus, wenn er zwischen organisatorischen Verbindungen mit und ohne staatskirchlichen Charakter unterscheidet, *Kleine*, Institutionalisierte Verfassungswidrigkeiten, S. 228.

Zugleich stellte die gesamte Regelung auch eine Absage an radikale Trennungsmodelle dar, wie sie in anderen Staaten – z. B. Frankreich und den USA – existierten und auch in einigen deutschen Bundesstaaten versucht worden waren. Auch von Seiten der SPD wurde seinerzeit betont, man wolle „keine gewaltsame Trennung, sondern eine schiedlich-friedliche Einigung"[348]. So wurden die Kirchen ganz bewußt nicht in die Stellung von privatrechtlichen Vereinigungen verwiesen.[349] Forderungen nach einer strikteren Trennung konnten sich in der Weimarer Nationalversammlung nicht durchsetzen. Die endgültige Regelung in Art. 137 I WRV wurde auch von den Verfechtern einer solchen strikten Trennungslösung nicht in diesem Sinne verstanden und daher kritisiert,[350] erregte hingegen bei den kirchenfreundlichen Kräften keinen Widerspruch.[351]

Im Jahre 1949 sollte durch die Aufnahme der Artikel der Weimarer Reichsverfassung in das Grundgesetz nach dem NS-Kirchenkampf der Frieden zwischen Staat und Kirchen wiederhergestellt werden.[352] Daß der Verfassungsgeber je davon motiviert war und darauf zielte, sich mit der Übernahme des Art. 137 I WRV nunmehr weitergehend grundsätzlich gegen jede institutionelle Verbindung von Staat und Religionsgemeinschaften auszusprechen, ist nicht ersichtlich. Es dominierte vielmehr eine kirchenfreundliche Haltung, die nicht mehr darauf zielte, die Macht der Kirchen zu beschränken, sondern die Kirchen als Garanten der Freiheit ansah, deren Unabhängigkeit, Freiheit und Wirkungsmöglichkeiten gesichert werden sollten.[353]

Auch aus historischen Gründen ergibt sich somit kein Hinweis auf die von *Kleine* angeführte Interpretation.

(3) Systematische Auslegung

Bei der systematischen Auslegung wird zur Interpretation einer Norm der Normenkontext herangezogen, in den die einzelne Regelung eingefügt ist. So kann sie als Teil des gesamten Regelungskonzeptes erfaßt und in ihrer Funktion zutreffend verstanden werden. Bei der systematischen Interpretation sind Stellung und Kontext einer Norm sowohl im engeren, konkreten Zusammenhang als

348 Abg. *Meerfeld* (SPD), in: Verhandlungen WRV Bd. 336, S. 188.

349 Vgl. Abg. *Mausbach* (Zentrum), in: Verhandlungen WRV Bd. 328 S. 1644 (A), 1645 (A); hierzu auch: *Link*, Trennung von Kirche und Staat, in: FS Thieme (1993), S. 95 (104 ff.); *Heckel*, in: JZ 2000, 563 (563), *A. v. Campenhausen*, in: ZevKR 42 (1997), S. 169 (170).

350 Verhandlungen WRV Bd. 328 S. 1650 f., 1658 f.; eine ausführliche Darstellung der diesbezüglichen Diskussion findet sich bei *Ennuschat*, Militärseelsorge (1996), S. 173 ff.

351 Verhandlungen WRV, Bd. 328, S. 1644 (C).

352 Vgl. *A. v. Campenhausen*, in: v. Mangoldt/Klein/Starck, GG-Kommentar (2001), Art. 140 Rn. 6; *Ennuschat*, in: ZevKR 41 (1996), S. 419 (424); *Jeand'Heur/Korioth*, Staatskirchenrecht (2000), S. 48.

353 S. auch wieder *Ennuschat*, Militärseelsorge (1996), S. 181 f.

auch im gesamten Rechtssystem zu beachten.[354] Zur systematischen Auslegung von Verfassungsnormen gehört auch der Gesichtspunkt der „Einheit der Verfassung".[355] Er verbietet die isolierte Betrachtung einer einzelnen Verfassungsnorm und gebietet für die Auslegung die Berücksichtigung der gesamten Verfassung, da diese eine Einheit bildet.[356] Widersprüche zu den anderen Verfassungsnormen sollen vermieden werden, damit allen Normen eine möglichst optimale Wirkung ohne völlige Zurücksetzung der einen oder anderen Norm verschafft wird.[357]

Daher darf die Auslegung des Art. 137 I WRV nicht, wie von *Kleine* vorgenommen, zunächst isoliert geschehen und erst dann nach der Vereinbarkeit und einem Ausgleich mit den übrigen Normen der Verfassung gefragt werden. Es hat schon die Auslegung des Art. 137 I WRV selbst stets mit Blick auf die übrigen Regelungen – also unter Berücksichtigung des Gedankens der Einheit der Verfassung – zu erfolgen.

Zunächst soll Art. 137 I WRV in seinem konkreten Zusammenhang innerhalb des Art. 137 WRV betrachtet werden: Ein Argument für eine weiterreichende Bedeutung der Norm könnte ihre exponierte Stellung sein, auf die *Kleine* hingewiesen hat. Die Regelung mit ihrem Verbot der Staatskirche hat unzweifelhaft eine negativ abgrenzende, auf Trennung gerichtete Funktion. Ihre Stellung im ersten Absatz der Norm könnte darauf hindeuten, daß der Entscheidung für die Trennung besondere Bedeutung zukommt und ihr daher so weit wie möglich Geltung verschafft werden sollte. Allerdings sollte die räumliche Stellung einer Norm auch nicht überbewertet werden.[358] Hinzu kommt, daß der Bestimmung bei den parlamentarischen Beratungen auch nie eine große Rolle gespielt hat und ihr keine besondere Bedeutung beigemessen wurde. So wurde ihre Aufnahme in die Weimarer Reichsverfassung lediglich als „zweckmäßig" betrachtet.[359]

Außerdem ergibt sich aus der Betrachtung des gesamten Art. 137 WRV, daß dieser erste Absatz nicht der einzige ist, der die Stellung von Religionsgemeinschaften im Staat zum Regelungsgegenstand hat. Man würde die Regelung miß-

---

[354] *Stern*, Staatsrecht Bd. III/2 (1994), S. 1661.

[355] *Starck*, in: HdbStR VII (1992) § 164 Rn. 19.

[356] *Stern*, Staatsrecht Bd. I (1984), S. 131 ff.; *Starck*, in: HdbStR VII (1992) § 164 Rn. 19; BVerfG, Urt. v. 23. Oktober 1951 – 2 BvG 1/51 –, in: BVerfGE 1, 14 (32); BVerfG, Urt. v. 15. Dezember 1970 – 2 BvF 1/69, 2 BvR 629/68 und 308/69 –, in: BVerfGE 30, 1 (19).

[357] *Stern*, Staatsrecht Bd. I (1984) S. 132 ff.; BVerfG, Beschl. v. 24. Februar 1971 – 1 BvR 435/68 – in: BVerfGE 30, 173 (193); BVerfG, Beschl. v. 11. April 1972 – 2 BvR 75/71 –, in: BVerfGE 33, 23 (27); BVerfG, Urt. v 14. Dezember 1965 – 1 BvR 413, 416/60 – in: BVerfGE 19, 206 (220) bezeichnet die Einheit der Verfassung als „vornehmstes Interpretationsprinzip.

[358] Vgl. *Larenz/Canaris*, Methodenlehre (1995), S. 147.

[359] Verhandlungen WRV Bd. 336, S. 206; Bd. 238, 1644; vgl. auch *Ennuschat*, Militärseelsorge (1996), S. 176, 182.

verstehen, wenn man ihre Funktion im Rahmen des Gesamtkonzeptes des Staat-Kirche-Verhältnisses nicht beachtete und sie nicht als Teil einer ausgewogenen Gesamtregelung betrachtete.[360] Zur Beschreibung für das Verhältnis von Staat und Religionsgemeinschaften muß man sich daher den gesamten Art. 137 WRV, insbesondere die Absätze 1, 3 und 5, ansehen: Er sieht einerseits das Verbot einer Staatskirche, also die Untersagung einer damit verbundenen engen Verbindung von Staat und Religionsgemeinschaften vor (Art. 137 I WRV), verweist die Religionsgemeinschaften aber andererseits auch nicht auf das Privatrecht, sondern ermöglicht ihnen – bei Vorliegen bestimmter, nicht inhaltlich-religionsbezogener Kriterien – gleichermaßen die Rechtsform als Körperschaft des öffentlichen Rechts (Art. 137 V WRV), ohne daß der Staat sich in die inneren Angelegenheiten der Religionsgemeinschaften einmischen dürfte (Art. 137 III WRV). Alle diese Regelungen des Art. 137 WRV *gemeinsam* beschreiben somit die Stellung der Religionsgemeinschaften gegenüber dem Staat.[361] Art. 137 I WRV darf aus diesem Zusammenhang nicht herausgelöst werden, wenn es nicht zu einer Verfälschung seiner Bedeutung kommen soll. Eine isolierte Betrachtung verbietet sich. Genauso, wie das Staatskirchenverbot und Art. 137 III WRV bei der Auslegung des Art. 137 V WRV für das Verständnis des Körperschaftsstatus beachtet werden müssen[362], muß auch die Entscheidung der Verfassung für eine „institutionelle Verbindung" zu Religionsgemeinschaften in Art. 137 V, VI WRV bei der Auslegung des Art. 137 I WRV beachtet werden.[363]

Des weiteren ist der Zusammenhang des Art. 140 GG i. V. m. Art. 137 I WRV mit den übrigen staatskirchenrechtlichen Normen in der Verfassung zu untersuchen und zu beachten. Eine auf organisatorische Auseinandersetzung und Distanz gerichtete Norm findet sich nur in Art. 140 GG i. V. m. Art. 138 I WRV. Dagegen gibt es eine Vielzahl von ausgesprochen religions- und kirchenfreundlichen Normen, die eine Aufrechterhaltung zahlreicher Verbindungen vorsehen. Auch die Tatsache, daß das Grundgesetz in vielen Normen institutionelle Verbindungen vorgesehen hat, spricht daher dagegen, eine Norm, die ausdrücklich nur das Verbot der Staatskirche ausspricht, als generelles Verbot jeglicher Verbindungen zu verstehen. Wenn das Grundgesetz in Art. 140 GG i. V. m. Art. 137 I WRV das umfassende Verbot jeder institutionellen Verbindung

---

360 *A. v. Campenhausen*, in: HdbStKR I (1994), § 2 S. 47 (64); *Link*, in: BayVBl. 1966, 297 (301).

361 *Link*, in: BayVBl. 1966, 297 (301); *Maunz*, in: BayVBl. 1988, 231 (233); *Jeand'Heur*, in: Der Staat 30 (1991), S. 443 (467); *Mikat*, in: HdbVerfR (1994) § 29 Rn. 21; *A. v. Campenhausen*, in: v. Mangoldt/Klein/Starck, GG-Kommentar (2001), Art. 140 GG/Art. 137 WRV Rn. 12.

362 Aus diesem Grunde ließ sich auch die frühere Ansicht nicht halten, daß dem Staat über die Religionsgemeinschaften als Konsequenz aus deren Status einer öffentlich-rechtlichen Körperschaft ein besonderes Aufsichtsrecht zukomme, vgl. hierzu *Jeand'Heur*, in: Der Staat 30 (1991), S. 442 (458 ff.).

363 *Ehlers*, in: Sachs, GG-Kommentar (1999) Art. 140/Art. 137 Rn. 17.

aussprechen sollte, gleichzeitig aber selbst ohne weiteres eine Reihe solcher Verbindungen vorsieht, wie den Religionsunterricht, Weltanschauungsschulen, den Körperschaftsstatus oder das Recht zum Kirchensteuereinzug[364] bzw. sich zu bestehenden institutionellen Verbindungen wie theologischen Fakultäten gar nicht äußert, würde es sich dadurch in den meisten seiner übrigen staatskirchenrechtlichen Regelungen ohne jeden Hinweis in Gegensatz zu seinem angeblichen Grundsatz setzen. Vielmehr zeigen diese Regelungen, daß das Grundgesetz solche Verbindungen – bei Wahrung bestimmter, zu berücksichtigender Grenzen – für unproblematisch hält.

Die von *Kleine* als „Ausnahmen" begriffenen Normen enthalten keinen Hinweis auf eine Ausnahmestellung. In den anderen Fällen, in denen das Grundgesetz ein Regel-Ausnahme-Verhältnis vorsieht, gibt schon der Wortlaut einen diesbezüglichen Hinweis, so z. B. Art. 30 GG: „...soweit dieses Grundgesetz keine andere Regelung trifft oder zuläßt"; eine ähnliche Formulierung findet sich in Art. 83 I, 104 I oder Art. 134 I GG.[365]

Der Ausgleich über eine Regel-Ausnahme-Konstruktion wäre – auch ohne ausdrücklichen Hinweis im Normtext – zwar geboten, wenn verschiedene Regelungen einander direkt widersprächen. Es wäre dann erforderlich, diesen Widerspruch im Verhältnis Regel-Ausnahme bzw. Grundnorm-Spezialtatbestand zum Ausgleich zu bringen. Das wäre hier dann der Fall, wenn das Grundgesetz einerseits eine Regelung dahingehend enthielte, daß eine jegliche institutionelle Verbindung von Staat und Religionsgemeinschaften verboten ist, andererseits aber selbst positiv einige solcher Verbindungen vorsähe und sich damit selbst widerspräche. Daß ein solcher Widerspruch überhaupt existiert, müßte jedoch zunächst einmal festgestellt werden. Darauf gibt es aber – wie dargelegt – keinen Hinweis. Eindeutig entnehmen läßt sich der Norm bei isolierter Betrachtung zunächst nur eine negative Grenze für bestimmte enge Verbindungen, die aber deutlich unter der von *Kleine* vorgesehenen liegt. *Kleine* unterstellt der uneindeutigen Regelung diese Bedeutung und erzeugt damit ohne Zwang einen Widerspruch.

Es sollte auch ganz besonders zu bedenken geben, daß *Kleine* in seiner Konzeption den Art. 140 GG i. V. m. Art. 137 VI WRV letztlich gar nicht mehr unterbringen kann[366] und in ihm „verfassungswidriges Verfassungsrecht" erkennen will. Bevor man dem Grundgesetz aber einen logischen und unaufhebbaren Widerspruch[367] unterstellt, läge es doch näher, das eigene Verständnis der Re-

---

364 Art. 137 VI WRV hält *Kleine* allerdings wegen ihrer Einschätzung als "staatskirchliche Rechtsform" für verfassungswidriges Verfassungsrecht.

365 Darauf weist auch *Ennuschat*, Militärseelsorge (1996), S. 182 f. hin.

366 Er sieht die Norm in Widerspruch zu seinem Verständnis des ebenfalls aus Art. 137 I WRV abgeleiteten unbedingten Verbots „staatskirchlicher Rechtsformen" als „partielle Gewährung einer staatskirchlichen Rechtsform", *Kleine*, S. 213.

367 *Kleine*, Institutionalisierte Verfassungswidrigkeiten (1993), S. 214 f.

gelungen kritisch darauf zu überprüfen, ob es wirklich zwingend und eindeutig ist oder ob die Normen nicht auch anders verstanden werden könnten.

Kein Problem eines nach *Kleines* Auslegung vorhandenen direkten Gegensatzes und Widerspruchs[368] zwischen Art. 140 GG i. V. m. Art. 137 I WRV und den übrigen Normen der Verfassung ergibt sich, wenn man einer einschränkenden Auslegung des Art. 137 I WRV folgt, die den Aussagegehalt des Art. 137 I WRV auf das Verbot bestimmter enger Verflechtungen, nämlich einer Staatskirche und staatskirchlicher Rechtsfolgen, beschränkt sieht: Danach darf sich der Staat nicht auf eine Staatsreligion festlegen.[369] Ausgeschlossen sind eine organisatorische Eingliederung der Kirche in die Staatsorganisation, die Verwaltung innerkirchlicher Angelegenheiten durch staatliche Organe und ihre Unterstellung unter staatliche Aufsicht sowie Eingriffe und Einflußnahmen des Staates auf den innerkirchlichen Bereich.[370] Es darf auch keine untrennbare Verbindung und Vermischung von staatlichen und kirchlichen Aufgaben geben, wohl aber eine kooperative Aufgabenwahrnehmung. Beim Zusammenwirken von Staat und Religionsgemeinschaft müssen die Verantwortungsbereiche und Kompetenzen klar getrennt bleiben, indem sich „der Staat auf die weltlichen, die jeweils betroffene Religionsgemeinschaft auf die geistlichen Kompetenzen und Entscheidungskriterien zu beschränken“ hat.[371]

Nach diesem Verständnis erscheint die Bedeutung des Art. 140 GG i. V. m. Art. 137 I WRV im Gesamtgefüge der Regelungen lediglich als eine negative Obergrenze, die der Staat bei der Ausgestaltung seines Verhältnisses zu Religionsgemeinschaften nicht überschreiten darf, die aber unterhalb des Verbotes liegt, irgendeine Art institutioneller Verbindungen (im Sinne *Kleine*s) einzugehen; er ist also keine Begrenzung jeglicher staatlichen Vergünstigung für Religionsgemeinschaften. Regelungen wie Art. 7 III GG, Art. 140 GG i. V. m. Art. 141 WRV und Art. 137 VI WRV wären nach dieser einschränkenden Auslegung der Norm keine limitierten Ausnahmen von der Regelung in Art. 140 GG i. V. m. Art. 137 I WRV. Sie wären vielmehr als verfassungsrechtliche Garantien von Angeboten zur Zusammenarbeit mit Religionsgemeinschaften anzusehen, ohne daß dadurch weitere Fälle der Zusammenarbeit generell ausgeschlossen würden, sofern dabei die übrigen Vorgaben des Grundgesetzes (wie etwa das Verbot staatskirchlicher Rechtsformen, kirchliches Selbstbestimmungsrecht, Parität und Religionsfreiheit) gewahrt bleiben.

---

[368] Mit der Ablehnung eines *Widerspruchs* soll nicht gesagt werden, daß zwischen den Normen kein *Spannungsverhältnis* besteht.

[369] *Schlaich*, Neutralität (1972), S. 172.

[370] *A. v. Campenhausen*, in: v. Mangoldt/Klein/Starck, GG-Kommentar (2001), Art. 140 GG/Art. 137 WRV Rn. 7; *Jeand'Heur*, in: Der Staat 30 (1991), S. 442 (456).

[371] *Heckel*, in: JZ 1994, 425 (429); ähnlich *Ehlers*, in: ZevKR 32 (1987), S. 158 (179 f.); *Jeand'Heur/Korioth*, Staatskirchenrecht (2000), S. 127. Diese Kompetenzscheidung wird z. B. bei der Ausgestaltung des Religionsunterrichts durch Art. 7 III 2 GG berücksichtigt.

Auch das Neutralitätsgebot, mit dem *Kleine* die von ihm vertretene Auslegung zusätzlich stützen will, führt zu keiner abweichenden Betrachtungsweise. Denn auch wenn Art. 140 GG i. V. m. Art. 137 I WRV Ausdruck des Neutralitätsgebotes ist, belegt dies noch nicht die von *Kleine* gezogenen Konsequenzen. Inhalt und Konsequenzen des Neutralitätsgebotes ergeben sich nämlich nur aus den positiven Normen, aus denen es abgeleitet wird. Weder Art. 140 GG i. V. m. Art. 137 I WRV noch die übrigen von *Kleine* angeführten Normen (Art. 3 III GG, 33 III GG, Art. 140 GG i. V. m. Art. 136 WRV, Art. 137 II und III WRV und insbesondere Art. 4 GG) geben aber Hinweise auf das Verbot einer jeden institutionellen Verbindung oder auf ein Verbot „fördernder Beziehungen" zwischen Staat und Kirche.[372] Warum sich ein solches Verbot aus dem Neutralitätsgebot ergeben soll, legt *Kleine* nicht dar. Die von ihm genannten Folgerungen aus dem Neutralitätsgebot werden entweder durch punktuelle institutionelle Verbindungen gar nicht generell berührt,[373] sind mißverständlich[374] oder aber fraglich.[375] Die Art und Weise, wie hier *Kleine*, die Bedeutung des Art. 137 I WRV aus dem Neutralitätsgebot ableiten will, das er seinerseits selbst aus Art. 137 I WRV ableitet, erinnert sehr an eine petitio principii.

Die Systematik spricht daher gegen die von *Kleine* angenommene und für eine einschränkende Auslegung des Art. 140 GG i. V. m. Art. 137 I WRV.

(4) Teleologische Auslegung

Auch die teleologische Auslegung stützt dieses Ergebnis: Durch die teleologische Auslegung sollen Sinn und Zweck einer Vorschrift (die ratio legis), das mit ihr objektiv verfolgte Interesse herausgearbeitet werden.[376] Durch die Aufdeckung des Grundgedankens, auf dem die Regelung beruht und der in ihr seinen allgemeingültigen Ausdruck gefunden hat, soll ihre Bedeutung auch für eine möglicherweise veränderte gegenwärtige Lage festgestellt werden.

Aus teleologischer Sicht soll durch Art. 140 GG i. V. m. Art. 137 I WRV mit dem Verbot einer Staatskirche die Unabhängigkeit von Staat und Religionsge-

---

[372] Eine ausführliche Auseinandersetzung mit dem Neutralitätsprinzip erfolgt unter C.III.

[373] Z. B. die Forderung einer klaren Absage des Staates an eine konfessionelle oder weltanschauliche Festlegung; das kirchliches Ämterwesen müsse von staatlicher Einflußnahme frei sein, *Kleine*, Institutionalisierte Verfassungswidrigkeiten (1993), S. 150.

[374] Unklar bleiben etwa Aussagen wie: Kirchlich-religiöse Betätigung sollte von jeder staatlichen Einflußnahme frei sein; Religion könne nicht mehr Element staatlicher Ordnung sein; Fragen des Bekenntnisses hätten den Staat grundsätzlich nicht zu interessieren, *Kleine*, Institutionalisierte Verfassungswidrigkeiten, S. 150.

[375] Z. B. die angebliche Entscheidung für die Verweisung der Religion in den gesellschaftlichen Bereich, *Kleine*, Institutionalisierte Verfassungswidrigkeiten (1993), S. 150.

[376] *Maurer*, Staatsrecht (1999), § 1 Rn. 56.

meinschaften erreicht werden.[377] Daher statuiert er eine Scheidung von Staat und Kirche in der Wurzel[378] und eine „organisatorische Entflechtung“[379] Der Sinn dieser Regelung ist, durch die grundsätzliche Trennung und die daraus folgende Eigenständigkeit sowohl dem Staat als auch den Kirchen bzw. allen Religionsgemeinschaften Freiheit zu geben.[380]

Wenn man jedoch einfach voraussetzt, daß diese Wirkung es erforderte, eine möglichst extensive Auslegung des Art. 140 GG i. V. m. Art. 137 I WRV im Sinne einer radikalen und weitgehenden Trennung mit dem Ziel einer möglichst großen Distanz vorzunehmen, würde man damit zugleich unterstellen, daß ihrem Sinn und Zweck der „Freiheitssicherung“ und „Freiheitsverwirklichung“ am besten gedient werde, wenn ein möglichst distanziertes Verhältnis des Staates zu Religionsgemeinschaften besteht. Das ist aber ein Verständnis, das dem Grundgesetz gerade nicht zugrunde liegt, wie sich schon im Blick auf die zahlreichen Regelungen ergibt, in denen sich das Grundgesetz für eine Zusammenarbeit, auch durch punktuelle institutionelle Verbindungen, ausgesprochen hat.

Zur Erreichbarkeit dieses Zwecks ist eine Absage an jegliche organisatorische Verbindung nämlich nicht zwingend erforderlich, sofern für solche Verbindungen Organisationsformen gewählt werden, die durch Kompetenzabgrenzungen die jeweilige Unabhängigkeit von Staat und Religionsgemeinschaften wahren und auch die Religionsfreiheit der Bürger nicht beeinträchtigen, wie dies z. B. für den Religionsunterricht durch die Regelungen in Art. 7 II, III GG gewährleistet wird. Für eine Zusammenarbeit bleiben unterschiedliche Ausgestaltungsmöglichkeiten denkbar, durch die der genannte Zweck der Regelung erreicht werden kann. Auch die ratio legis gibt daher keinen Hinweis auf eine weitergehende Untersagung „jeder institutionellen Verbindung“ im Sinne *Kleines*.

---

[377] *Schlaich*, Neutralität (1972), S. 173; *Hollerbach*, in: HdbStR VI (1989) § 138 Rn. 111; *A. v. Campenhausen*, in: v. Mangoldt/Klein/Starck, GG-Kommentar (2001), Art. 140 GG/Art. 137 WRV Rn. 2, 8; *ders.* in: HdbStKR I (1994), § 2 S. 47 (72); *Mikat*, in: HdbVerfR (1994) § 29 Rn. 22.

[378] *Hollerbach*, in: HdbStR VI (1989) § 138 Rn. 111; *A. v. Campenhausen*, in: v. Mangoldt/Klein/Starck, GG-Kommentar (2001), Art. 140 GG/Art. 137 WRV Rn. 2 f.; *Jeand'Heur*, in: Der Staat 30 (1991), S. 442 (458); *Mikat*, in: HdbVerfR (1994), § 29 Rn. 21; *Jeand'Heur / Korioth*, Staatskirchenrecht (2000), S. 126.

[379] *Starck*, in: v. Mangoldt/Klein/Starck, GG-Kommentar (1999), Art. 4 Rn. 8.

[380] *A. v. Campenhausen*, in: v. Mangoldt/Klein/Starck, GG-Kommentar (2001), Art. 140 GG / Art. 137 WRV Rn. 8; *Mikat*, in: HdbVerfR (1994) § 29 Rn. 22; *Jeand'Heur/Korioth*, Staatskirchenrecht (2000), S. 126.

(5) Konsequenzen der Auslegung für die Frage des Grundnormcharakters von Art. 140 GG i. V. m. Art. 137 I WRV

Man kann Art. 140 GG i. V. m. Art. 137 I WRV nicht als *die* Grundnorm ansehen, aus der sich allein und abschließend die Frage der Zulässigkeit „jede(r) das Gebot weltanschaulicher Neutralität betreffende(n) Institution“[381] beantworten soll, sofern es keine verfassungsrechtlichen Spezialregelungen gibt, wenn man ihrer Interpretation als „Verbot jeglicher institutioneller Verbindung von Staat und Kirche“ nicht folgt.

Kleine folgert ihren „Grundnormcharakter“ aus der Weite ihres Regelungsbereiches. Diese Weite des Regelungsbereiches ergibt sich jedoch erst aus ihrer ihr von *Kleine* zugeschriebenen Interpretation als Verbot *jeder* institutionellen Verbindung. Nur weil *Kleine* den Regelungsbereich der Norm so weit zieht, erhält sie auch diese hervorgehobene Bedeutung als Grundnorm.

Wie bereits gezeigt, hat jedoch auch Art. 140 GG i. V. m. Art. 137 I WRV nur eine eingeschränkte Bedeutung und Funktion: Art. 140 GG i. V. m. Art. 137 I WRV zieht nur eine negative Grenze und verbietet damit staatskirchliche Rechtsformen, ohne das Verhältnis von Staat und Religionsgemeinschaften für alle Fälle und Bereiche positiv und umfassend zu bestimmen. Art. 140 GG i. V. m. Art. 137 I WRV kann demnach nicht als die eine und einzige Norm angesehen werden, die in allen Fällen die Frage nach Möglichkeit und Ausgestaltung einer Zusammenarbeit abschließend regelt und als Verbot gilt, wenn das Grundgesetz nichts anderes vorsieht. Sie stellt eine äußerste Grenze auf, bei deren Beachtung unterschiedliche zulässige Ausgestaltungsmöglichkeiten der Zusammenarbeit denkbar und zulässig bleiben.

Dann entfällt jedoch auch der Ausnahmecharakter der „Ausnahmenormen“: Es ist nicht ersichtlich, warum die Möglichkeiten, die das Grundgesetz in Art. 7 III, V GG, Art. 140 GG i. V. m. Art. 137 V, VI WRV vorsieht, zu diesen Vorgaben in Widerspruch stehen sollten. Diese Angebote des Staates beziehen sich ausdrücklich allgemein auf alle „Religionsgemeinschaften“ bzw. „Religionsgesellschaften“, ohne irgendeine konfessionelle oder weltanschauliche Festlegung vorzusehen. Sie können daher weder einer Staatsreligion dienen noch bestimmte Religionsgemeinschaften bevorrechtigen wollen. Aufgrund ihres Angebotscharakters führen sie auch nicht zu einer ungewollten Einflußnahme. Die grundsätzliche Trennung und Unabhängigkeit von Staat und Religionsgemeinschaften wird durch sie nicht relativiert. Der Religionsunterricht, die Kirchensteuer oder der Körperschaftsstatus in der vom Grundgesetz vorgesehenen Ausgestaltung lassen sich nicht als staatskirchliche Rechtsform verstehen. Sie stellen daher auch keine Widersprüche und Ausnahmen zu Art. 140 GG i. V. m. Art. 137 I WRV dar.

---

[381] *Kleine*, Institutionalisierte Verfassungswidrigkeiten (1993), S. 151.

c) Ergebnis

Die Regel-Ausnahme-Konstruktion *Kleines* läßt sich dem Grundgesetz nicht entnehmen. Art. 140 GG i. V. m. Art. 137 I WRV hat nicht die von ihm behauptete Bedeutung als „Verbot jeder institutionellen Verbindung von Staat und Kirche". Es ergibt sich daher auch nicht der von *Kleine* identifizierte, ausgleichungsbedürftige Widerspruch zu einer Reihe von Normen des Grundgesetzes, die „institutionelle Verbindungen" des Staates zu Religionsgemeinschaften vorsehen.[382]

Kleines Interpretation gründet sich somit auf der Vorgehensweise, daß er unter Vernachlässigung einer systematischen Auslegung eine einzelne Regelung herausgreift, sie isoliert interpretiert und ihr eine bestimmte, auf „Trennung" und „Abstand" gerichtete, aber nicht hinreichend begründbare Bedeutung unterstellt, sie sodann verabsolutiert und einen angeblichen Gegensatz und Widerspruch zu anderen („Ausnahme"-) Regelungen herausstellt. Das kann nicht überzeugen.

4. „Trennungssystem mit Ausnahmen" nach Czermak

a) Darstellung

Auch *Czermak* sieht in der staatskirchenrechtlichen Ordnung des Grundgesetzes ein grundsätzliches Trennungsprinzip mit einzelnen Ausnahmen verwirklicht. Trennungsprinzip und Religionsfreiheit seien „geradezu Kehrseiten einer Medaille"[383]. Im Grundgesetz sei als Folge des Religionskompromisses jedoch das Prinzip der Trennung nicht konsequent durchgesetzt worden. So fänden sich hier Normen, die auf völlig entgegengesetzten Prinzipien beruhten, nämlich dem der Trennung und dem der Kooperation. Bei einer Gegenüberstellung der Normen mit trennendem Charakter mit solchen, die Ausdruck einer Verbindung seien, überwögen jedoch die „Elemente der Trennung" erheblich, so daß folglich die Trennung als der Hauptgrundsatz anzusehen sei.[384] Die Normen, die eine Zusammenarbeit von Staat und Religionsgemeinschaften zuließen, könnten und dürften hingegen nicht zu einem gleich- oder übergeordneten „Prinzip der Kooperation" überhöht werden.[385] Insgesamt statuiere das Grundgesetz eine religi-

[382] Ebensowenig läßt sich daher der Vorwurf *Kleines* halten, die Theologischen Fakultäten oder die Militärseelsorge seien verfassungswidrig, da zu diesem Verbot in Widerspruch stehend, s. hierzu auch Teil C.III.1, 2.

[383] *Czermak*, in: KJ 2000, 229 (234).

[384] *Czermak*, in: Staat und Weltanschauung (1993), S. 265 f.; *ders.*, in: KJ 2000, 229 (238).

[385] *Czermak*, in: Recht und Politik 1994, 31 (36); *ders.*, in: KJ 2000, 229 (239, 247).

onsfreundliche Ordnung, deren Ausgangspunkt und Hauptgrundsatz die Trennung sei, während Verbindungen jeweils im Verfassungstext verankert seien.

Folglich müßten die im Grundgesetz festgelegten Fälle der Kooperation zwar uneingeschränkt berücksichtigt werden; jede darüberhinausgehende Zusammenarbeit, für die eine ausdrückliche verfassungsrechtliche Rechtfertigung fehle, sei hingegen ein Verstoß gegen das Gebot prinzipieller Trennung. Als Abweichung von der Regel, als Durchbrechung und Einschränkung des Hauptgrundsatzes sei eine Kooperation nur dann zulässig, wenn sie ausdrücklich im Grundgesetz vorgesehen sei oder sich als „schlichte sachliche Notwendigkeit" bzw. „aus Gesichtspunkten der Sachgerechtigkeit ausnahmsweise" ergebe.[386] Auch für Verträge zwischen Staat und Religionsgemeinschaften gelte daher, daß diese nur verfassungsgemäß seien, sofern und soweit das Grundgesetz selbst überhaupt zu Absprachen Anlaß gebe.[387] Ebenfalls nicht mit diesem Verständnis vereinbar sind nach *Czermaks* Auffassung z. B. die Ausgestaltung der Militär- und Anstaltsseelsorge durch „Etablierung spezieller Geistlicher, gar auf Kosten der öffentlichen Hand"[388] und theologische Fakultäten, soweit sie nicht nur der Ausbildung von Religionslehrern dienen.[389]

b) Würdigung

Grundsätzlich ist es positiv zu bewerten, daß *Czermak* Wert darauf legt, sein Regel-Ausnahme-Modell aus den Normen des Grundgesetzes abzuleiten und daran zu überprüfen. Fraglich ist aber, ob seine Begründung diesen Ansprüchen auch tatsächlich gerecht wird. *Czermaks* Argumentationen weist zahlreiche Brüche, Widersprüche und Unklarheiten auf und läßt eine stimmige Konzeption vermissen. Daher kann eine Auseinandersetzung damit nur in Form einiger kritischer Anmerkungen erfolgen.

aa. Schon *Czermaks* Einordnung der Prinzipien „Trennung" und „Kooperation" als Gegensätze – „völlig konträre Grundsätze"[390] – ist problematisch. Seine Prämisse, daß Trennung und Kooperation einander ausschließen, die Verwirklichung einer Kooperation zur Einschränkung der Trennung führt, liegt nicht so auf der Hand, wie es nach seiner Darstellung zu sein scheint. Nach einer anderen Ansicht schließen sich Trennung und Kooperation gerade nicht aus, sondern gehören vielmehr zusammen. Es wird darauf hingewiesen, daß die Trennung

---

386 *Czermak*, in: KJ 2000, 229 (239 f.).

387 *Czermak*, in: Der Staat 39 (2000), S. 69 (81 ff.); *ders.*, in: KJ 2000, 229 (237).

388 *Czermak*, in: KJ 2000, 229 (236).

389 Eine Zusammenstellung und Kommentierung von aus *Czermaks* Sicht verfassungsrechtlich unzulässiger oder „problematischer Tatbestände" findet sich bei *Czermak*, in: Recht und Politik 1994, 31 (32 ff.).

390 *Czermak*, Staat und Weltanschauung (1993), S. 265; *ders.*, in: KJ 2000, 229 (238).

von Staat und Kirche eine Kooperation zwischen ihnen erst, gerade und vermehrt notwendig mache. Ihre gegenseitige Unabhängigkeit erfordere zur Vermeidung von Konflikten und zur Wahrung der Religionsfreiheit Koordination, Zusammenarbeit und Absprachen, sobald es zu den unvermeidbaren Berührungen komme.[391] Somit scheint *Czermak* unter Trennung und Kooperation etwas anderes zu verstehen als die angeführten Stimmen.

bb. Dies führt zu einem allgemeineren Problem in *Czermaks* Argumentation: der Frage nach dem genauen Inhalt der für sein Systemverständnis wesentlichen Prinzipien „Trennung" und „Kooperation". *Czermak* zieht aus diesen Prinzipien erhebliche Konsequenzen, leitet aus ihnen konkrete Rechtsfolgen ab und nimmt eine strenge Bindung des Gesetzgebers daran an. Daher müßte der Inhalt dieser Prinzipien genau feststehen. Es bleibt aber gerade verschwommen und unklar, was *Czermak* unter „Trennung" und „Kooperation" versteht.

Zum „Prinzip der Kooperation" zählt *Czermak* „institutionelle Verbindungen", „Kooperation und gemeinsame Zuständigkeit" sowie „Zusammenarbeit von Staat und Religionsgemeinschaften".[392] Davon unterscheiden will er hingegen eine allgemeine „Religionsfreundlichkeit" und eine „Offenheit der Verfassung" für Religiöses.[393] Auch wenn der Staat bei „notwendigen Überschneidungen" Kooperation anbietet oder religiös-weltanschauliche Belange berücksichtigt – was nach *Czermak* durchaus erforderlich sein mag – ist dies nach seinem Verständnis nicht Ausdruck eines Kooperationsprinzips.[394]

Noch unklarer bleibt die Bedeutung der „Trennung": Als Inhalt des Trennungsprinzip nennt *Czermak* abwechselnd eine „Trennung von Staat und Religion", das „grundsätzliche Verbot einer organisatorisch-institutionellen Verbindung von Staat und (insbesondere) Kirchen", die „organisatorische Entflechtung von Staat und Religionsgesellschaften" und die „Scheidung des staatlichen und weltanschaulichen Bereichs",[395] schränkt aber bezüglich letzterer Aussage sogar ein: „was immer das konkret bedeuten mag"[396]. Hauptsächlich geht es *Czermak* wohl um eine organisatorische und finanzielle Trennung von Staat und Religionsgemeinschaften. Wegen der Gegenüberstellung zur Kooperation muß man unter „Trennung" in *Czermaks* Sinne aber weiterhin das Gebot einer Nichtkooperation, das Verbot von Zusammenarbeit verstehen.

Damit wird deutlich, daß trotz *Czermaks* Verweisen auf eine „weithin übereinstimmende Auffassung" zum Art. 140 GG i. V. m. Art. 137 I WRV und zum

[391] *Heckel*, in: JZ 1994, 425 (428 f.); *ders.*, Staatskirchenrecht und Kulturverfassung, in: Gesammelte Schriften IV (1997), S. 917 (934 f.); *A. v. Campenhausen*, in: ZevKR 42 (1997), S. 169 (171 ff.).

[392] *Czermak*, in: KJ 2000, 229 (235, 238).

[393] *Czermak*, in: KJ 2000, 229 (247).

[394] *Czermak*, in: KJ 2000, 229 (239).

[395] *Czermak*, Staat und Weltanschauung (1993), S. 261; *ders.*, in: KJ 2000, 229 (234 f.).

[396] *Czermak*, in: KJ 2000, 229 (238).

Trennungsprinzip sein Verständnis der „Trennung" nicht der herrschenden Meinung über die im Grundgesetz vorgesehene Trennung entspricht.[397] *Czermaks* Hinweise darauf, für wie bedeutend doch auch die h. M. „die Trennung" halte, ist daher nichtssagend oder sogar irreführend, da der Begriff von ihm anders verstanden und verwendet wird. Gleiches gilt für seinen Hinweis, daß „die Trennung" anerkanntermaßen auch das der historischen Entwicklung entsprechende Ergebnis sei.[398]

Eine allgemeingültige Bedeutung des Trennungsbegriffs an sich mit genau umrissenen Rechtsfolgen gibt es aber nicht.[399] Schon bei den Beratungen über die Weimarer Reichsverfassung war man sich bewußt, daß „Trennung" für sich genommen nichts aussagt und sehr unterschiedlich verstanden wird und verzichtete im Ergebnis darauf, diesen Begriff in die Verfassung aufzunehmen.[400]

Czermaks Auffassung liefe – bei aller Unklarheit – ungefähr auf das hinaus, was unter einem „strengen Trennungssystem" verstanden wird, wenn bei ihm „Trennung" (als Gegensatz zur Kooperation) das Verbot einer Zusammenarbeit des Staates mit Religionsgemeinschaften erfordern sollte.

Dann ist jedoch fraglich, wie *Czermak* diese Trennung aus den von ihm genannten Normen des Grundgesetzes herauslesen will. Die Normen des Grundgesetzes, auch die von *Czermak* angeführten „trennenden Aspekte", reichen für eine solche Schlußfolgerung nicht aus, einige widersprechen dem sogar. So verbietet etwa Art. 3 III GG nicht nur die Bevorzugung, sondern auch die Benachteiligung aus religiösen Gründen. Dem dürfte man kaum gerecht werden, wenn man eine Zusammenarbeit mit Religionsgemeinschaften grundsätzlich (also außer in dem vom Grundgesetz genannten Fällen) verbietet, während der Staat mit anderen gesellschaftlichen Verbänden zusammenarbeitet, und religiöse Phänomene und Interessen bei der Ausgestaltung des Schul- und Hochschulwesens und der Kulturförderung gänzlich ignoriert und eliminiert.

Letztlich trägt auch *Czermak* somit ein eigenes, abstrakt konstruiertes Trennungsverständnis von außen an das Grundgesetz heran, und entwickelt sein „Trennungsprinzip" nicht aus den Grundgesetznormen.

cc. Auch *Czermaks* Vorgehen bei der Zuordnung der Grundgesetznormen zu den von ihm benannten und definierten Prinzipien erscheint zweifelhaft, insbesondere *Czermaks* Einstufung von Normen als Ausdruck eines Kooperationsprinzips. So wirkt seine Einschätzung der Normen, die er zunächst zu den

---

[397] Vgl. etwa zur „Trennung" *Hollerbach*, in: HdbStR VI (1989), § 138 Rn. 111 ff.; *v. Campenhausen*, in: HdbStKR I (1994), § 2 S. 47 (71 ff.); *Heckel*, in: JZ 1994, 425 ff.; *Ehlers*, in: ZevKR 45 (2000), S. 201 (204 f.).

[398] *Czermak*, Staat und Weltanschauung (1993), S. 266; *ders.*, in: KJ 2000, 229 (234, 238).

[399] Vgl. *Heckel*, in: VVDStRL 26 (1968), S. 5 (26 f.); *Obermayer*, in: BK (1971), Art. 140 Rn. 82; *Maunz*, in: BayVBl. 1988, 231 (232); *A. v. Campenhausen*, in: EvKomm 1993, 80 (80, 83).

[400] Abg. *Kahl* (DVP), in: Verhandlungen WRV Bd. 328 S. 1647.

„verbindenden Aspekten“ zählt (Art. 140 GG i. V. m. Art. 139 WRV, 141 WRV, 137 V WRV), letztlich aber für nicht systemprägend und daher für die Charakterisierung und Auslegung des grundgesetzlichen Systems unbeachtlich hält, recht willkürlich.

So erklärt *Czermak* Art. 140 GG i. V. m. Art. 137 V WRV ohne weitere Begründung für „insgesamt keine Einschränkung des Trennungsgrundsatzes“[401], obwohl gerade der Körperschaftsstatus, die Ermöglichung einer Organisation im öffentlichen Recht, einem strengen Trennungssystem widerspricht, für das die Verweisung der Religionsgemeinschaften auf das Privatrecht gerade wesentlich ist.[402] Auch Art. 140 GG i. V. m. Art. 141 WRV, der zwingend zu engen Berührungen von Staat und Religionsgemeinschaften führt, bezeichnet *Czermak* als einen „für eine Systembeurteilung in Richtung Verbindung von Staat und Kirche nur nebensächlichen Gesichtspunkt“.[403] Und auch Art. 140 GG i. V. m. Art. 139 WRV (Gewährleistung der Sonn- und Feiertage), der zwar von den übrigen Angeboten zur Kooperation abweicht, aber doch als gelungene Verbindung einer Berücksichtigung sozialpolitischer und religiöser Bedürfnisse erscheint,[404] ist für *Czermak* kein „nennenswerter Gesichtspunkt für die Bewertung des religionsrechtlichen Systems“[405].

Als die einzig „echten, wichtigen“[406], vom Grundgesetz vorgesehenen Ausnahmen läßt *Czermak* letztlich nur die Kirchensteuer, den Religionsunterricht, Bekenntnisschulen, und – eingeschränkt, nur zur Ausbildung von Religionslehrern – theologische Fakultäten gelten, wovon er sogar nur die beiden ersten als Einschränkung des Trennungsprinzips in „wichtigen Bereichen“ ansieht.[407] Damit hängt *Czermak*, wenn es um die Frage geht, ob das Grundgesetz Normen im Sinne eines Kooperationsprinzips enthalte, die Meßlatte für eine Kooperation sehr hoch.

dd. *Czermaks* Vorgehensweise, mit Hilfe einer „Abzählung“ und Abwägung der Grundgesetznormen den Hauptgrundsatz zu ermitteln, von dem Abweichungen nur bei ausdrücklicher Erlaubnis möglich sein soll, erscheint – gerade bei der Auslegung der Verfassung mit ihrer geringen Regelungsdichte – sehr fragwürdig. So begründet *Czermak* seine Einordnung des Trennungsprinzips als Hauptgrundsatz damit, es überwögen „an Gewicht bei weitem die Elemente der

---

401 *Czermak*, Staat und Weltanschauung (1993), S. 267; *ders.*, in: KJ 2000, 229 (240).

402 Vgl. *Listl*, Staat und Kirche in Deutschland, in: Listl, Kirche im freiheitlichen Staat (1996), S. 237 (284); *Maunz*, in: BayVBl. 1988, 231 (232); *Schlaich*, Neutralität (1972), S. 185.

403 *Czermak*, in: KJ 2000, 229 (236).

404 *Winter*, in: FS Hollerbach (2001), S. 891 (896).

405 *Czermak*, in: KJ 2000, 229 (236).

406 *Czermak*, Staat und Weltanschauung (1993), S. 265; *ders.*, in: KJ 2000, 229 (237).

407 *Czermak*, in: KJ 2000, 229 (238).

Trennung“[408], nachdem er die einzelnen Normen mit zum Teil nicht überzeugender Begründung als Ausdruck einer Trennung oder Kooperation eingeordnet hat. Dabei unterläßt er jede Untersuchung und Berücksichtigung, für welche Fälle und Bereiche das Grundgesetz Regelungen bezüglich der Trennung oder Kooperation enthält, welche genauen Vorgaben dort gemacht werden und welche Bedeutung das für nicht geregelte Fälle haben könnte.

ee. *Czermak* versucht, die vom Grundgesetz geregelten Fälle einer Kooperation abzuwerten, indem er diese von ihm als Ausnahmen eingeordneten Normen auf fragwürdige Motive reduziert: So erklärt er die Regelungen zum Religionsunterricht gemäß Art. 7 III GG damit, daß der Staat sich „zur Legitimierung seiner Herrschaft der Religion bedienen“ wollte und daher „die Kirche in die Schule“ geholt habe. Von solchen Ideen hätten sich Staat und Gesellschaft heutzutage aber längst gelöst, und folglich sei auch der Religionsunterricht in die Kritik geraten.[409] Die Einrichtung von Religionsunterricht im Interesse der Bürger, als Berücksichtigung ihrer religiösen Interessen durch den Staat und als Hilfe zur Freiheitsverwirklichung, ist nach dieser Sichtweise und diesem Verständnis von schulischem Religionsunterricht gar nicht erst denkbar.

Auch die Entscheidung des Verfassungsgebers für die Kirchensteuer erklärt *Czermak* rein historisch damit, daß diese Hilfestellung im Jahre 1919 für die evangelischen Landeskirchen durch den plötzlichen Wegfall des Landeskirchentums existenznotwendig gewesen sei. Indem *Czermak* so die geschichtlichen Wurzeln der Normen hervorhebt, versucht er zu vermitteln, daß wegen der historischen Gebundenheit der Regelungen heutzutage, nach Ablauf der vielen Jahre und dem Wegfall dieser konkreten Situation, auch die Daseinsberechtigung der Normen entfallen sei: „Nicht zufällig sind die beiden historisch begründeten Ausnahmen in Legitimationszwänge geraten.“[410] „Historisch begründet“ erscheint nach dieser Sicht ohne weiteres als gleichbedeutend mit antiquiert, überholt, nicht mehr zeitgemäß, als Überbleibsel aus einer glücklicherweise überwundenen Vergangenheit – ohne daß überhaupt die Frage gestellt wird, ob der Verfassungsgeber damals eine über die konkrete Situation hinausgehende vernünftige Entscheidung getroffen hat und hinter den Normen eine auch heute noch sinnvolle, allgemeine Idee stehen könnte. Diese Frage muß bei einer Auslegung jedoch immer gestellt werden.[411]

ff. Nach *Czermaks* Auffassung beeinträchtigen die „Ausnahmen“ vom Trennungsprinzip, die das Grundgesetz vorsehe, zwar „nicht unbedingt die Religi-

---

[408] *Czermak*, Staat und Weltanschauung (1993), S. 265 f.; *ders.*, in: KJ 2000, 229 (238).

[409] *Czermak*, in: KJ 2000, 229 (238).

[410] *Czermak*, in: KJ 2000, 229 (238).

[411] Vgl. *Larenz/Canaris*, Methodenlehre (1995), S. 171; zur Frage der Legitimität der Kirchensteuer in der heutigen Zeit vgl. *Marré*, in: HdbStKR I (1994), § 37 S. 1101 (1102); *Robbers*, in: HdbStKR I (1994), § 31 S. 867 (886 ff.); *A. v. Campenhausen*, Staatskirchenrecht (1996), S. 270 ff.

onsfreiheit der Begünstigten“, aber eben doch das „Privilegierungsverbot bzw. den Gleichstellungsanspruch von Nichtbegünstigten“.[412]

Zu diesen Ausnahmen vom Trennungsprinzip zählt *Czermak* insbesondere Art. 7 III, V GG und Art. 140 GG i. V. m. Art. 137 VI WRV. Diese Normen sind jedoch gerade allgemein formuliert, ihre Angebote richten sich ausdrücklich an alle Religionsgemeinschaften. Nach *Czermaks* Argumentation wäre jedoch jede Kooperation eine Ungleichbehandlung und unzulässige Privilegierung, auch wenn sie grundsätzlich allen Religionsgemeinschaften offensteht. Das Konzept der Weimarer Reichsverfassung war es hingegen gerade, die früheren Privilegien der Kirchen nicht abzuschaffen, sondern für alle Religionsgemeinschaften zu öffnen, die Hilfe gewährenden Angebote des Staates nicht aufzugeben, sondern auf alle zu erstrecken.[413]

Daß die verschiedenen Religionen trotzdem nicht alle die gleiche Stellung erhalten oder auch nur anstreben, ist wegen ihrer Unterschiedlichkeit (z. B. in Bezug auf Selbstverständnis, Ziele, Verbreitung und Bedeutung) nicht überraschend oder bedenklich. *Czermaks* Vorwurf ignoriert, daß gerade die rechtliche Gleichheit differenzierend wirken kann und darf. Ein dagegenwirkendes „Gleichstellungsgebot“ enthält das Grundgesetz in Bezug auf Religion und Religionsgemeinschaften gerade nicht. Das Grundgesetz sieht keine schematische Gleichbehandlung vor, sondern hat sich für eine „Gleichheit des Angebots“[414] entschieden.

Czermak will eine Ungleichbehandlung, die er auch darin sieht, daß sachliche Beurteilungsmaßstäbe schwer oder unmöglich zu finden seien und von manchen Religionsgemeinschaften eine Förderung durch den Staat prinzipiell abgelehnt wird, dadurch verhindern, daß er die Kooperation und Förderung für alle ablehnt (oder auf ein Minimum reduzieren will) und statt gleichwertiger Differenzierung „Äquidistanz“ fordert.[415] Das läuft auf die Forderung hinaus, daß Möglichkeiten, die von einigen Gruppen nicht gebraucht oder gewollt werden, auch anderen nicht gewährt werden sollen. Indem man alle Religionsgemeinschaften „gleich schlecht“ behandelt, religiöse Interessen ignoriert und so die religiöse Motivation insgesamt benachteiligt, erreicht man aber gewiß keine sachgemäßen, dem freiheitlichen Charakter des Grundgesetzes angemessenen Lösungen.

gg. Insgesamt fallen zahlreiche Widersprüche und Unklarheiten bei *Czermaks* Argumentation auf, die eine Auseinandersetzung mit seiner Position erschweren. So äußert *Czermak* z. B. einerseits, es gehe ihm „nicht um die Durchführung

---

412 *Czermak*, in: KJ 2000, 229 (234).

413 Vgl. Verhandlungen WRV Bd. 328 S. 1645; *Heckel*, Staatskirchenrecht und Kulturverfassung, in: Gesammelte Schriften IV (1997), S. 917 (937 ff.).

414 *Heckel*, Gleichheit oder Privilegien? (1993), S. 38; *ders.*, Staatskirchenrecht und Kulturverfassung, in: Gesammelte Schriften IV (1997), S. 917 (935).

415 *Czermak*, Staat und Weltanschauung (1993), S. 309, 329, 334; *ders*, in: KJ 2000, 229 (246).

abstrakter, reiner Prinzipien in jedem Einzelfall", andererseits könne man aber nicht leugnen, daß „die klar verankerte institutionell-organisatorische und vermögensrechtliche Trennung (...) der Ausgangspunkt und Hauptgrundsatz" sei; „Durchbrechungen dieses Prinzips bedürfen jeweils einer besonderen bundesverfassungsrechtlichen Begründung"[416]. Des weiteren bleibt auch unklar, was *Czermak* unter den „notwendigen Überschneidungen" und den „Gesichtspunkten der Sachgerechtigkeit"[417] versteht, aus denen er eine über den Text der Verfassung hinausgehende, sonst hingegen streng verbotene Zusammenarbeit zulassen will.

Letztlich kann somit auch *Czermaks* Herleitung und Begründung der Regel-Ausnahme-Systematik nicht überzeugen.

5. *„Neutralitätsprinzip mit Ausnahmen" nach* Renck

a) Die von *Renck* vorgeschlagene Systematik

Auch *Renck* vertritt die Ansicht, das staatskirchenrechtliche System des Grundgesetzes sei als Regel-Ausnahme-System ausgestaltet. Jedoch sieht er den entscheidenden Grundsatz nicht mehr in dem – auch von ihm anfangs stärker betonten – Prinzip der „Trennung".[418] Vielmehr bezeichnet er als den bestimmenden Grundsatz der staatskirchenrechtlichen Ordnung nunmehr das Prinzip der „staatlichen Bekenntnisneutralität".[419]

Dieses Prinzip leitet er direkt aus Art. 4 I und II GG her. Staatliche „Bekenntnisneutralität" sei die wesentliche Voraussetzung für „wahre Bekenntnisfreiheit".[420] Die durch Art. 4 GG garantierte Religionsfreiheit und die „Bekenntnisneutralität" könnten daher nicht getrennt werden. Sie bildeten zusammen das „alles überwölbende Dach" des Staatskirchenrechts.[421] Aus diesen beiden Grundsätzen folgert *Renck* die weiteren Grundsätze wie Trennung von Staat und Kirche, Gleichbehandlung ohne Rücksicht auf das persönliche Bekenntnis, Parität und Toleranz.[422]

---

416 *Czermak*, in: KJ 2000, 229 (235).

417 *Czermak*, in: KJ 2000, 229 (240).

418 *Renck*, in: BayVBl. 1988, 225 ff.; vgl. auch die Feststellung *Schlaichs*, daß das Prinzip der „Neutralität" die bisherige Frage nach der richtigen „Trennung" nunmehr abzulösen scheine, *Schlaich*, Neutralität (1972), S. 183.

419 *Renck*, in: BayVBl. 1999, 70 (73).

420 *Renck*, in: ThürVBl. 1992, 177 (178); *ders.* in: ThürVBl. 1996, 73 (73); *ders.* in: BayVBl. 1999, 70 (73).

421 *Renck*, in: BayVBl. 1999, 70 (73).

422 *Renck*, in: BayVBl. 1999, 70 (74).

Die Religionsfreiheit habe einen übergeordneten Charakter, da sie durch das Grundgesetz zum Grundrecht erhoben sowie schrankenlos gewährleistet sei. Folglich müsse der sie bedingende Grundsatz der staatlichen „Bekenntnisneutralität" ebenfalls übergeordneten Charakter haben. Die Neutralität sei als Regel anzusehen.[423]

Eine Nichtübereinstimmung mit dem Prinzip der „Bekenntnisneutralität" stellt *Renck* bei einer Reihe von Einrichtungen fest, die im Grundgesetz vorgesehen sind: im staatlichen Religionsunterricht (Art. 7 III GG), im Körperschaftsstatus der Religionsgemeinschaften (Art. 140 GG i. V. m. Art. 137 V WRV) und ihrem Besteuerungsrecht (Art. 140 GG i. V. m. Art. 137 VI WRV). In diesen Fällen handele der Staat nicht „bekenntnisneutral". *Renck* geht davon aus, daß diese Einschätzung keiner weiteren Begründung bedarf, da sie von sich aus einleuchtend sei. Es müsse sich daher bei den genannten Normen um Ausnahmen handeln.[424]

Renck lehnt die Möglichkeit ab, diese Ausnahmen ihrerseits als Normalfall, als allgemeine Verfassungsgrundsätze anzusehen. Dies sei schon dadurch ausgeschlossen, daß andere Rechtsordnungen derartige Regelungen nicht kennen.[425] Der Religionsunterricht könne zudem wegen seiner territorialen Begrenzung durch Art 141 GG nicht als generelles staatliches Programm gelten.[426] Außerdem sei sonst der allgemein als solcher anerkannte Kompromißcharakter der Regelung nicht verständlich, da Kompromisse immer zwischen Gegensätzen gefunden würden.[427]

Mit diesen einzelnen institutionellen Regelungen weiche das Grundgesetz also von der als Normallage vorgegebenen Neutralität ab, so daß es sich hier um „Ausnahmen", „Regelwidrigkeiten", „verfassungsrechtliche Anomalien", „Prinzipiendurchbrechungen", „prinzipienwidriges Verfassungsrecht", „legale Verfassungswidersprüche" handele.[428] Als Durchbrechungen der Neutralität seien sie zugleich Durchbrechungen der Religionsfreiheit gemäß Art. 4 GG.[429]

Diese Ausnahmen seien zudem Privilegien der christlichen Kirchen und müßten in dem privilegienfeindlichen Grundgesetz auch schon daher Ausnahmecharakter haben.[430] Die Religionsfreiheit, die durch die Ausnahmeregelungen einge-

---

423 *Renck*, in: BayVBl. 1999, 70 (73 f.).
424 *Renck*, in: ThürVBl. 1992, 177 (178 Fn. 18; 180 Fn. 53); *ders.* in: LKV 1993, 88 (88 f.); *ders.* in: BayVBl. 1999, 70 (73).
425 *Renck*, in: ThürVBl. 1996, 73 (74 Fn. 16).
426 *Renck*, in: BayVBl. 1999, 70 (73); *ders.*, in: NVwZ 1999, 713 (714).
427 *Renck*, in: ZRP 1999, 323 (323); *ders.*, in: JZ 2000, 561 (562).
428 *Renck*, in: BayVBl. 1988, 225 (229); *ders.*, in: BayVBl. 1999, 70 (74).
429 *Renck*, in: ThürVBl. 1996, 73 (73 Fn. 5); *ders.*, in: JZ 2000, 561 (563).
430 *Renck*, in: NVwZ 1992, (1171 f.); *ders.*, in: DÖV 1994, 27 (30).

schränkt werde, habe zu Gunsten der christlichen Kirchen nicht konsequent durchgesetzt, sondern nur beschränkt gewährleistet werden sollen.[431]

Als eindeutige und treffende Charakterisierung der grundgesetzlichen Ordnung erscheint *Renck* folglich die Bezeichnung als „eine von einigen wenigen Ausnahmen durchbrochene bekenntnisneutrale Ordnung“ oder „Bekenntnisfreiheit mit Einschränkungen“ sachgerecht.[432]

b) Die von *Renck* gezogenen Konsequenzen

Renck kommt es nicht nur auf das rechte Erkennen des Systems an: Aus der Regel-Ausnahme-Systematik seien zwingende Konsequenzen für die Rechtsgeltung zu ziehen. So haben für ihn der Ausnahmecharakter und die Prinzipienwidrigkeit der betroffenen Normen bei ihrer Auslegung entscheidende Bedeutung:

- Die Ausnahmen bedürften stets der ausdrücklichen Zulassung durch das Grundgesetz.[433]
- Die Ausnahmen seien limitiert; sie seien nicht analogiefähig.[434]
- Die Ausnahmeregelungen seien restriktiv auszulegen.[435]
- Durch Landesrecht, auch Landesverfassungsrecht, könnten weitere entsprechende Ausnahmeregelungen nicht vorgesehen werden, da es Grundsätze, die das vorrangige Grundgesetz aufstelle, nicht durchbrechen dürfe.[436]
- Die geschichtlich bedingten Ausnahmen bedürften einer besonderen Rechtfertigung, die nur in der früheren volkskirchlichen Situation gesehen werden könne; mit dem Wegfall dieser gesellschaftlichen Konstellation, damit zugleich ihrer Geschäftsgrundlage, könnten die darauf beruhenden Regelungen auch nicht mehr unverändert fortbestehen.[437]

---

431 *Renck*, in: BayVBl. 1999, 70 (75).

432 *Renck*, in: BayVBl. 1999, 70 (74).

433 *Renck*, in: ThürVBl. 1996, 73 (74); *ders.*, in: BayVBl. 1999, 70 (74).

434 *Renck*, in: BayVBl. 1988, 225 (229); *ders.* in: ThürVBl. 1994, 182 (182); *ders.*, in: ZRP 1996, 16 (19 Fn. 43); *ders.*, in: NVwZ 1996, 333 (336); *ders.*, in: BayVBl. 1999, 70 (74).

435 *Renck*, in: BayVBl. 1999, 70 (74).

436 *Renck*, in: ThürVBl. 1992, 177 (179 Fn.35); *ders.*, in: LKV 1997, 81 (84); *ders.*, in: BayVBl. 1999, 70 (76); *ders.*, in: BayVBl. 2000, 305 (306).

437 *Renck*, in: ThürVBl. 1994, 182 (183 f.); *ders.*, in: ThürVBl. 1996, 73 (75); *ders.*, in: BayVBl. 1999, 70 (74 ff.); *ders.* in: ZRP 1999, 137 (139).

c) Würdigung

aa) Neutralität als übergeordnetes Prinzip

Rencks Systematik beruht also auf folgenden Thesen:

1. Die durch Art. 4 GG garantierte Religionsfreiheit erfordert zwingend staatliche „Bekenntnisneutralität".
2. Art. 4 GG hat einen übergeordneten Charakter. Daran hat die von der Religionsfreiheit nicht zu trennende und sie bedingende „Bekenntnisneutralität" teil.
3. In einer Reihe von Fällen handelt der Staat entgegen seinem Grundsatz ausnahmsweise nicht „bekenntnisneutral", sieht also beschränkte Ausnahmen vom übergeordneten Prinzip vor. Diese Regelungen müssen folglich aber auch als Ausnahmen erkannt und behandelt werden.

Zentral für die Argumentation *Rencks* ist also das Prinzip der staatlichen „Bekenntnisneutralität", das er zum übergeordneten Prinzip, zum verfassungsrechtlichen Normalfall – mit weitreichenden Konsequenzen – erhebt.

Grundlegend für die Beurteilung, ob die staatliche „Bekenntnisneutralität" tatsächlich als die wesentliche und sogar notwendige Bedingung für die Religionsfreiheit gemäß Art. 4 GG anzusehen ist, sowie dafür, ob die von *Renck* als „Ausnahmen" angesehenen Normen wirklich im Widerspruch zur „Bekenntnisneutralität" stehen (und der Staat in diesen Fällen tatsächlich nicht neutral handelt), ist die Frage, was man unter „Bekenntnisneutralität des Staates" genau zu verstehen hat. Es kommt darauf an, welchen Inhalt, welche Bedeutung dieser Begriff hat und welche direkten Konsequenzen sich aus ihm für das staatliche Handeln ergeben.

(1) Der Begriff der Neutralität

Rencks Ausführungen erwecken für den unbefangenen Leser den Eindruck, daß es sich bei dem Neutralitätsprinzip um ein Prinzip mit allgemein anerkanntem Inhalt und feststehender Bedeutung handele, über dessen Konsequenzen für das staatliche Handeln in Wissenschaft und Rechtsprechung Einigkeit bestehe.[438] *Renck* äußert so auch mehrfach seine Verwunderung darüber, daß die h. M. nicht anerkennen wolle, daß die von ihm als „Ausnahmen" bezeichneten

---

[438] So äußert *Renck* in JuS 1989, 451 (451) ausdrücklich, über den wesentlichen Bedeutungsgehalt herrsche grundsätzlich Einigkeit, nur in Detailfragen und Randgebieten gebe es Unsicherheiten.

Normen im Widerspruch zum Neutralitätsgebot stehen.[439] Sieht man sich jedoch das übrige Schrifttum und die Rechtsprechung an, so erkennt man, daß eine solche Einigkeit gar nicht besteht, daß die Bedeutung dieses Prinzips vielmehr umstritten oder zumindest unklar ist.

Für die staatliche Neutralität oder gar die religiös-weltanschauliche Neutralität des Staates findet sich nirgends eine Legaldefinition. Der Begriff selbst kommt im Grundgesetz und in den Landesverfassungen nicht vor. Es gibt auch keine einheitliche, allgemein anerkannte Definition.[440]

Der Begriff wird aber in der Diskussion häufig verwendet.[441] Seine Relevanz für das Staatskirchenrecht, sogar seine zentrale Bedeutung, ist unumstritten – allerdings bei einem oft unterschiedlichen Verständnis. So wird beispielsweise der durch Art. 7 III GG vorgesehene staatliche Religionsunterricht im Verhältnis zur Neutralität teils als Ausnahme[442], teils als ihr Ausdruck [443] angesehen. Was von einigen als (ggf. verfassungswidrige) Durchbrechung des Neutralitätsgebotes angesehen wird, bezeichnen andere gerade als dessen praktische Konsequenz.[444]

Häufig beruht somit ein verbaler Konsens nur auf der „schillernden Vieldeutigkeit" dieses Begriffes.[445] Im folgenden soll daher nun untersucht werden, wie der Begriff von Literatur (a) und Rechtsprechung (b) verwendet und verstanden wird und was genau *Renck* (c) unter der „Bekenntnisneutralität des Staates" versteht.

---

439 *Renck*, in: BayVBl. 1992, 286 (287); *ders.*, in: ThürVBl. 1996, 73 (74); *ders.*, in: JZ 2000, 561 (562).

440 Vgl. *Schlaich*, Art. „Neutralität II. Innerstaatlich", in: EvStL II (1987), Sp. 2239 (2240).

441 Vgl. zu dieser Entwicklung *Schlaich*, Neutralität (1972), S. 12 ff.

442 *Renck*, in: DÖV 1994, 27 (30); *ders.* in: NVwZ 1999, 713 (715); *ders.*, in: BayVBl. 2000, 305 (305); *ders.* in: JZ 2000, 561 (562); ebenso: v. *Zezschwitz*, in: JZ 1966, 337 (342); *ders.* in: JZ 1971, 11 (13); *Kleine*, Institutionalisierte Verfassungswidrigkeiten (1993), S. 229.

443 *Winter*, in: NVwZ 1991, 753 (755); *Link*, in: HdbStKR II (1995), § 54 S. 439 (508); *Robbers*, in: v. Mangoldt/Klein/Starck, GG-Kommentar (1999), Art. 7 Rn. 114 ff., 117; *Germann*, bezeichnet die Regelungen zum Religionsunterricht in: ZevKR 44 (1999), 592 (596) als „perfekte Umsetzung" des Neutralitätsgrundsatzes; ähnlich *Mehrle*, in: NVwZ 1999, 740 (743); auch *Uhle*, in: DÖV 1997, 409 (413) sieht im Religionsunterricht keine Durchbrechung der Bekenntnisneutralität, vielmehr ein „systemkonformes Paradebeispiel für das geltende Verfassungsverständnis im Bereich des Verhältnisses von Staat und Kirche".

444 Dies hebt *Meyer-Teschendorf*, in: ZevKR 23 (1978), S. 202 (203) im Zusammenhang mit der Beurteilung des Schulgebets hervor.

445 So *Schlaich*, Art. „Neutralität II. Innerstaatlich" in: EvStL Sp. 2239 (2242).

(a) „Neutralität" im Schrifttum

Im Schrifttum[446] wird häufig betont, daß das Prinzip der Neutralität für das Grundgesetz nicht einheitlich definiert werden könne.[447] Für die Frage, was ein neutrales staatliches Verhalten erfordere, komme es stets auf den Sachbereich und die konkrete Fragestellung an. Bei der Neutralität handele sich um einen Relationsbegriff, der also Beziehungsverhältnisse beschreibe und bei dem alles auf den jeweiligen Sachzusammenhang, Gegenstand und Maßstab ankomme und der dann jeweils unterschiedlich Konsequenzen habe.[448] Der Inhalt des Neutralitätsbegriffs könne daher nicht allgemein und unabhängig von dem Bereich, dem gegenüber Neutralität gefordert sei, bestimmt werden.[449] Bevor man aus dem Neutralitätsprinzip Rechtsfolgen ziehe, müsse man daher im konkreten Zusammenhang seine Reichweite und seinen Inhalt genau untersuchen.

Insbesondere dürfe man keinesfalls ein abstrakt konstruiertes Neutralitätsverständnis von außen an die Verfassung herantragen und diese dann gar daran messen.[450] Es sei vielmehr darauf zu achten, daß der Neutralitätsbegriff aus den einzelnen, konkreten Verfassungsnormen des Grundgesetzes entwickelt werde.[451]

Versucht man, die allgemein anerkannten und unstreitigen Aussagen des Schrifttums zur religiös-weltanschaulichen Neutralität zusammenzufassen, ergibt sich folgendes: Trotz ihres wenig faßbaren Inhalts wird die Neutralität als ein tragendes Element der staatskirchenrechtlichen Ordnung des Grundgesetzes angesehen.[452] Sie sei allerdings vielschichtig und überschneide sich zum Teil mit anderen Verfassungsprinzipien wie Toleranz, Nichtidentifikation und Parität.[453]

---

[446] Vgl. zum Neutralitätsprinzip insbesondere *Schlaich*, Neutralität (1972); *Heckel*, Religionsfreiheit, in: Gesammelte Schriften IV (1997), S. 647 (773 ff.); *Mikat*, in: HdbVerfR (1994), § 29 Rn. 5, 8ff; *Muckel*, Religiöse Freiheit und staatliche Letztentscheidung (1997), S. 72 ff.; *A. v. Campenhausen, in:* v. Mangoldt/Klein/Starck, GG-Kommentar (2001), Art. 140 Rn. 15 ff.

[447] *Schlaich*, Neutralität (1972), S. 44, 222; *Pirson*, in: FS Zacher (1998), S. 743 (744).

[448] *Heckel*, Staat, Kirche, Kunst (1968), S. 208; *Schlaich*, Neutralität (1972), S. 44, 222; *ders.*, in: Art. „Neutralität II. Innerstaatliche", in: EvStL II (1987), Sp. 2239 (2242f); *A. v. Campenhausen*, in: v. Mangoldt/Klein/Starck, GG-Kommentar (2001), Art. 140 Rn. 18; *ders.*, in: HdbStKR I (1994), § 2 S. 47 (77); *Kästner*, in: ZevKR 41 (1996), S. 241, (252).

[449] *Schlaich*, Neutralität (1972), S. 222; *Böckenförde*, in: ZevKR 20 (1975), S. 119 (129).

[450] *Scheuner*, in: DÖV 1967, 585 (588); *Schlaich*, in: Essener Gespräche 4 (1970), S. 9 (S. 38); *A. v. Campenhausen*, in: v. Mangoldt/Klein/Starck, GG-Kommentar (2001) Art. 140 Rn. 16; *ders.*, in: AöR 121 (1996), S. 448 (458); *Geis*, Zur Zulässigkeit des Kreuzes, in: Brugger/Huster (Hrsg.), Der Streit um das Kreuz (1998), S. 41 (56).

[451] *Pirson*, in: BayVBl. 1995, 755 (756).

[452] So *Hollerbach*, Staatskirchenrecht in der Rechtsprechung, in: Quaritsch/Weber, Staat und Kirchen in der Bundesrepublik (1967), S. 401 (405); *A. v. Campenhausen*, in: v. Mangoldt/Klein/Starck, GG-Kommentar (2001), Art. 140 Rn. 15; *Müller-Volbehr*, in: JZ 1995,

Normen, die für eine Ableitung der religiös-weltanschaulichen Neutralität des Staates herangezogen werden, sind Art. 4 I und II GG, Art. 3 III GG, Art. 33 III GG, Art. 140 GG i. V. m. Art. 136 I, IV WRV und Art. 137 I, IV WRV; gelegentlich werden aber in diesem Zusammenhang auch Art. 140 GG i. V. m. Art. 137 III WRV, Art. 6 II GG und Art. 7 III GG genannt.

Ziel der staatlichen Neutralität sei es, den Staat zur „Heimstatt aller Bürger" – unabhängig von ihrer religiösen Überzeugung – zu machen[454] und den religiösen inneren Frieden zu wahren.[455] Mit Hilfe der Neutralität müsse die Freiheit und Unabhängigkeit der Bürger, der Religionsgemeinschaften sowie des Staates gewährleistet werden.[456]

Als unmittelbare Rechtsfolge wird aus dem Prinzip der Neutralität das Verbot einer Staatskirche oder Staatsreligion gefolgert. Es untersage dem Staat, sich mit einer bestimmten Religion zu identifizieren[457] oder eine Religion gegenüber anderen zu privilegieren[458]. Der Staat dürfe sich auch nicht in die inneren Angelegenheiten der Religionsgemeinschaften einmischen und hier Einfluß zu nehmen versuchen. [459] Er müsse sich aus den Auseinandersetzungen um die Wahrheitsfrage zurückziehen, dürfe keine eigene Position mehr beziehen und nicht Partei ergreifen.[460] Eine Pflicht zur Indifferenz und Gleichgültigkeit oder

---

996 (998); *Brenner*, in: VVDStRL 59 (2000), S. 264 (270 f.); *Ehlers*, in: ZevKR 45 (2000), S. 201 (203);.

[453] *Schlaich*, Neutralität (1972), S. 132; *Meyer-Teschendorf*, in: ZevKR 23 (1978), S. 202 (202); *Mikat*, in: HdbVerfR (1994), § 29 Rn. 8 f.; *A. v. Campenhausen*, in: v. Mangoldt/Klein/Starck, GG-Kommentar (2001), Art. 140 Rn. 20.

[454] Im Anschluß an BVerfG, Urt. v. 14. Dezember 1965 – 1 BvR 413, 416/60 –, in: BVerfGE 19, 206 (216) *Böckenförde*, in: ZevKR 20 (1975), S. 119 (129); *A. v. Campenhausen*, in: v. Mangoldt/Klein/Starck, GG-Kommentar (2001), Art. 140 Rn. 19; *Ehlers*, in: ZevKR 45 (2000), S. 201 (206); *Morlok*, in: Dreier, GG-Kommentar (2000) Art. 140 Rn. 34.

[455] *Maunz*, in: ArchKathKR 139 (1970), 427 (438); *Starck*, in: v. Mangoldt/Klein/Starck, GG-Kommentar (1999), Art. 4 Rn. 21; *Jeand'Heur/Korioth*, Staatskirchenrecht (2000), S. 130 f.

[456] *Mikat*, in: HdbVerfR (1994), § 29 Rn. 8f, 22; *A. v. Campenhausen*, in: HdbStKR I (1994), § 2 S. 47 (78 f.).

[457] *Schlaich*, Art. „Neutralität II. Innerstaatlich", in: EvStL II (1987), Sp. 2239 (2243); *A. v. Campenhausen*, in: v. Mangoldt/Klein/Starck, GG-Kommentar (2001), Art. 140 Rn. 19; *ders.*, Staatskirchenrecht (1996), S. 395 ; *Kästner*, in: ZevKR 41 (1996), S. 241 (251); *Oebbecke*, in: DVBl. 1996, 336 (340); *Listl/Hollerbach*, in: HdbKathKR (1999) § 117 S. 1256 (1260);.

[458] *A. v. Campenhausen*, in: v. Mangoldt/Klein/Starck, GG-Kommentar (2001), Art. 140 Rn. 19; *ders.*, Staatskirchenrecht (1996), S. 395; *Mikat*, in: HdbVerfR (1994), § 29 Rn. 8; *Pirson*, in: FS Zacher (1998), S. 743 (743); *Jarass/Pieroth* (2000), Art. 4 Rn. 4 a; *Schmidt-Bleibtreu/Klein*, GG-Kommentar (1999), Art. 140 Rn. 2a.

[459] *A. v. Campenhausen*, in: v. Mangoldt/Klein/Starck, GG-Kommentar (2001), Art. 140 Rn. 21; *ders.*, in: HdbStKR I (1994), § 2 S.47 (79).

[460] *Heckel*, Staat, Kirche Kunst (1968), S. 208; *ders.*, in: DVBl. 1996, 453 (472); *A. v. Campenhausen*, in: HdbStKR I (1994), S. 77; *ders.*, Staatskirchenrecht (1996), S. 422; *Mikat*,

ein vollständiges Betätigungsverbot des Staates auf religiösem Gebiet als Folge der Neutralität werden hingegen abgelehnt.[461]

Welche weiteren allgemeingültigen Folgerungen aus dem Prinzip zu ziehen sind, ist weitgehend unklar. Wichtig zum Verständnis dieser Schwierigkeiten erscheint die Feststellung, daß dem Begriff der Neutralität eine grundsätzliche Ambivalenz innewohnt: Es gibt im allgemeinen Staatsrecht zwei Grundformen der Neutralitätskonzeption mit unterschiedlichen Funktionen:[462]

Einerseits liegt die Funktion der Neutralität darin, den Staat zu beschränken. Die Neutralität verbietet staatliche Einflußnahmen oder Parteinahmen des Staates zugunsten einer bestimmten Konfession und gewährt Schutz vor staatlichen Eingriffen in kirchliche Angelegenheiten. Ihr Ziel ist die Begrenzung der staatlichen Macht, um die Pluralität der Wertvorstellungen der Bürger zu schützen und zu bewahren.

Auf der anderen Seite geht es der Neutralität gerade um die Begrenzung dieser gesellschaftlichen, pluralistischen Kräfte. Mit Hilfe der Neutralität soll die staatliche Ordnungskompetenz und Einheit geschützt werden. Ihr Ziel ist die Sicherung der staatlichen Souveränität gegenüber kirchlichen Anmaßungen, die Verhinderung von Desintegration und Zersplitterung durch Pluralisierung sowie der Schutz des einzelnen vor Übergriffen durch die gesellschaftlichen Kräfte. Der Schutz des „Allgemeinen", von allen Bürgern Akzeptierten im Staat soll gewährleistet werden. Aus diesem Grund hat der Staat eine gewisse Distanz gegenüber allen gesellschaftlichen „Besonderheiten" zu halten, also auch gegenüber Religionen und Weltanschauungen. Hier zeigt sich ein „etatistischer Affekt" der Neutralität.[463]

Je nachdem, was in einem bestimmten Fall als Aufgabe und Funktion der Neutralität angesehen wird, werden – meist die eine oder andere Variante stillschweigend voraussetzend – abweichende Konsequenzen für ein „neutrales" Handeln des Staates gezogen. Das Grundgesetz hat sich jedoch insgesamt nicht für die eine oder andere Möglichkeit entschieden, sondern berücksichtigt in

---

in: HdbVerfR (1994), § 29 Rn. 10; *Link*, in: FS Thieme (1993), S. 95 (115f); *ders.*, in: NJW 1995, 3353 (3353); *Starck*, in: JZ 2000, 1 (5)

461 *Herzog*, in: Maunz/Dürig, GG-Kommentar (1988), Art. 4 Rn. 13, 21; *Link*, in: FS Thieme (1993), S. 95 (115); *ders.*, in: HdbStKR II (1995), § 54 S. 439 (507); *Müller-Volbehr*, in: JZ 1995, 996 (998); *v. Campenhausen*, Staatskirchenrecht (1996), S. 422; *Mückl*, in: AöR 122 (1997), S. 513 (520); *Starck*, in: v. Mangoldt/Klein/Starck, GG-Kommentar (1999), Art. 4, Rn. 21; *Heckel*, Religionsfreiheit, in: Gesammelte Schriften IV (1997), S. 647 (703).

462 Vgl. hierzu insbesondere *Schlaich*, Neutralität (1972), S. 131 ff.; außerdem *Mikat*, HdbVerfR (1994) § 29 Rn. 8 ff.; *Muckel*, Religiöse Freiheit und staatliche Letztentscheidung (1997), S. 75 ff.

463 *Schlaich*, Neutralität (1972), S. 134.

seinen Regelungen beide Varianten, „teils um die pluralistischen Kräfte zu schützen und sie zu fördern, teils um den Bürger vor ihnen zu schützen“[464].

Entsprechend wird auch im Schrifttum zum Staatskirchenrecht oftmals zwischen zwei unterschiedlichen Formen der religiös-weltanschaulichen Neutralität unterschieden, die sich unter dem Grundgesetz herausgebildet hätten:[465] Sie könne sich entweder als „ausgrenzende“, „distanzierende“ bzw. „negative“ Neutralität entfalten oder aber als „übergreifende“, „offene“, „respektierende“ bzw. „positive“ Neutralität. Wenn der Staat auf einem Gebiet tätig werde, so kenne das Grundgesetz zwei grundsätzliche Möglichkeiten, wie er sich religiösen Interessen gegenüber verhalten könne:

Im ersten Fall wahre der Staat seine Neutralität, indem er alle religiösen Elemente aus einem Bereich ausgrenze und sich gleichmäßig von allen Religionen und Ideologien distanziere. Er schalte sachfremde religiöse Einflüsse auf Entscheidungen aus und sichere die klare Trennung und Integrität von staatlichen und kirchlichen Funktionen; so schütze er insbesondere vor „sachfremder „Gesangbuch- und Parteibuchprotektion“[466]. Durch die Eliminierung und Ausgrenzung des religiösen Faktors halte er alle religiösen Konflikte aus diesen Bereichen heraus, befreie sich selbst von konfessionellen Abhängigkeiten und Bindungen und den Bürger von religiöser und ideologischer Fremdbestimmung durch die Staatsgewalt und durch ihm fremde Religionsgemeinschaften.

Diese Form der Neutralität durch Abstrahierung von der Religion zeige sich etwa in der neutralen Ausgestaltung der allgemeinen, für alle geltenden Rechtsordnung, der öffentlichen Ämter und Rechte ohne Berücksichtigung von religiösen Eigenarten und Interessen. Sie finde sich insbesondere und uneingeschränkt in den staatlichen Kernfunktionen, beim Auftreten des Staates als Träger ursprünglicher, nicht auswechselbarer staatlicher Hoheitsfunktionen. Beispiele seien das Wahl- und Beamtenrecht, die Verwaltungs- und Rechtsprechungstätig-

---

464 *Schlaich*, Neutralität (1972), S. 187 f.

465 *Schlaich*, Neutralität (1972), S. 131 ff., 157 ff., 192 ff., 212 ff., 221 ff., 233ff; *Scheuner*, in: HdbStKR I (1. Aufl., 1974), § 1 S. 5 (61 ff.); *Böckenförde*, ZevKR 20 (1975), S. 119 (130 ff.); *Heckel*, in: DVBl. 1996, 453 (472); *ders.*, Religionsfreiheit, in: Gesammelte Schriften IV (1997), S. 647 (773 ff., 780 ff., 785 ff., 806 ff.); *ders.*, in: FS Zacher (1998), S. 235 (250 f.); *ders.*, in: JZ 2000, 563 (564); ähnlich schon *ders*, Staat Kirche Kunst (1968), S. 207 ff.; *A. v. Campenhausen*, HdbStKR I (1994), § 2 S. 47 (77 f.); *ders.*, in: AöR 121 (1996), S. 448 (458 f.); *Mikat*, in: HdbVerfR (1994), § 29 Rn. 10 ff.; *Link*, in: NJW 1995, 3353 (3356); *Müller-Volbehr*, in: JZ 1995, 996 (998); *Kästner*, in: ZevKR 41 (1996), S. 241 (252); *Muckel*, Religiöse Freiheit und staatliche Letztentscheidung (1997), S. 80 f.; *Listl/Hollerbach*, in: HdbKathKR (1999) § 117 S. 1256 (1260 ff.); *Brenner*, in: VVDStRL 59 (2000), S. 264 (270 ff.).

466 *Heckel*, in: DVBl. 1996, 453 (472).

keit.[467] Das Prinzip der Neutralität nähere sich hier dem Prinzip der Nichtidentifikation an.[468] Positivrechtliche Regelungen im Grundgesetz für diesen Typ der Neutralität seien z. B. Art. 3 III, Art. 33 III GG und Art. 136 I, II, Art. 137 I WRV i. V. m. Art. 140 GG.

Im anderen Fall zeige der Staat eine übergreifende, offene, positive Neutralität: Seine Neutralität erweise sich in diesem Fall in einer vorurteilsfreien und gleichmäßigen Offenheit gegenüber den religiösen Interessen seiner Bürger.[469] Als moderner Sozial- und Kulturstaat gebe er dadurch den gesellschaftlichen Kräften die Möglichkeit, ihre eigenen – auch religiösen – Interessen einzubringen und arbeite mit ihnen zusammen, ohne sich dadurch jedoch mit ihnen zu identifizieren.[470] Der Staat erweise sich als freiheitlich und neutral, indem er auch in von ihm beherrschten Bereichen (so auch staatlichen Einrichtungen) keine bestimmte Ausgestaltung vorschreibe oder voraussetze und die vielfältigen religiösen Überzeugungen nicht ignoriere oder ausgrenze, sondern sie gleichmäßig respektiere und berücksichtige und ihnen so Raum gebe, sich auch dort zu entfalten.[471] Er erkenne die Religion als Kulturphänomen an und gewährleiste ihre freie Wirkmöglichkeit durch eine Ausgestaltung, die auch die relevanten religionsbezogenen Unterschiede berücksichtige und anerkenne.[472] Es finde gerade keine Reduzierung auf eine allgemeine „neutrale" Ebene statt.[473]

Hierbei sei jedoch besonders auf die Freiwilligkeit zu achten: Die staatliche neutrale Offenheit sei ein Angebot, nicht Bestimmung und Bevormundung.[474] Der Staat gebe Raum und biete Entfaltungsmöglichkeiten durch das Angebot von Berücksichtigung, Zusammenarbeit und Unterstützung, nötige aber nicht dazu. So sei keine Religionsgemeinschaft gezwungen, auf dieses Angebot einzugehen und mit dem Staat zusammenzuarbeiten.[475] Ebenso sei durch die konkrete Ausgestaltung stets auch die Religionsfreiheit der Bürger zu achten und niemand dem Zwang einer Religionsgemeinschaft auszusetzen.

---

[467] *Böckenförde*, in: ZevKR 20 (1975), S. 119 (131); *A. v. Campenhausen*, in: AöR 121 (1996), S. 448 (458); *Heckel*, in: DVBl. 1996, 453 (472); *ders.*, Religionsfreiheit, in: Gesammelte Schriften IV (1997), S. 647 (774 f.).

[468] *Böckenförde*, in: ZevKR 20 (1975), S. 119 (130).

[469] *A. v. Campenhausen*, in: HdbStKR I (1994), § 2 S. 47 (78); *Heckel*, in: DVBl. 1996, 453 (472).

[470] *Böckenförde*, in: ZevKR 20 (1975), S. 119 (131); *Lorenz*, in: JuS 1988, 436 (438).

[471] *A. v. Campenhausen*, Staatskirchenrecht (1996), S. 422; *Heckel*, in: DVBl. 1996, 453 (460); *ders.*, in: ZThK 97 (2000), S. 128 (136); *Ehlers*, in: Sachs, GG-Kommentar (1999), Art. 140 Rn. 7; *Starck*, in: v. Mangoldt/Klein/Starck, Kommentar (1999), Art. 4 Rn. 29; *Link*, in: FS Hollerbach (2001), S. 747 (755 f.).

[472] *A. v. Campenhausen*, in: HdbStKR I (1994), § 2 S. 47 (78 f.); *Heckel*, in: DVBl. 1996, 453 (472); *ders.*, in: JZ 2000, 563 (564).

[473] *Lorenz*, in: JuS 1988, 436 (439).

[474] *A. v. Campenhausen*, in: HdbStKR I (1994), § 2 S. 47 (84).

[475] *A. v. Campenhausen*, in: HdbStKR I (1994), § 2 S. 47 (84).

Diese Form der Neutralität gewähre der Staat vor allem in ehemals gesellschaftlichen Lebensbereichen, die er in seine Obhut übernommen und seiner Organisation und Leitung unterstellt habe.[476] In den so entstandenen staatlich organisierten Einrichtungen seien auf der einen Seite die Leitungsorgane und übrigen Amtsinhaber in die staatliche Ämterorganisation eingebunden. Die Mitglieder bzw. Benutzer hingegen seien nicht dem Staat zuzurechnen, sondern blieben Bürger, die allenfalls einigen, sich aus dem Anstaltszweck ergebenden Verhaltenspflichten unterworfen seien, so daß diese Einrichtungen nicht als typisch staatliche, sondern als „soziale Gebilde" anzusehen seien.[477] In solchen weltanschaulich relevanten Bereichen, in denen der Staat gleichsam „ein Stück Gesellschaft" in sich aufgenommen habe, werde er unmittelbar mit den gesellschaftlichen Besonderheiten konfrontiert und könne deshalb einer Stellungnahme nicht ausweichen.[478] Eine streng ausgrenzende, indifferente Haltung wäre hier nur scheinbar neutral, liefe aber in Wahrheit auf eine Bevorzugung areligiöser Weltanschauungen hinaus.[479]

Bereiche, in denen der Staat diese Form der Neutralität zeige, seien z. B. das (ehemals rein kirchlich verantwortete) Schulwesen, in dem der Staat einen staatlich veranstalteten, aber inhaltlich von den Religionsgemeinschaften bestimmten Religionsunterricht anbiete, das theologische Fakultätswesen an den staatlichen Universitäten mit Mitwirkungsrechten der Kirchen, das Feiertagsrecht, Anstalts- und Militärseelsorge, das Besteuerungsrecht für Religionsgemeinschaften, der Körperschaftsstatus, die besondere baurechtliche Behandlung von Kirchenbauten, die Behandlung diakonischer und karitativer Aktivitäten, das Denkmalschutzwesen und die Berücksichtigung kirchlicher Besonderheiten bei der Anwendung des Arbeitsrechts. Diesbezügliche ausdrückliche Regelungen im Grundgesetz fänden sich in Art. 7 III, V GG, Art. 137 V, VI und Art. 141 WRV i. V. m. Art. 140 GG. Das Prinzip der Neutralität münde hier in das Prinzip der pluralistischen Parität ein.[480]

Wo der Staat welche der beiden Möglichkeiten vorsehe, sei in erster Linie den Regelungen des Grundgesetzes zu entnehmen, ohne daß der einen oder anderen Form eine Überordnung zuerkannt werden könne: Normen in Verwirklichung der negativen Neutralität fänden sich in den Art. 3 III, Art. 33 III GG, Art. 136 I, II und Art. 140 GG i. V. m. Art. 137 I WRV; Normen, in denen die Verfassung

---

476 *Böckenförde*, in: ZevKR 20 (1975), S. 119 (127, 131); *A. v. Campenhausen*, in: AöR 121 (1996), S. 448 (458); *Kästner*, in: ZevKR 41 (1996), S. 241 (252); *Müller-Volbehr*, in: ZevKR 44 (1999), S. 385 (402); *Link*, in: FS Hollerbach (2001), S. 747(756).

477 *Böckenförde*, in: ZevKR 20 (1975), S. 119 (127); *A. v. Campenhausen*, in: AöR 121 (1996), S. 448 (458).

478 *Lorenz*, in: JuS 1988, 436 (438 f.).

479 *Lorenz*, in: JuS 1988, 436 (438); *Heckel*, in: JZ 2000, 563 (564).

480 *Heckel*, Staat Kirche Kunst (1968), S. 210; *Schlaich*, Neutralität (1972), S. 228 ff.

sich positiv neutral zeige, seien die Art. 7 III, V GG, Art. 140 GG i. V. m. Art. 137 V, VI und Art. 141 WRV .

Wichtig sei noch die Erkenntnis, daß die beiden Funktionen nicht unverbunden oder gar einander widersprechend nebeneinanderstünden; vielmehr ergänzten und bedingten sie sich gegenseitig und kämen häufig in Kombinationsformen vor.[481]

(b) „Neutralität" in der Rechtsprechung

(aa) Bundesverfassungsgericht

Auch das Bundesverfassungsgericht gebraucht in seiner Argumentation häufig den Begriff der Neutralität. Es verwendet seit dem Kirchensteuer-Urteil vom 14. Dezember 1965[482] Neutralität als Rechtsprinzip und leitet daraus direkt selbständige Rechtsfolgen ab.[483] Die verfassungsrechtliche Grundlage der dem Staat auferlegten Neutralität sieht das Gericht in den Art. 4 I, 3 III, 33 III GG sowie Art. 140 GG i. V. m. Art. 136 I und IV und Art. 137 I WRV.

Das Bundesverfassungsgericht hat nie versucht, das Neutralitätsprinzip genau zu definieren. Es hat bisher auch eine eingehendere Auseinandersetzung mit diesem Grundsatz unterlassen. In seiner Entscheidung über Kruzifixe in Gerichtssälen[484] hat das Bundesverfassungsgericht darauf hingewiesen, daß die Beantwortung der Frage, wann das Handeln des Staates im Widerspruch zum Neutralitätsprinzip stehe und eine unzulässige „Identifizierung" darstelle, einer eingehenden und umfänglichen Untersuchung der Neutralität und „Nicht-Identifikation" bedürfte. Dabei seien auch Rechts- und Justizgeschichte sowie die unterschiedlichen Verhältnisse in den einzelnen Landesteilen der Bundesrepublik zu berücksichtigen. Es unterließ indessen in jenem Urteil diese Auseinandersetzung mit der Begründung, daß es hierauf in diesem Fall nicht entscheidend ankomme und der unverhältnismäßige Aufwand dieser Prüfung der Bedeutung des zu entscheidenden Falles nicht gerecht werde.[485]

In den bisherigen Entscheidungen hat das Bundesverfassungsgericht zahlreiche Folgerungen aus dem Neutralitätsprinzip gezogen: Wegen seiner Aufgabe, Heimstatt aller Bürger ohne Ansehen der Person zu sein, sei dem Staat weltan-

---

481 *Heckel*, Religionsfreiheit, in: Gesammelte Schriften IV (1997), S. 647 (778 f.).

482 BVerfG, Urt. v. 14. Dezember 1965 – 1 BvR 413, 416/60 –, in: BVerfGE 19, 206 (216).

483 S. etwa außerdem BVerfG, Beschl. v. 16. Oktober 1968 – 1 BvR 241/66 –, in: BVerfGE 24, 236 (246); BVerfG, Beschl. v. 31. März 1971 – 1 BvR 744/67 –, in: BVerfGE 30, 415 (421 f.); BVerfG, Beschl. v. 19. Oktober 1971 – 1 BvR 387/65 –, in: BVerfGE 32, 98 (106).

484 BVerfG, Beschl. v. 17. Juli 1973 – 1 BvR 308/69 –, in: BVerfGE 35, 366 (374 f.).

485 BVerfG, Beschl. v. 17. Juli 1973 – 1 BvR 308/69 –, in: BVerfGE 35, 366 (375).

schaulich-religiöse Neutralität auferlegt. Diese hindere die Einführung staatskirchlicher Rechtsformen und die Privilegierung bestimmter Bekenntnisse. Der Staat dürfe einer Religionsgemeinschaft keine Hoheitsbefugnisse über Personen verleihen, die ihr nicht angehörten.[486] Diese Aussagen betonen eher den distanzierenden Aspekt, die „ausgrenzende, negative“ Neutralität.

Ebenso hat das Bundesverfassungsgericht jedoch in einigen Entscheidungen der Neutralität eine Bedeutung zugemessen, die auf ein Verständnis in „positiver, berücksichtigender“ Hinsicht hindeutet und ein rein negatives Verständnis ausschließt: Das Gebot der Neutralität bedeute, daß der Staat nicht über die Frage der Kirchenmitgliedschaft bestimmen könne; in der Anerkennung und Anwendung der diesbezüglichen innerkirchlichen Regelungen durch staatliche Stellen liege keine verfassungswidrige Identifizierung des Staates mit einer Kirche.[487] Der religiös-neutrale Staat dürfe auch bei der Auslegung verfassungsrechtlicher Begriffe (hier: Religionsausübung) das Selbstverständnis von Religionsgemeinschaften nicht außer Betracht lassen.[488] Aus der Neutralität folge, daß die Religionsausübungsfreiheit allen Religionsgemeinschaften zustehe, nicht nur den christlichen Kirchen.[489] Der neutrale Staat dürfe den Glauben oder Unglauben seiner Bürger nicht bewerten.[490] Nicht die Ausschaltung aller weltanschaulich-religiösen Bezüge, z. B. durch eine laizistische Ausgestaltung der staatlichen Schule, könnte religiöse Spannungen neutralisieren; auf diese Weise würden hingegen die Eltern benachteiligt, die eine religiöse Erziehung ihrer Kinder wünschten. Der freiheitliche Staat bewähre seine religiös-weltanschauliche Neutralität vielmehr in der Offenheit gegenüber dem Pluralismus weltanschaulich religiöser Anschauungen. Diese Offenheit sei der „ethische Standard“ des Grundgesetzes.[491] Jedenfalls im Bereich des Schulwesens könne ein Prinzip der Nichtidentifikation – soweit es sich denn aus dem Grundgesetz herleiten lassen sollte – nicht der maßgebliche Gesichtspunkt sein.[492]

Fraglich ist, ob das Bundesverfassungsgerichts in der „Kruzifix-Entscheidung“[493] diese ursprüngliche Auffassung zur Neutralität revidiert hat.[494] *Czer-*

[486] BVerfG, Urt. v. 14. Dezember 1965 – 1 BvR 413, 416/60 –, in: BVerfGE 19, 206 (216).

[487] BVerfG, Beschl. v. 31. März 1971 – 1 BvR 744/67 –, in: BVerfGE 30, 415 (422).

[488] BVerfG, Beschl. v. 16. Oktober 1968 – 1 BvR 241/66 –, in: BVerfGE 24, 236 (247 f.).

[489] BVerfG, Beschl. v. 16. Oktober 1968 – 1 BvR 241/66 –, in: BVerfGE 24, 236 (246); BVerfG, Beschl. v. 19. Oktober 1971 – 1 BvR 387/65 –, in: BVerfGE 32, 98 (106) und häufiger.

[490] BVerfG, Beschl. v. 8. November 1960 – 1 BvR 59/56 –, in: BVerfGE 12, 1 (4).

[491] BVerfG, Beschl. v. 17. Dezember 1975 – 1 BvR 63/68 –, in: BVerfGE 41, 29 (49 f.).

[492] BVerfG, Beschl. v. 16. Oktober 1979 – 1 BvR 647/70 und 7/74 – , in: BVerfGE 52, 223 (237).

[493] BVerfG, Beschl. v. 16. Mai 1995 – 1 BvR 1087/91 – in: BVerfGE 93, 1 ff.

[494] *Häußler* hat darauf aufmerksam gemacht, daß das Neutralitätsprinzip in den letzten 20 Jahren vor dieser Entscheidung kaum noch eine Rolle gespielt hatte, in: ZevKR 43 (1998), S. 461 (483).

mak etwa pries den Beschluß als „Ruhmesblatt in den Annalen der Bundesrepublik Deutschland“ und als „Sieg der Rechtswissenschaft und der richtig verstandenen Glaubensfreiheit über verfassungsrechtlich nicht legitimierte Tradition“[495], nachdem er die dem Streit zugrundeliegende Regelung zuvor als „Gipfel des Verfassungsbruchs“[496] bezeichnet hatte.

Das Bundesverfassungsgericht bezieht sich in dieser Entscheidung zum einen auf seine frühere Aussage, daß Art. 4 I GG dem Staat die Pflicht auferlege, den Glaubensüberzeugungen einen Betätigungsraum zur Entfaltung der Persönlichkeit auf weltanschaulich-religiösem Gebiet zu sichern.[497] Andererseits betont das Gericht aber besonders die Rechte des einzelnen, der sich dadurch gestört fühle, indem es eine zumutbare Ausweichmöglichkeit gegenüber Manifestationen des Glaubens fordert.[498]

Somit legt das Gericht hier besonderen Wert auf die Wahrung und Sicherung der negativen Religionsfreiheit. Es schließt aber mit seiner ablehnenden Entscheidung zur generellen Anordnung von Kruzifixen in Schulen auch nicht aus, daß der Staat der Religion im Sinne einer „übergreifenden Neutralität“ gegenüberstehe: Den vom Gericht für eine Zulässigkeit aufgestellten Anforderungen wie Freiwilligkeit und Ausweichmöglichkeiten werden nämlich gerade Einrichtungen wie etwa der Religionsunterricht gerecht (Art. 7 II GG); dies trifft ebenso zu für die theologischen Fakultäten, zu deren Besuch niemand gezwungen wird. Und auch die Kirchensteuer, für oder gegen die sich einerseits jede Religionsgemeinschaft frei entscheiden kann und der sich jeder Bürger durch Austritt entziehen kann, entspricht diesem Freiwilligkeitserfordernis.

Der Kruzifix-Entscheidung kann also nicht entnommen werden, daß das Bundesverfassungsgericht seine Ansicht zur Neutralität geändert hätte und das vom Schrifttum als „übergreifend neutral“ verstandenes Verhalten nunmehr generell als neutralitätswidrig betrachtete.

Es ergibt sich also, daß auch das Bundesverfassungsgericht beide Seiten der Neutralität anerkennt und im Bereich des Staatskirchenrechts für relevant erachtet.

(bb) Andere Gerichte

In der übrigen Rechtsprechung wird das Prinzip der religiös-weltanschaulichen Neutralität ebenfalls häufig verwendet, ohne daß eine einheitliche Bedeutung gefunden worden wäre. Die Vielschichtigkeit des Prinzips wird gesehen und betont. Es werden ähnliche Folgerungen wie durch das Bundesverfassungs-

---

495 *Czermak*, in: NJW 1995, 3348 (3353).
496 *Czermak*, Staat und Weltanschauung (1993), S. 304.
497 BVerfG, Beschl. v. 16. Mai 1995 – 1 BvR 1087/91 – in: BVerfGE 93, 1 (16).
498 BVerfG, Beschl. v. 16. Mai 1995 – 1 BvR 1087/91 – in: BVerfGE 93, 1 (16).

gericht gezogen. Insbesondere wird sowohl das Verbot einer Identifizierung und staatskirchlicher Rechtsformen angesprochen als auch die Formulierung von der Offenheit des Staates gegenüber religiösen und weltanschaulichen Strömungen benutzt.[499] Einige Entscheidungen nahmen die in der Literatur gebrauchte Unterscheidung von positiver, respektierender und auf der anderen Seite negativer, distanzierender Neutralität ausdrücklich auf.[500]

(c) „Bekenntnisneutralität" bei *Renck*

Renck sieht hingegen keine Schwierigkeiten darin, dem von ihm aus Art. 4 GG abgeleiteten Neutralitätsprinzip einen klaren und eindeutigen Inhalt zuzuschreiben und allgemeingültige Rechtsfolgen aus ihm zu ziehen. Sein Verständnis der Bekenntnisneutralität ergibt sich teils aus seinen direkten Aussagen zur Neutralität, teils aus seinen allgemeinen Ausführungen darüber, was einem „bekenntnisneutralen" Staat zustehe und teils daraus, was er als Ausnahmen zu diesem Prinzip ansieht.

Renck beschreibt mit Verweis auf *Obermayer*[501] die Neutralität als ein organisatorisches Verfassungsprinzip mit dreifacher Funktion, und zwar: Sicherung des inneren, religiösen und weltanschaulichen Friedens, Verschaffung des notwendigen Freiraums zur religiösen Entfaltung des Bürgers und Voraussetzung für die Identifizierung des Bürgers mit dem Staat.[502]

Die weiteren Aussagen *Rencks* zur Neutralität sind vielfältig, wobei die meisten seiner Forderungen mit der ersten und dritten der von ihm genannten Funktionen zusammenhängen. Versucht man, die wichtigsten Aussagen zusammenzufassen, ergibt sich folgendes Bild:

Neben einem Identifikationsverbot[503] und einem Interventionsverbot[504] verlangt *Renck* für den Staat zusätzlich ein Konfrontations- bzw. Beunruhigungs-

---

[499] BayVerfGH, Entsch. v. 1. August 1997 – Vf. 6-VII-96, Vf. 17-VII-96 u. Vf. 1-VII-97 –, in: NJW 1997, 3157 (3158); BVerwG, Urt. v. 17. Juni 1998 – BVerwG 6 C 11.97 –, in: BVerwGE 107, 75 (81).

[500] OVG Münster, Beschl. v. 15. September 1993 – 19 B 1933, 1934/93 – in: NVwZ 1994, 597 (597); VG Stuttgart, Urt. v. 24. März 2000 – 15 K 532/99 –, in: NVwZ 2000, 959 (960);
BVerwG, Urt. v. 21. April 1999, – 6 C 18/98, in: NJW 1999, 3063 (3064 f.) spricht von „distanzierender Neutralität im Sinne der Nichtidentifikation" bzw. „respektierender, vorsorgender Neutralität".

[501] *Obermayer*, in: BK (1971), Art. 140 Rn. 76 f.

[502] *Renck*, in: BayVBl. 1988, 225 (228); *ders.* in: JuS 1989, 451 (451); *ders.* in: DÖV 1994, 27 (30).

[503] *Renck*, in: BayVBl. 1988, 225 (228); *ders.* in: JuS 1989, 451 (453); *ders.* in: LKV 1993, 88 (88).

[504] *Renck*, in: BayVBl. 1988, 225 (228).

verbot: Der Staat dürfe seine Bürger nicht von sich aus mit religiösen oder weltanschaulichen Themen konfrontieren. Er dürfe die Bürger nicht zu einer Auseinandersetzung mit solchen Fragen nötigen und dadurch selbst in die Auseinandersetzung und den Prozeß „ideologischer Sinngebung" eingreifen. Zwar könne niemand vom Staat verlangen, von der Begegnung mit Religiösem verschont zu werden, sofern dies von anderen Bürgern ausgehe. Der Staat selbst jedoch habe solche Begegnungen bei seiner Aufgabenerfüllung weder einzuleiten noch zu fördern. Er dürfe in seinen Einrichtungen und Veranstaltungen Religion und Weltanschauung daher nicht mit einbeziehen.[505]

Dies alles diene dem religiösen Frieden, den *Renck* um so mehr gewahrt sieht, je weniger religiöse Elemente das staatliche Verhalten aufweise.[506] Der Staat habe die Pflicht, durch sein Verhalten keinen Anlaß zu religiöser Gewalt zu geben.[507] Je weniger Ausnahmen von der so verstandenen Bekenntnisneutralität ein Staat zulasse, um so mehr fördere er den inneren religiösen Frieden.[508]

Noch weitergehend folgert *Renck* ein unbedingtes Betätigungsverbot für den Staat auf religiösem Gebiet: Dem Staat sei absolute religiös-weltanschauliche „Inkompetenz" vorgeschrieben. Er habe kein religiös-weltanschauliches „Mandat", sei kompetenzlos.[509] Die mangelnde Zuständigkeit könne auch nicht durch ein Einverständnis betroffener Bürger oder Religionsgemeinschaften geheilt werden. Daher könne die Verfassungswidrigkeit neutralitätswidriger Einrichtungen auch nicht durch den Satz „Volenti non fit iniuria" behoben werden. Staatliche Bekenntnisneutralität sei nicht disponibel.[510]

Der Staat habe aufgrund seiner Inkompetenz auf diesem Gebiet auch keine Fähigkeiten und keine Maßstäbe, um Entscheidungen zu treffen.[511] Daher könne er beispielsweise nicht vorsehen, daß Schüler, die nicht am schulischen Religionsunterricht teilnehmen, einen Ersatzunterricht in Ethik besuchen müßten. Dem Staat fehle hier ein Entscheidungsmaßstab, um beurteilen zu können, ob ein solcher Ausgleich nötig sei. Er könne sich kein Urteil über den Wert elterlicher oder sonstiger außerschulischer religiöser Erziehung im Vergleich zum schulischen Religionsunterricht bilden.[512]

Eine strenge Bereichs- und Aufgabentrennung voraussetzend lehnt *Renck* es auch ab, „Intendanturtätigkeiten" des Staates, bei denen dieser eine Kooperation

---

[505] *Renck*, in: JuS 1989, 451 (453 f.); *ders.*, in: NVwZ 1994, 544 (545 f.).
[506] *Renck*, in: ThürVBl. 1992, 177 (180 Fn. 61).
[507] *Renck*, in: NJW 1999, 994 (998).
[508] *Renck*, in: ZRP 1996, 16 (19).
[509] *Renck*, in: NVwZ 1992, 1171 (1172); *ders.* in: LKV 1993, 88 (88); *ders.* in: ThürVBl. 1993, 102 (103); DÖV 1994, 27 (30).
[510] *Renck*, in: BayVBl. 1995, 682 (682); *ders.*, in: NVwZ 1996, 333 (334); *ders.* in: BayVBl. 1997, 553 (553).
[511] *Renck*, in: BayVBl. 1996, 492 (492); *ders.*, in: BayVBl. 2000, 305 (305).
[512] *Renck*, in: NVwZ 1999, 713 (714); *ders.*, in: BayVBl. 2000, 305 (305).

anbietet und sich dabei auf die äußeren weltlichen Funktionen beschränkt, als neutralitätsgemäß anzusehen: Der Staat sei auf die staatlichen Aufgaben beschränkt und könne kirchliche Aufgaben auch nicht bekenntnisneutral als Intendant übernehmen, selbst wenn er sich dabei „ideologisch abstinent" und streng paritätisch verhielte. Selbst Intendanturtätigkeiten seien daher Neutralitätsdurchbrechungen.[513] Folglich stünden der Religionsunterricht an staatlichen Schulen, dessen Inhalt der Staat nicht bestimme, sowie die Einrichtung von theologischen Fakultäten an staatlichen Universitäten grundsätzlich nicht im Einklang mit dem Neutralitätsgebot, da der Staat sich hier kirchlicher Aufgaben annehme.[514] So sei schließlich die Erziehung ihrer Gläubigen eine Aufgabe der Religionsgemeinschaften, weswegen Religionsunterricht auch keine staatliche Aufgabe sein könne.[515] Ebensowenig sei die Ausbildung der dafür benötigten Religionslehrer staatliche Aufgabe.[516] Auch die Pflege der bekenntnisgebundenen Theologie und die Ausbildung des Klerus sei eine rein kirchliche Aufgabe und habe deswegen auch grundsätzlich nicht an staatlichen Universitäten stattzufinden.[517]

Wenn man hingegen solche Intendanturtätigkeiten generell für zulässig erachte, würde – so *Renck* – der Staat ja auch die „Ausbildung der Religionsdiener, den Kirchenbau, Gottesdienste, Prozessionen, Wallfahrten, Einkehrtage, Exerzitien und sonstige eigene Angelegenheiten der Bekenntnisgemeinschaften" als res mixta übernehmen können.[518]

Renck distanziert sich ausdrücklich davon, daß seine Ansicht – strikt durchgesetzt – auf ein Indifferenzgebot, eine Förderungsverbot für den Staat oder eine laizistische Haltung des Staates hinauslaufen sollte. Er verwahrt sich dagegen, daß seine Ansicht zu einer Verdrängung des Religiösen aus der Öffentlichkeit und einer Zurückdrängung ins Private führen würde. Der neutrale Staat könne und solle die religiösen Bedürfnisse und Interessen seiner Bürger nicht einfach ignorieren, sondern solle sie zur Kenntnis nehmen und sich ihnen ebenso widmen wie anderen Bedürfnissen auch, könne sie ebenso fördern und unterstützen wie andere Interessen. Schon seine kulturstaatliche Verantwortung ermögliche dem Staates selbstverständlich eine Unterstützung zur Erziehung und Bildung auf religiösem Gebiet, etwa zur Erteilung von Religionsunterricht durch die Religionsgemeinschaften außerhalb des Schulunterrichts. Der Staat dürfe auch mit den Religionsgemeinschaften zusammenarbeiten.[519] Für den neutralen Staat

---

[513] *Renck*, in: NVwZ 1999, 713 (714); *ders.* in: JZ 2000, 561 (562).

[514] *Renck*, in: BayVBl. 1993, 169 (171); *ders.* in: ThürVBl. 1996, 73 (73 f.); *ders.* in: NVwZ 1996, 333 (334).

[515] *Renck*, in: ZRP 1999, 137 (139).

[516] *Renck*, in: NVwZ 1996, 333 (334).

[517] *Renck*, in: NVwZ 1996, 333 (334).

[518] *Renck*, in: JZ 2000, 561 (562).

[519] *Renck*, in: BayVBl. 1988, 225 (229); *ders.* in: JuS 1989, 453 (453); *ders.* in: KJ 1994, 488 (490); *ders.* in: ThürVBl. 1996, 73 (73); *ders.* in: LKV 1997, 81 (84).

sei nicht Laizismus, wohl aber „wohlverstandene Laizität" die angemessene Haltung. Diese sei keineswegs religionsfeindlich und habe nicht das Ziel, die Religion und Weltanschauung aus der Gesellschaft zu eliminieren.[520]

Das heiße aber – betont *Renck* – eben nicht, daß der neutrale Staat selbst Religionsunterricht erteile und dabei den gesamten Sach- und Personalaufwand trage und bekenntnisgebundene Theologie gerade an staatlichen Universitäten fördern müsse oder könne.[521] Zulässige Förderung bedeute eben nicht gleich Verstaatlichung.[522] Es müsse erkannt werden, daß Religion und Weltanschauung sich nach dem Willen des Grundgesetzes nur noch in der Gesellschaft, nicht mehr im Staat entfalteten. Somit sei ihr Platz auch nicht mehr in der staatlichen, sondern in der gesellschaftlichen Öffentlichkeit zu suchen.[523] Der neutrale Staat habe die Religion grundsätzlich in die Öffentlichkeit der Gesellschaft verwiesen und seine eigene Öffentlichkeit nach Möglichkeit davon freigehalten.[524] Der gesellschaftliche, nichtstaatliche Bereich sei daher der angemessene Ort für die Förderung von Religion und Weltanschauung. Dort habe sie stattzufinden, nicht hingegen in staatlichen Einrichtungen.[525] Unter Heranziehung der Formulierung der US-amerikanischen Verfassung beklagt *Renck*, es bestehe der Irrtum, „non-establishment of religion" mit „establishment of non-religion" gleichzusetzen.[526]

Diese Bereichstrennung gelte auch für die religiöse Entfaltungsfreiheit der Bürger: Der „Sektor öffentlicher Aufgabenerfüllung" sei grundsätzlich nicht der „geeignete Ort für die religiöse Selbstverwirklichung" des Bürgers.[527] Die Religionsfreiheit der Bürger entfalte sich nach der Maßgabe des Grundgesetzes grundsätzlich im gesellschaftlichen, nicht im staatlichen Bereich. Nur dieser Raum steht für die religiöse Entfaltung des Bürgers überhaupt zur Verfügung.[528] Wenn der Staat den Bürgern Religion und Weltanschauung ohne Interferenz

---

520 *Renck*, in: BayVBl. 1999, 70 (77); *ders.* in: JZ 2000, 561 (562 f.).

521 *Renck*, in: ThürVBl. 1996, 73 (75 Fn. 34); ders., in: LKV 1997, 81 (84); *ders.* in: ZRP 1999, 137 (137).

522 *Renck*, in: JZ 2000, 561 (562).

523 *Renck*, in: BayVBl. 1992, 519 (521 f.); *ders* in: ThürVBl. 1996, 73 (83); *ders.* in: NJW 1999, 994 (999); *ders.* in: DÖV 1999, 458 (463).

524 *Renck*, in: ThürVBl. 1995, 31 (33); *ders.*, in: ZRP 1996, 16 (19); *ders.* in: NJW 1999, 994 (996, 999)

525 *Renck*, in: JZ 2000, 561 (562).

526 *Renck*, in: NVwZ 1994, 544 (547); *ders.*, in: ZRP 1996, 16 (19); *ders.*, in: ZRP 1996, 205 (206).

527 *Renck*, in: JuS 1989, 451 (454).

528 *Renck*, in: NVwZ 1994, 544 (547); *ders.* in: ThürVBl. 1996, 73 (73); ders., in: ThürVBl. 1997, 221 (223). Die Ansicht, auch in staatlichen Schulen bestehe ein Recht zur Religionsausübung und dürfe eine erwünschte Religionsausübung nicht einfach unterbunden werden, bezeichnet *Renck* in: ZRP 1996, 16 (17) als „abwegig".

überlasse, sei der Religionsfreiheit am meisten gedient. Damit könne er die Freiheit seiner Bürger nicht verletzen.[529]

(d) Zwischenergebnis

Rencks „Bekenntnisneutralität" weist also eine Reihe von Besonderheiten auf, in denen sich seine Sicht von der oben dargestellten h. M. unterscheidet:

1. *Renck* nimmt ein absolutes *Betätigungsverbot* des Staates auf religiösem Gebiet an, während die h. M. nur eine inhaltliche Beschäftigung des Staates mit der Religion ausschließen will. Folglich hält die h. M. „Intendanturtätigkeiten" des Staates (sofern für alle offenstehend und auf der Basis von Freiwilligkeit) für neutralitätsgemäß, während *Renck* darin stets Ausnahmen zum neutralen Verhalten des Staates erblickt.

2. *Renck* spricht dem Staat aufgrund dessen Inkompetenz auf religiösem Gebiet die Fähigkeit ab, hier überhaupt Entscheidungen zu treffen, da er keine *Maßstäbe* für solche Entscheidungen habe. Die h. M. untersagt dem Staat nur, Religion zu bewerten und Entscheidungen auf der Grundlage von „wahr" und „falsch" zu treffen sowie in bekenntnisinterne Auseinandersetzungen einzugreifen, während er auf der Grundlage anderer sachlicher Kriterien durchaus Entscheidungen treffen und differenzieren dürfe.

3. *Renck* nimmt ein aus dem Neutralitätsgebot folgendes *Konfrontationsverbot* bzw. Beunruhigungsverbot des Staates an, um den religiösen Frieden zu wahren. Er setzt voraus, der *Friedenswahrung* diene es am meisten, wenn staatliches Handeln keinerlei religiösen Elemente enthalte. Das Bundesverfassungsgerichts hat indessen betont (und das überwiegende Schrifttum stimmt dem zu), die Ausschaltung aller religiösen Bezüge etwa im Schulbereich diene nicht dem religiösen Frieden, sondern benachteilige die an einer diesbezüglichen Erziehung interessierten Eltern bzw. Schüler.[530]

4. *Renck* unterscheidet – ähnlich wie *Fischer* – für die Möglichkeit religiöser Betätigung *gesellschaftliche und staatliche Öffentlichkeit*. Der Ort für eine religiöse Entfaltung der Bürger sei lediglich die gesellschaftliche Öffentlichkeit und nicht die staatlichen Institutionen; diese seien vielmehr von solchen Betätigungen freizuhalten. Die h. M. nimmt demgegenüber an, der Staat dürfe die Religion auch nicht generell aus solchen Institutionen verdrängen.

Renck geht hierin nicht so weit wie *Fischers* Trennungskonzept, da er nicht von einem strikten Förderungsverbot ausgeht; er beschränkt aber die Entfaltungsfreiheit der Religion – wie *Fischer* – auf den „nichtstaatlichen" Bereich.

---

[529] *Renck*, in: BayVBl. 1988, 225 (225 Fn. 13); *ders.*, in: JuS 1989, 451 (453); *ders.*, in: NVwZ 1991, 116 (119 f.); *ders.* in: NVwZ 1992, 1171 (1172); *ders.*, in: NJW 1999, 994 (999).

[530] BVerfG, Beschl. v. 17. Dezember 1975 – 1 BvR 63/68 –, in: BVerfGE 41, 29 (49 f.).

5. Insgesamt erkennt *Renck* als neutral nur solches Handeln des Staates an, das die h. M. als Ausdruck der *distanzierenden, ausgrenzenden, negativen Neutralität* versteht. In den Fällen, in denen die h. M. im staatlichen Handeln Ausprägungen der offenen, übergreifenden Neutralität erkennt, geht *Renck* von einem neutralitätswidrigen Handeln des Staates aus.

(2) Konsequenzen für *Rencks* Vorschlag und die Vereinbarkeit mit dem Grundgesetz

Es ist nunmehr zu untersuchen, ob man *Rencks* Verständnis der Neutralität dem Grundgesetz als übergeordnetes Prinzip entnehmen kann. Das wäre dann der Fall, wenn dieses „Prinzip der Bekenntnisneutralität" tatsächlich direkt aus Art. 4 GG folgen würde, indem es notwendige Bedingung für die Religionsfreiheit wäre, und zugleich Art. 4 GG ein so übergeordneter Charakter zuerkannt werden müßte, daß allein aus dieser Norm die Regel zu folgern wäre und alle dem nicht entsprechenden Normen als Ausnahmen anzusehen wären (hierzu die folgenden Ausführungen unter (a)). Oder aber *Rencks* Neutralitätsverständnis müßte sich aus der Gesamtheit der Normen entnehmen lassen (die diesbezügliche Erörterung folgt unter (b)).

(a) Ableitung der „Bekenntnisneutralität" aus Art. 4 GG

Fraglich ist, ob sich allein aus Art. 4 GG ein Prinzip der Bekenntnisneutralität in *Rencks* Sinne ableiten läßt. Es kommt darauf an, ob die von *Renck* für den Staat geforderten Verhaltenspflichten tatsächlich Voraussetzung für die durch Art. 4 GG garantierte Religionsfreiheit ist.

Aus der Garantie der Religionsfreiheit lassen sich einige allgemeine Anforderungen an einen Staat folgern. Diese Anforderungen entsprechen den allgemein vom Schrifttum der Neutralität zuerkannten Folgerungen: Ein Staat, der volle und uneingeschränkte Religionsfreiheit gewähren will, darf nicht das Bekenntnis zu irgendeiner Religion verbieten, bekämpfen, behindern oder auch nur ablehnen.[531] Jeder Bürger muß sich frei für oder gegen eine Religion entscheiden können, ohne daß der Staat ihn diesbezüglich zu beeinflussen sucht. Daraus folgt die Pflicht des Staates, sich nicht zu einer bestimmten Religion oder Weltanschauung zu bekennen, d. h. in dogmatischen Fragen keinen bestimmten Standpunkt einzunehmen (Identifizierungsverbot). Ebenso darf der Staat

[531] *Herzog*, in: Maunz/Dürig, GG-Kommentar (1988), Art. 4 Rn. 19 f.; *Listl/Hollerbach*, in: HdbKathKR (1999), § 117 S. 1256 (1260).

auch keine Religion gegenüber einer anderen bevorzugen oder benachteiligen (Privilegierungsverbot) oder inhaltlich Einfluß zu nehmen versuchen (s. o.).

Weniger eindeutig bestimmt hingegen die Religionsfreiheit das „neutrale" Verhalten des Staates zu den Äußerungen von Religion, zur Religionsausübung der Bürger und sein Verhältnis zu den Religionsgemeinschaften. Während der Staat sich aus der Auseinandersetzung um inhaltliche Fragen heraushalten kann, ist ihm dies hier nicht möglich. Der neutrale Staat darf auch hier keine Religion oder Weltanschauung gegenüber anderen privilegieren, doch muß er sich zu den in seinen Grenzen vorhandenen Religionsgemeinschaften und religiösen Verwirklichungs- und Betätigungsinteressen seiner Bürger in irgendeiner Hinsicht „verhalten". Er kann sich gar nicht „heraushalten", selbst das Ignorieren wäre eine (negative, abwehrende) Haltung. Aufgrund der engen Verflechtung des heutigem Sozial- und Regulierungsstaats mit der Gesellschaft handelt es sich um eine Situation, in der Nichtintervention auf nichts anderes hinausläuft als auf Intervention, Ignorierung dasselbe bedeuten kann wie diskriminierende Nichtberücksichtigung. Ein Staat muß also sachliche Kriterien finden, nach denen er sein Verhalten in diesem Fall richten kann. Er muß jeweils entscheiden, wie er auf religiöse Erscheinungen reagiert, ob und wie er sie berücksichtigt. Hierbei sind verschiedene Ausgestaltungsformen denkbar, welche die Religionsfreiheit der Bürger durch Neutralität gewährleisten. Grundsätzlich kann die neutrale Entscheidung des Staates eine der beiden oben dargestellten Zielrichtungen haben, nämlich Ausgrenzung oder Aufnahme und Berücksichtigung religiöser Interessen. Bei jeglicher Ausgestaltung und Regulierung der staatlichen Ordnung und der staatlichen Institutionen muß der Staat sich entscheiden, ob er die gesellschaftlichen Kräfte in Offenheit und Freiheit berücksichtigen, zulassen und wirken lassen will; oder aber er kann von Religiösem abstrahierende Entscheidungen treffen, selbst eine einheitliche, zwingende und ausschließliche Ausgestaltung vornehmen, auf der Grundlage eines Minimums, das von allen akzeptiert werden kann bzw. muß.

Bei einer Betrachtung von *Rencks* Prinzip der „Bekenntnisneutralität" fällt hingegen auf, daß seine Folgerungen immer auf eine negative, ausgrenzende, distanzierende Haltung des Staates zielen. Er berücksichtigt stets nur den etatistischen Aspekt der Neutralität, bezeichnet als „neutral" allein die Lösung, welche die gesellschaftlichen Kräfte begrenzen soll. Nur die Entscheidung des Staates für eine „negative Neutralität" wird von ihm als „bekenntnisneutral" anerkannt. Die Beispiele der als „positiv" bezeichneten Neutralität schließt *Rencks* Verständnis hingegen als Ausprägung der Neutralität weitestgehend aus und sieht sie als „Ausnahmen" an.

Wie im folgenden gezeigt werden wird, kann man diese Folgerung aus der Gewährleistung der Religionsfreiheit in dieser Allgemeinheit jedoch nicht entnehmen. Es ist nicht ersichtlich und wird von *Renck* auch nicht dargelegt, warum die von ihm genannten, auf Ausgrenzung gerichteten Vorgaben zwingend zur Wahrung der Religionsfreiheit erforderlich sein oder ihr auch nur dienen sollten:

So ist nicht zu begründen, warum etwa jegliches Tätigwerden des Staates auf religiösem Gebiet – per se und unabhängig von seiner Ausgestaltung – die Religionsfreiheit einschränken sollte. „Intendanturtätigkeiten" wie Religionsunterricht, Kirchensteuereinzug und theologische Fakultäten sind nach dem Grundgesetz und den einfachen Gesetzen bzw. vertraglichen Vereinbarungen so ausgestaltet, daß der Bürger sich einer Inanspruchnahme entziehen kann, jegliche Mitwirkung bzw. Duldung freiwillig ist. Es handelt sich immer nur um Angebote des Staates, nie um eine aufgedrängte Zusammenarbeit ohne Wahl. Der Staat übernimmt auch nicht selbst die inhaltliche Bestimmung und greift daher auch nicht in die inhaltliche Auseinandersetzung ein.

Nicht schlüssig ist auch *Rencks* Behauptung, Konsequenz aus der Anerkennung von „Intendanturtätigkeiten" müßte sein, daß der Staat auch Gottesdienste und letztlich alle religiösen Handlungen „bekenntnisneutral" selbst veranstalten könnte.[532] *Renck* übergeht, daß es sich bei der für zulässig erachteten Zusammenarbeit immer um Gebiete handelt, auf denen staatliche und kirchliche Tätigkeiten und Interessen zusammenstoßen. So übernimmt der Staat mit Art. 7 III GG auch nicht generell die religiöse Unterweisung der Gläubigen – wie man aus *Rencks* Aussagen schließen könnte – sondern organisiert und offeriert nur ein Unterrichtsfach im Rahmen der von ihm im ganzen durch Art. 7 I GG übernommenen schulischen Ausbildung und Erziehung.

Auch daß der Staat aufgrund seiner Inkompetenz keine Maßstäbe haben soll, um Entscheidungen zu treffen, ist nicht einsichtig. Richtig ist, daß der Staat seine Entscheidungen nicht auf die Frage nach der Wahrheit stützen darf und diese nicht beantworten kann und soll. Doch ob er z. B. schulischen und außerschulischen oder staatlichen und elterlichen Religionsunterricht gleich oder verschieden bewerten und behandeln will, kann er sehr wohl entscheiden, ohne dabei inhaltlich für oder gegen eine Religion/Weltanschauung Stellung zu beziehen.

Im Namen der Religionsfreiheit fordert *Renck* weiterhin, der Staat dürfe die Bürger nicht von sich aus mit „religiösen Themen" konfrontieren, darin liege bereits ein Eingriff. Hierin sieht Renck eine besondere Funktion der Neutralität zur Wahrung des religiösen Friedens in der Bevölkerung.[533] Es geht jedoch bei dieser Forderung letztlich nicht darum, daß der Staat von sich aus religiöse Fragen aufwirft, sondern daß er bei den sich von selbst stellenden Fragen alle Antwortmöglichkeiten berücksichtigt und religiöse Sinngebungsversuche nicht aus-

---

532 Vgl. *Renck*, in: JZ 2000, 561 (562).

533 *Renck*, in: JuS 1989, 451 (453 f.); *ders.*, in: NVwZ 1994, 544 (545 f.); ganz im Gegensatz hierzu *Obermayer*, der sogar eine „Sinnverantwortung" des Staates, eine Verpflichtung des Staates dazu annimmt, darauf hinzuwirken und zu gewährleisten, daß die „Sinnfrage" gestellt werden kann, in: Staat und Religion (1977), S. 16 ff.

schließt. Was *Renck* in allen vom Staat beherrschten Bereichen verhindern will, ist nicht eine Konfrontation mit Sinnfragen (was gar nicht möglich ist), sondern mit möglichen Antworten und Reaktionen, sofern in ihnen eine religiöse Haltung zum Ausdruck kommt. Der Frieden soll allein durch die weitgehende Ausschaltung religiöser Bezüge gewahrt werden. Darin liegt aber letztlich doch eine Propagierung der Areligiosität. Ob eine solche Ignorierung und Nivellierung religiöser Unterschiede zudem tatsächlich zum religiösen Frieden beiträgt, erscheint gerade für den Bereich der Schule, die doch zur Toleranz erziehen soll, höchst fraglich.[534]

Diese Vorstellung von religiösem Frieden liefe jedoch letztlich darauf hinaus, daß der religiöse Frieden bestmöglich dann gewährleistet ist, wenn religiöse Unterschiede in der Bevölkerung keine Rolle mehr spielten und nicht wahrzunehmen wären. Anzustrebendes Ziel wäre nach dieser Konzeption eine von allen akzeptierte und bejahte, minimalisierte „Staatsweltanschauung". Es würde sich um einen Frieden unter Ablehnung der Pluralisierung handeln, der nicht auf der Wahrnehmung und Tolerierung der unterschiedlichen Ansichten beruht, sondern auf einer Gleichschaltung, darauf, daß es nur deshalb keine religiösen Konflikte gibt, weil im Idealfall die gesamte Bevölkerung die gleiche desinteressierte Einstellung hat oder sich religiöse Sonderinteressen nur unbemerkbar im Privatbereich zu verwirklichen haben. Mit dem auf Freiheit ausgerichteten, plurale Vorstellungen achtenden Grundgesetz ist eine solche nivellierende Zielrichtung allerdings nicht vereinbar.[535]

Rencks Prämisse, daß die Verfassung die Religion aus der staatlichen Öffentlichkeit in den gesellschaftlichen Bereich verwiesen habe und nur noch dort ihr Platz sei, ist ebenfalls durch nichts belegt oder begründet. Es weist nichts darauf hin, daß das auf Freiheit angelegte Grundgesetz eine solche Ausgrenzung generell vorgesehen hat. Nach *Rencks* Verständnis liegt die staatliche Öffentlichkeit überall dort vor, wo der Staat tätig wird und sich dafür entscheidet, staatliche Einrichtungen vorzuhalten. In diesen Bereichen hätte dann die Religion automatisch keinen Entfaltungsspielraum mehr; mit jedem Tätigwerden schlösse der Staat automatisch religiöse Interessen aus. Damit läge ein Eingriff des Staates und eine Einschränkung der Freiheit immer schon dann vor, wenn der Staat die Entscheidung trifft, überhaupt auf einem bestimmten Gebiet tätig zu werden.[536] Schon mit seinem Entschluß würde er die Religion aus einem bestimmten Bereich verdrängen.

---

[534] Darauf verweist auch *Meyer-Teschendorf*, in: ZevKR 23 (1978), S. 202 (227).

[535] Die gleiche problematische Intention liegt dem Fach „LER" in Brandenburg zugrunde, vgl. hierzu *A. v. Campenhausen*, in: Essener Gespräche 34 (2000), S. 105 (118); *Link*, in: FS Hollerbach (2001), S. 747 (762).

[536] Vgl. auch *Ehlers*, in: Pieroth (Hrsg.), Verfassungsrecht und soziale Wirklichkeit (2000), S. 85 (95): „Wie sollten sich Religion und Weltanschauung auch sonst entwickeln können, wenn sie in den weitgehend vom Staat dominierten Erziehungs-, Bildungs- und Wissen-

Dies zeigt sich am Beispiel des Schulwesens: Es müßte dann bereits bei der Entscheidung für die allgemeinen Schulpflicht in einheitlichen staatlichen Schulen berücksichtigt werden, daß damit den Eltern, die eine religiöse Erziehung ihrer Kinder im Rahmen ihrer allgemeinen schulischen Ausbildung wünschen, diese verwehrt werden soll. So hat z. B. auch *Germann* darauf hingewiesen, nicht der Religionsunterricht sei das eigentliche Neutralitätsproblem, sondern die Entscheidung des Staates für die staatliche Erziehung.[537]

Mit den Regelungen des Grundgesetzes wurde aber gerade nicht entschieden, die religiöse Dimension in der schulischen Erziehung völlig auszuschließen. Ein staatliches Schulwesen ohne Religionsunterricht hätte eine ganz andere Bedeutung, wäre eine weit größere Einschränkung der Erziehungsrechte der Eltern und der Religionsfreiheit, eine Einschränkung, die das Grundgesetz aber gerade nicht getroffen hat.[538]

Ebenso müßte unter Voraussetzung von *Rencks* Neutralitätsmaßstab bei der Frage, ob in erster Linie der Staat die Universitäten betreiben und aus allgemeinen Steuermitteln finanzieren soll, berücksichtigt werden, daß damit die Theologie – obwohl sie als Wissenschaft nach ihrer Tradition und Bedeutung, ihrem Gewicht, Einfluß und Niveau anderen Wissenschaften ebenbürtig ist – automatisch ausgeschlossen und damit gegenüber den übrigen Wissenschaften massiv benachteiligt würde.

Fragwürdig ist auch die weitreichende Beschränkung der sonst von *Renck* so betonten Religionsfreiheit in staatlichen Einrichtungen. Da Grundrechte auch in Sonderstatusverhältnissen gelten, ist die Religionsfreiheit des Bürgers, wie andere Freiheiten auch, in staatlichen Einrichtungen nur so weit einzuschränken, wie es der Anstaltszweck zwingend erfordert.[539] Für *Renck* genügt hingegen als Grund einer Einschränkung, daß staatliche Einrichtungen generell kein Platz für die Entfaltung bürgerlicher Freiheit seien.

Rencks Konsequenzen aus der Religionsfreiheit, die er durch seine „Bekenntnisneutralität" zieht, erscheinen damit nicht als allgemeingültig und zwingend. Die Religionsfreiheit erfordert nicht automatisch und in allen Fällen eine staatliche Entscheidung im Sinne einer „negativen Neutralität".

Dies soll nicht bedeuten, daß der Staat in allen Fällen „positiv neutral" handeln müßte oder könnte, um Religionsfreiheit zu gewähren.[540] Aber die Be-

---

schaftseinrichtungen wie den Kindergärten, Schulen und Universitäten überhaupt nicht zur Sprache gebracht werden dürfte?"

[537] *Germann*, in: ZevKR 44 (1999), S. 592 (595 f.).

[538] Darauf verweist auch *Wrege*, in: LKV 1996, 191 (192 f.) im Zusammenhang mit der Auslegung des Art. 141 GG; vgl. auch *A. v. Campenhausen*, in: Greive (Hrsg.), Gott im Grundgesetz? (1993), S. 95 (97).

[539] Vgl. hierzu BVerfG, Beschl. v. 14. März 1972 – 2 BvR 41/71 –, in: BVerfGE 33, 1 ff.

[540] Das würde letztlich zu einer Konfessionalisierung der gesamten Rechtsordnung führen, die der Verfassung ebenfalls nicht entsprechen würde.

schränkung der Neutralität allein auf den negativen, ausgrenzenden Aspekt läßt sich aus der Gewährung der Religionsfreiheit in Art. 4 GG nicht folgern. Ebenso wie richtig ist – was *Renck* häufig betont[541] –, daß staatliche Förderung und Berücksichtigung religiöser Bedürfnisse nicht stets und zwingend in staatlichen Einrichtungen stattfinden müsse, gilt andererseits eben auch, daß sie dort durchaus stattfinden kann – unter bestimmten Umständen und ohne dadurch eine Einschränkung der Religionsfreiheit zu verursachen.

Es spielt für die Konsequenzen, die *Renck* der Bekenntnisneutralität zuschreibt, keine Rolle, ob sie wirklich zur Sicherung der Religionsfreiheit notwendig sind oder nicht. Dies zeigt sich, wenn man überprüft, inwiefern die durch das Grundgesetz vorgesehenen „Durchbrechungen" der „Bekenntnisneutralität" (also nach *Renck* Art. 7 III GG, Art. 140 GG i. V. m. Art. 137 V, VI WRV) tatsächlich zu einer Einschränkung der Religionsfreiheit führen. Eine solche Überprüfung nimmt *Renck* hingegen gerade nicht vor, obwohl er die „Bekenntnisneutralität" direkt und ausschließlich aus Art. 4 GG herleitet. Damit mißachtet *Renck* jedoch, daß die aus den Grundrechten gefolgerten objektiven Verfassungsprinzipien dazu beitragen sollen, die Geltungskraft und Bedeutung der Grundrechte als individuelle Rechte zum Schutz des Einzelnen zu verstärken und von diesem Schutzzweck nicht abgelöst werden dürfen.[542]

Eine solche Abkopplung vom ursprünglichen Schutzzweck – Gewährleistung der Religionsfreiheit – zeigt sich aber etwa an *Rencks* Einordnung der Neutralität als einem insgesamt nicht disponiblen Rechtsgut[543], bei dem es nicht auf die Interessen der Betroffenen ankomme[544], oder bei der Beurteilung des Schulkreuzes als verfassungswidrig, nicht etwa, weil jemand es individuell ablehne, sondern weil es generell die Bekenntnisneutralität verletze.[545] Inwiefern etwa auch die „Durchbrechung" durch Art. 140 GG i. V. m. 137 V WRV (Körperschaftsstatus) zu einer Einschränkung der Religionsfreiheit führen soll, wird nicht ersichtlich.

Besonders deutlich wird dies ebenfalls an *Rencks* Ausführungen zum Religionsunterricht. So trifft *Renck* dazu die Feststellung: „Denn weil er den Grundsatz der staatlichen Bekenntnisneutralität durchbricht (...), der eine Bedingung der Bekenntnisfreiheit darstellt, widerspricht er insoweit der Bekenntnisfrei-

---

541 *Renck*, in: LKV 1997, 81 (84); *ders.*, in: ZRP 1999, 137 (139); *ders.*, in: JZ 2000, 561 (562).

542 Vgl. BVerfG, Urt. v. 1. März 1979 – 1 BvR 532, 533/77, 419/78 und 1 BvL 21/78 – in: BVerfGE 50, 290 (337).

543 In BayVBl. 1997, 553 (554) stellt *Renck* die Bekenntnisneutralität sogar auf eine Stufe mit der Menschenwürde; ein Verzicht sei in beiden Fällen unmöglich.

544 *Renck*, in: BayVBl. 1995, 682 (682); *ders.*, in: NVwZ 1996, 333 (334); *ders.*, in: BayVBl. 1997, 553 (553 f.);.

545 *Renck*, in: NJW 1999, 994 (998); anders hingegen z. B. *Goerlich*, der den Kruzifix-Beschluß ebenfalls begrüßt, aber ein Kruzifix nur dann für unzulässig hält, wenn sich daran ein Betroffener aus Glaubensgründen stört, in: NVwZ 1995, 1184 (1185).

heit."[546] Die Beeinträchtigung der Religionsfreiheit wird von ihm direkt aus der Durchbrechung der „Bekenntnisneutralität" gefolgert. Inwiefern aber der durch Art. 7 II, III GG gewährleistete Religionsunterricht, dessen Inhalt der Staat nicht bestimmt und zu dessen Teilnahme weder Schüler noch Lehrer noch Religionsgemeinschaften gegen ihren Willen verpflichtet sind, gegen die Religionsfreiheit verstoßen bzw. diese einschränken soll, wird nicht mehr begründet. Renck beschränkt sich auf die bloße Behauptung: „Bekenntnisneutralität kann die Bekenntnisfreiheit nicht verletzen. Dagegen ist durchbrochene Bekenntnisneutralität immer verminderte Bekenntnisfreiheit."[547]

So beruht *Rencks* Vorgehen darauf, daß er unter Berufung auf die Religionsfreiheit den Grundsatz der „Bekenntnisneutralität" entwickelt, mit dessen Hilfe er allgemeingültige Konsequenzen für staatliches Handeln festlegen will, daß er jedoch keine Rückbindung an die Religionsfreiheit mehr herstellt, sobald er das Prinzip „fertig" definiert hat. Er will ein überall und für alle Fälle staatlichen Handelns geltendes Prinzip konstruieren, aus dem Folgerungen abgeleitet werden können, die für alle Bereiche und Umstände – allgemeine Rechtsordnung, Rechtsprechung und Wahlrecht einerseits wie andererseits Schul- und Hochschulwesen und Wohlfahrtspflege – gleichermaßen gelten sollen. *Rencks* Lösung ist dann unabhängig davon und berücksichtigt nicht mehr, ob der Verstoß gegen diese angeblich zwingenden Neutralitätsfolgerungen tatsächlich die Religionsfreiheit beeinträchtigen würden, zu deren Gewährleistung die „Bekenntnisneutralität" doch dienen soll.

Mit dieser Gleichbehandlung aller Bereiche und durch dieses Anlegen des immer gleichen Maßstabes ignoriert *Renck* jedoch die Vielfalt der mit der Religionsfreiheit zusammenhängenden Probleme und wird der Komplexität der Fragestellung nicht gerecht. So hat es eine gänzlich andere Bedeutung, ob der Staat die Religion bei der Wahrnehmung staatlicher Kernfunktionen oder aber bei der Inobhutnahme ehemals rein gesellschaftlicher Lebensbereiche „neutral" ausgrenzt. Aus der Religionsfreiheit läßt sich nicht einfach direkt folgern, daß der Staat sich immer distanzierend zu verhalten habe.

Dieses Ergebnis entspricht der häufig betonten Erkenntnis, daß sich allein aus Art. 4 GG nicht ein staatskirchenrechtliches System ableiten läßt.[548] Die Gewährung von Religionsfreiheit fordert nicht zwingend eine bestimmte Ausge-

---

546 *Renck*, in: ZRP 1999, 137 (138).

547 *Renck*, in: JZ 2000, 561 (563).

548 So z. B. *Link*, in: BayVBl. 1966, 297 (300 f.); *Denninger*, in: Theologica Practica 1967, 168 (169); *Scheuner*, in: DÖV 1967, 587 (588); *Maunz*, in: BayVBl. 1988, 231 (234); *Listl*, Die Religionsfreiheit als Individual- und Verbandgrundrecht, in: Listl, Kirche im freiheitlichen Staat, 1. Halbband (1996), S. 3 (53 ff.); *Hollerbach*, in: HdbStR VI (1989), § 138 Rn. 2; *A. v. Campenhausen*, Staatskirchenrecht (1996), S. 81; *Listl/Hollerbach*, in: HdbKathKR (1999), § 117 S. 1256 (1261); ähnlich *Müller-Volbehr*, in: ZevKR 44 (1999), S. 385 (385).

staltung des Verhältnisses des Staates zu den Religionsgemeinschaften, sondern läßt die Möglichkeit offen für sehr unterschiedliche Systeme. Innerhalb bestimmter Grenzen kann der Staat verschiedene Wege wählen, kann gleichzeitig Religionsfreiheit gewährleisten und Religionsgemeinschaften Kooperation anbieten.

Aus Art. 4 GG lassen sich daher nicht die von *Renck* gezogenen Konsequenzen für das Verhältnis von Staat und Kirche ableiten, selbst wenn dieser Norm eine übergeordnete Bedeutung zukäme. Daß es jedoch im übrigen nicht dem Grundgesetz entspricht, der in Art. 4 GG gewährleisteten Religionsfreiheit die von *Renck* vorausgesetzte vorgeordnete Bedeutung zuzuschreiben, die es erlauben würde, allein aus dieser einen Norm den „übergeordneten" Grundsatz des gesamten Staatskirchenrechts herzuleiten, wurde schon in der Auseinandersetzung mit der Ansicht *Fischers* dargelegt (s. o., unter C.I.1.b.cc.).

(b) Ableitung der „Bekenntnisneutralität" aus der Gesamtheit der Verfassungsnormen

Rencks Neutralitätsverständnis läßt sich aber auch nicht aus der Gesamtheit der grundgesetzlichen Normen ableiten und aus diesem Grunde als übergeordnetes Prinzip verstehen. Wie bei der Darstellung der Ansicht des Schrifttums bereits ausführlich gezeigt, gibt es zwar eine Reihe von Regelungen, die auf die Gewährleistung einer distanzierten Neutralität hinzielen und diese zu gewähren trachten (z. B. Art. 140 GG i. V. m. Art. 137 I WRV, Art. 3 III und Art. 33 III GG). In vielen weiteren Regelungen zeigt sich aber auch der Ausdruck eines übergreifenden, positiven Neutralitätsverständnisses (z. B. in Art. 7 III, V GG, Art. 140 GG i. V. m. Art. 137 V, VI und Art. 141 WRV). Gerade die vielen „Ausnahmen", die *Renck* bei Zugrundelegung seines Verständnisses vorfindet, widersprechen der Annahme, daß sein Prinzip als Regelfall gilt.

Das Grundgesetz hat mit seinen Normen in unterschiedlichen Bereichen unterschiedliche Wege gewählt, aus denen sich nicht ein für alle Bereiche geltender, übergeordneter Grundsatz (etwa *Rencks* „Bekenntnisneutralität") entnehmen läßt. Es läßt sich im Staatskirchenrecht keine konsequente, einseitige Lösung finden, die sich immer für die „negative Neutralität" entschieden hätte. Aus allen Normen insgesamt ergibt sich nur, daß beide Seiten der Neutralität im Grundgesetz Ausdruck gefunden haben und partiell verwirklicht sind, daß aber keiner eine „übergeordnete", die andere Seite nur als Ausnahme zulassende Bedeutung zugesprochen werden kann.

Bekenntnisneutralität gemäß *Rencks* Definition kann man daher nicht als übergeordnetes Prinzip verstehen. Es findet in Teilbereichen Anwendung, nämlich dann, wenn dies durch das Grundgesetz vorgesehen wurde.

bb) Institutionelle Gewährleistungen als Ausnahmenormen

Renck zieht für die von ihm als „Ausnahmen" erkannten Normen zahlreiche Konsequenzen (s. C.I.5.b.). Der Ausnahmecharakter von Art. 7 III GG, Art. 140 GG i. V. m. Art. 137 V, VI WRV spielt für ihre Auslegung durch *Renck* eine entscheidende Rolle. Fraglich ist, ob sich diese Einschätzung der Normen als Ausnahmen halten läßt.

(1) Ausnahmecharakter wegen Widerspruch zum übergeordneten Prinzip

Rencks Prinzip der Bekenntnisneutralität läßt sich, wie gezeigt, nicht als übergeordnetes Prinzip dem Grundgesetz entnehmen. Daher können die zu diesem Grundsatz in Widerspruch stehenden Normen auch nicht aus diesem Grunde als Ausnahmen einzuordnen und zu behandeln sein.

Legt man hingegen ein allgemeineres Neutralitätsverständnis zugrunde, lassen sich die bezeichneten Normen nicht als neutralitätswidrige Ausnahmen verstehen: Sie stehen grundsätzlich allen Religionsgemeinschaften offen, stellen daher weder eine staatskirchliche Rechtsform noch eine Parteinahme, Identifizierung oder Privilegierung dar. Wegen ihres Angebots- und Freiwilligkeitscharakters sind sie auch kein Übergriff oder Eingriff in die inneren Angelegenheiten der Religionsgemeinschaften. Sie erscheinen damit lediglich als Ausdruck eines anderen Aspekts der Neutralität.

Fraglich ist, ob den Normen aus anderen Gründen, also nicht wegen ihres Abweichens vom Neutralitätsprinzips, ein Ausnahmecharakter innewohnt.

(2) Ausnahmecharakter wegen Vergleichs mit anderen Rechtsordnungen

Als weiteren Grund, aus dem die „Ausnahmen" nicht „Normalfall" sein könnten, führt *Renck* an, daß sie nicht in ausländischen Rechtsordnungen vorkämen.[549]

Die Ausgestaltung der Rechtsordnung anderer Länder kann für die Auslegung des Grundgesetzes jedoch keine entscheidende Rolle spielen; allenfalls kann eine komparative Interpretation eine gewisse Kontrollfunktion haben.[550]

Sieht man sich die Rechtsordnungen anderer Länder aber dennoch genauer an, so erweist sich, daß dem Verhältnis des Staates zu den Religionsge-

---

[549] *Renck*, in: NVwZ 1991, 116 (119 Fn. 66); *ders.*, in: ThürVBl. 1996, 73 (74 Rn. 16); *ders.*, in: ZRP 1999, 137 (138); *ders.*, in: NJW 1999, 994 (994); *ders.*, in: BayVBl. 1999, 70 (72).

[550] *Stern*, Staatsrecht Bd. I (1984), S.126.

meinschaften nach der deutschen Rechtsordnung nicht ein Ausnahmecharakter zukommt. Zu dieser rechtsvergleichenden Argumentation wird in einem Exkurs (III.C.7.) Stellung genommen.

(3) Ausnahmecharakter wegen Privilegiencharakter

Fraglich ist, ob es sich bei diesen Normen – etwa Art. 7 III GG – um Privilegien handelt und sie aus diesem Grund als Ausnahmen einzuordnen sind. Der Ausnahmecharakter dieser Normen beruht nach *Rencks* Auffassung auch darauf, daß sie – de facto – ein Privileg für die großen christlichen Konfessionen und daher im „modernen privilegienfeindlichen demokratischen und egalitären Staatswesen" ein „Fremdkörper" seien.[551]

Renck trägt vor, bei der Ausgestaltung des Staatskirchenrechts habe man sich zugunsten der etablierten christlichen Kirchen für eine Einschränkung der Religionsfreiheit durch die Ausnahmenormen entschieden.[552] Für die Einschätzung der Normen als Privilegien sei es unerheblich, daß sie theoretisch auch anderen Religionsgemeinschaften angeboten werden.[553]

Dem kann jedoch nicht gefolgt werden. Es handelt sich bei den Normen nicht um illegitime Privilegien, um einseitige Bevorzugungen der christlichen Kirchen oder Konfessionen gegenüber anderen. Für die Beurteilung dieser Normen ist es nicht gleichgültig – wie *Renck* meint – daß ihre Vergünstigungen allen Religionsgemeinschaften offenstehen. Vielmehr ist es von entscheidender Bedeutung, daß etwa der Religionsunterricht gemäß Art. 7 III GG nicht auf bestimmte Religionen beschränkt ist und der Körperschaftsstatus sowie das Recht auf Kirchensteuererhebung gemäß Art. 140 GG i. V. m. Art. 137 V 2 WRV auch anderen Religionsgemeinschaften und gemäß Art. 140 GG i. V. m. Art. 137 VII WRV Weltanschauungsgemeinschaften angeboten wird. Durch diese gleichen Zugangsrechte verloren die früheren Privilegien der Kirchen ihren Privilegiencharakter und wurden zu allgemeinen Angeboten des Staates an bestimmte Vereinigungen. Bewährte Rechtsformen und Regelungen, die man nicht zerstören wollte, wurden erhalten, gleichmäßig anderen zugänglich gemacht und damit ihres Privilegiencharakters enthoben.[554] *Rechtlich* handelt es sich also nicht um Privilegien.

Aber auch *faktisch* sind die Einrichtungen nicht als Privilegien einzuordnen. Es handelt sich hierbei nicht um Rechte und Begünstigungen, die für andere Re-

---

551 *Renck*, in: DÖV 1994, 27 (30).
552 *Renck*, in: BayVBl. 1999, 70 (75).
553 *Renck*, in: NVwZ 1992, 1171 (1171).
554 *Heckel*, Staatskirchenrecht und Kulturverfassung, in: Gesammelte Schriften IV (1997), S. 917 (937 ff.); *ders.*, in: HdbStKR I (1994), § 20 S. 589 (606); vgl. auch *Schlaich*, in: Evang. Theol. 54 (1994), S. 119 (131).

ligionsgemeinschaften per se nicht nutzbar wären. So werden die Rechte aus Art. 140 GG i. V. m. Art. 137 V und VI WRV zwar vorwiegend, aber nicht ausschließlich (und auch nicht überall) von den christlichen Großkirchen genutzt.[555]

Der schulische Religionsunterricht gemäß Art. 7 III GG ist wegen des großen damit verbundenen Aufwandes (wie der Ausbildung der benötigten Religionslehrer) zwar weniger gut für nur sehr gering verbreitete Religionen und Weltanschauungen geeignet.[556] Daß auch die Regelung des Religionsunterrichts einer pluralistischen Ausgestaltung nicht unzugänglich ist, zeigt jedoch schon die Tatsache, daß der Unterricht auch bisher schon für verschiedene (christliche) Konfessionen nebeneinander angeboten wurde. Während es bei der danach am stärksten vertretenen Religion, dem Islam, nur wegen der organisatorischen Probleme noch nicht zur Einrichtung eines Religionsunterrichts gemäß Art. 7 III GG gekommen ist,[557] wird jüdischer Religionsunterricht schon in einigen Städten (z. B. Karlsruhe, Mannheim, Stuttgart) erteilt; das Angebot soll ausgebaut werden, sobald eine genügende Anzahl von jüdischen Religionslehrern ausgebildet ist.[558] Um Privilegien für die christlichen Kirchen handelt es sich bei den Regelungen also nicht.

Andererseits könnten die Normen als „Privilegien" für Religions- und Weltanschauungsgemeinschaften anzusehen sein, da die Angebote nur diesen, nicht hingegen anderen Vereinigungen offenstehen.

Doch auch als Sonderregelungen für Religions- und Weltanschauungsgemeinschaften sind die Normen keine „Fremdkörper" und ungewöhnliche Ausnahmen, da der Staat hier wie stets Ungleiches ungleich behandeln kann und ggf. sogar muß. Daraus ergibt sich, daß er Religionsgemeinschaften nicht genauso wie alle anderen Verbände behandeln muß. Der Staat behandelt auch andere Großverbände – wie etwa Parteien und Gewerkschaften – gemäß ihren Eigenheiten und Funktionen unterschiedlich. Es ist daher legitim und keine Ausnahme, daß der Staat auch Religionsgemeinschaften in anderer Weise be-

---

[555] Zur Kirchensteuer vgl. *Marré*, in: HdbStKR I (1994), § 37 S. 1101 (1118); Kirchensteuer erheben in Deutschland außer der römisch-katholischen und den meisten evangelischen Kirchen die Altkatholische Kirche, ein Teil der Jüdischen Kultus- oder Synagogengemeinden, einzelne freireligiöse Gemeinden, die Berliner Hugenottenkirche. Zu den zahlreichen weiteren als öffentlich-rechtliche Körperschaften verfaßten Religionsgemeinschaften, vgl. *Kirchhof*, in: HdbStKR I (1994), § 22 S. 651 (678 f.); *Solte*, in: HdbStKR I (1994), § 13 S. 417 ff. Insgesamt haben in Deutschland ca. 30 Religionsgemeinschaft den Körperschaftsstatus.

[556] Die Schulgesetze der Länder verlangen als Mindestteilnehmerzahlen 5–12 Schüler, vgl. etwa für Niedersachsen § 124 I 2 NSchG: „Für mindestens zwölf Schülerinnen oder Schüler desselben Bekenntnisses ist an einer Schule Religionsunterricht einzurichten".

[557] Vgl. zu den Problemen des islamischen Religionsunterrichts *Mückl*, in: AöR 122 (1997), S. 513 (548 ff.); *Heckel*, in: JZ 1999, 741 (753 ff.).

[558] FAZ v. 7. 5. 2001 S. 16, *Heike Schmoll*: „Lehrer und Meister – Die wachsende jüdische Gemeinschaft in Deutschland braucht mehr Rabbiner".

handelt, ihre Besonderheiten berücksichtigt und ihnen gewisse Vergünstigungen zugesteht.[559]

Somit ist insgesamt kein Grund ersichtlich, warum es sich bei den von *Renck* so eingeordneten Normen um besonderen Regeln unterworfene (s. oben unter 5 b.) „Ausnahmen" handeln sollte.

d) Ergebnis

Bei *Rencks* Neutralitätsverständnis handelt es sich um ein an die Verfassung herangetragenes Prinzip, das jedoch nicht aus ihr ermittelt wurde. Es stellt nicht die „Grundentscheidung" des Staates im Staatskirchenrecht dar. Auch *Rencks* Systematik läßt sich somit dem Grundgesetz nicht entnehmen.

6. Gesamtergebnis

Die hier behandelte Kritik hat gemeinsam, daß durch sie ein Vorverständnis an die Verfassung herangetragen wird, das sich nicht aus ihr ermitteln läßt. Es zeigt sich hierbei kein Unterschied, ob als „Grundentscheidung" der Verfassung eine Entscheidung zur „Trennung" oder zur „Neutralität" behauptet wird, da in beiden Fällen ähnliche und letztlich beliebige, nicht durch das Grundgesetz erklärbare Konsequenzen aus diesen Begriffen gezogen werden.

Stets wird eine einzelne Norm oder ein einzelner einer Norm entnommener Gesichtspunkt ohne Rücksicht auf den Rest der Verfassung isoliert ausgelegt – unter Vernachlässigung der systematischen Interpretation – und sodann verabsolutiert und als allgemeingültige, für alle Bereiche geltende Vorgabe angesehen. Normen, die dem so gewonnenen Verständnis widersprechen, werden dabei nicht als Infragestellung dieses Auslegungsergebnisses verstanden, sondern als „ausnahmsweise" Systemwidrigkeiten des Grundgesetzes.

Es zeigt sich jedoch, daß ein Regel-Ausnahme-Verständnis bei der Interpretation des Staatskirchenrechts nicht angemessen ist und dem Kompromißcharakter der Regelungen nicht gerecht wird. Dem Grundgesetz läßt sich nicht ein nur einziger absoluter Grundgedanke entnehmen, der grundsätzlich in allen Regelungen verwirklicht und nur partiell durchbrochen wird, aber sonst immer zu gelten hat und in allen anderen Fällen genaue, nicht überschreitbare Anordnungen gibt.[560]

---

559 *Kirchhof*, in: HdbStKR I (1994), § 22 S. 651 (666); *Schlaich*, in: Evang. Theol. 54 (1994), S. 119 (132).

560 Vgl. auch *Weber*, Grundprobleme (1970), S. 38 f.; *Muckel/Tillmanns*, in: RdJB 1996, 360 (365); *Kästner*, in: ZevKR 34 (1989), S. 260 (275 f.); *Pirson*, in: Essener Gespräche 28

Das Grundgesetz hat in seinen Regelungen unterschiedliche Entscheidungen berücksichtigt und verwirklicht. Diese müssen bei der Interpretation auch respektiert werden. Wenn und da sich zeigt, daß das Grundgesetz nicht im gesamten Staatskirchenrecht nur eine einzige Linie konsequent durchgesetzt bzw. eine durchgängige Entscheidung für alle Bereiche getroffen hat, sondern bei den einzelnen Entscheidungen die konkrete Fragestellung der verschiedenen Sachbereiche berücksichtigt hat, darf man dem Grundgesetz auch nicht mit Gewalt einen solchen „konsequenten", durchgehend verwirklichten Grundsatz zu entnehmen versuchen.

So zeigt sich bei der Auslegung des Staatskirchenrechts, daß in erster Linie die durch das Grundgesetz getroffenen Entscheidungen als solche hinzunehmen und ernst zu nehmen sind: Das Staatskirchenrecht gilt so, wie es im Grundgesetz geregelt ist; eine allgemeingültige Grundentscheidung und „Ausnahmen" hiervon gibt es nicht.[561]

7. *Exkurs: Vergleich mit anderen Ländern*

a) Einführung

Häufig wird von Kritikern auf die Regelung einzelner Sachfragen in anderen Ländern verwiesen. Diese werden als Beispiele für eine gelungenere, da konsequent durchgeführte Trennung angeführt. Mit dem Hinweis, daß Einrichtungen wie im deutschen Staatskirchenrecht in diesen Ländern nicht vorgesehen seien, werden diese als zumindest überflüssig, wenn nicht sogar hinderlich für „wahre" Religionsfreiheit befunden. Bei den so angegriffenen Einrichtungen handelt es sich insbesondere um die als „Ausnahmen" begriffenen Regelungen zum Religionsunterricht und Körperschaftsstatus, zur Anstaltsseelsorge und Kirchensteuer sowie die als übertrieben angesehene finanzielle Förderung von Religionsgemeinschaften, deren Legitimität in Abrede gestellt wird.

So wird immer wieder argumentiert, daß in Deutschland „weltweit einzigartige" Privilegien für die Kirchen vorgesehen seien, die folglich als unnötig, übertrieben und nicht legitim erkannt werden müßten.[562] Außerdem unterstelle man anderen Ländern, keine richtige Religionsfreiheit zu haben, wenn man die deutschen Sonderregelungen nicht als allein aus historischen Gründen verständliche, aber rein zufällige, funktionslose und unzeitgemäße Ausnahmen anerkenne, sie

---

(1994), S. 83 (93 f.); *ders.*, in: FS Zacher (1998), S. 743 (743 f.); *Geis*, Zur Zulässigkeit des Kreuzes, in: Brugger/Huster (Hrsg.), Der Streit um das Kreuz (1998), S. 41 (56).

[561] Vgl. *A. v. Campenhausen*, in: Greive (Hrsg.), Gott im GG? (1993), Diskussion (S. 129).

[562] *Czermak*, in: ZRP 1990, 475 (475, 478); *ders.*, in: Der Staat 2000, 69 (85).

vielmehr sogar als wichtige und sachgerechte Elemente zur Gewährleistung der Religionsfreiheit zu rechtfertigen versuche.[563]

Natürlich kann eine rechtsvergleichende Betrachtung auch im Staatskirchenrecht hilfreich sein. Eine schlichte Übertragung von einzelnen „Versatzstücken" eines staatskirchenrechtlichen Gesamtsystems auf ein anderes System erscheint jedoch bedenklich. Bei einer so pauschalen Argumentation und der Suggerierung, eine solche Übernahme einzelner Stücke sei ohne weiteres möglich, wird übersehen oder verschleiert, daß es sich in den einzelnen Ländern um historisch gewachsene, häufig komplexe, differenzierte und den jeweiligen, spezifischen Umständen angepaßte, sich aber auch weiterhin verändernde und weiterentwikkelnde Systeme handelt.

Insgesamt konnte man in den letzten Jahren eine konvergierende Tendenz beobachten. So hat es in Ländern mit extremen Lösungen wie strikten Trennungssystemen oder staatskirchlichen Ordnungen Entwicklungen gegeben, die zu einer Annäherung der verschiedenen Systeme geführt haben.[564]

Im folgenden soll ein kurzer Überblick darüber gegeben werden, ob und inwiefern in anderen Ländern Einrichtungen zu finden sind, die den deutschen „Ausnahmen" entsprechen, oder ob es sich dabei tatsächlich um derart aus dem Rahmen fallende Regelungen handelt. Zum Vergleich werden einige Staaten aus dem europäisch-nordamerikanischen Rechtskreis herangezogen, mit deren staatskirchenrechtlichen Ordnungen wegen der ähnlichen Kultur, Geschichte und Rechtstradition eine Gegenüberstellung sinnvoll erscheint.

b) Zuordnung der Länder zu Systemen

Üblicherweise werden drei verschiedene Grundmodelle der Staat-Kirche-Ordnung unterschieden[565]:

---

[563] *Renck*, in: NVwZ 1991, 116 (119 Fn. 66); *ders.*, in: ThürVBl. 1996, 73 (74 Fn. 16); *ders.*, in: ThürVBl. 1997, 97 (98); *ders.*, in: BayVBl. 1999, 70 (72); *ders.*, in: ZRP 1999, 137 (138).

[564] *Robbers*, in: ZevKR 42 (1997), S. 122 (127 f.); *ders.*, in: VVDStRL 59 (2000), S. 231 (258); *Marré*, in: FS Hollerbach (2001), S. 879 (890); zweifelnd *A. v. Campenhausen*, in: ZevKR 42 (1997), S. 169 (174).

[565] Vgl. hierzu etwa *Robbers*, in: *Robbers* (Hrsg.), Staat und Kirchen in der EU (1995), S. 351 (352 f.); *ders.*, in: ZevKR 42 (1997), S. 122 (123 ff.); *A. v. Campenhausen*, Staatskirchenrecht (1996), S. 2, 385 ff.; *Morlok*, in: Dreier, GG-Kommentar (2000), Art. 140 Rn. 22; ähnliche, leicht abweichende Einteilungen bei *Listl/Hollerbach*, in: HdbKathKR (1999), § 117 S. 1256 (1260 ff.); *Marré*, in: FS Hollerbach (2001), S. 879 (889 ff.). In letzter Zeit werden zunehmend Zweifel an der Aussagekraft dieser Einteilung geäußert. Wenn diese Klassifikation aber auch – wie noch zu sehen sein wird – für eine umfassende Beschreibung tatsächlich unzureichend ist, erscheint sie dennoch für eine erste Orientierung geeig-

- Systeme der strikten, laizistischen Trennung,
- Systeme der Kooperation bei grundsätzlicher organisatorischer Trennung,
- Staatskirchensysteme, also Länder mit Staatskirchen bzw. noch etablierten Großkirchen, zu denen der Staat eine besonders enge, in der Regel ausschließliche Verbindung unterhält.

Zur ersten Gruppe gehören die USA, Frankreich, die Niederlande und Irland.

In den *USA* wurde die Trennung ursprünglich nicht in kirchenfeindlicher Absicht vorgesehen, vielmehr sollte die religiöse Entfaltungsfreiheit vor staatlicher Unterdrückung geschützt werden; im Laufe der Zeit wurden die Normen jedoch immer mehr im Sinne einer strengen Trennung verstanden. Bei der Handhabung dieser strikten Trennungskonzeption haben sich mittlerweile aber zahlreiche Probleme aufgetan und dazu geführt, daß die Rechtsprechung sich bis heute stetig wandelt und noch zu keiner klaren und berechenbaren Linie gefunden hat.[566]

In *Frankreich* wurde die Trennung ursprünglich in äußerst kirchenfeindlicher Intention vorgenommen; im Trennungsgesetz von 1905 kam eine schon seit der Französischen Revolution verbreitete antiklerikale Haltung zum Ausdruck. Die spätere Entwicklung verlief dann gemäßigter. Die Trennungsgesetze wurden und werden nicht in der zunächst beabsichtigten Weise durchgesetzt. So herrscht heute nicht mehr aggressiver Laizismus, sondern gemäßigte Laizität.[567] In den *Niederlanden* ist eine strenge Trennung vorgesehen, allerdings ohne kirchenfeindliche Zielrichtung. Die individuelle Religionsausübungsfreiheit steht im Vordergrund, die Kirchen und übrigen Religionsgemeinschaften sind in der Verfassung nicht mehr eigens erwähnt.[568]

Auch in *Irland* ist seit der Entstaatlichung der (anglikanischen) Kirche von Irland im Jahre 1871 eine – abgesehen vom Schulwesen – konsequente Trennung vorgesehen.[569]

Zur zweiten Gruppe zählen neben Deutschland Belgien, Luxemburg, Österreich, Italien, Spanien und Portugal. Diese Länder haben ihre Ordnungen aus einer ursprünglich engen Verbindung von Staat und Kirche entwickelt. Kennzeichnend sind eine grundsätzliche organisatorische Trennung und zugleich die

---

net und hilfreich, zumal die „Trennungssysteme" von Seiten der Kritiker besonders favorisiert werden.

566 Vgl. *A. v. Campenhausen*, in: ZevKR 42 (1997), S. 169 (175 ff.); *Heun*, in: FS Heckel (1999), S. 341 (351 ff.); zur Entwicklung der Rechtsprechung in den USA in diesem Bereich vgl. auch *Krings*, in: ZaöRV 1998, 147 ff.; *ders.*, in: ZevKR 45 (2000), S. 505 ff.

567 *A. v. Campenhausen*, Staat und Kirche in Frankreich (1962), *ders.*, Staatskirchenrecht (1996), S. 393 ff.; *Basdevant-Gaudemet*, in: HdbKathKR (1999), § 121, S. 1323 (1328 ff.); *Starck*, in: JZ 2000, 1 (3).

568 *van Bijsterveld*, in: ZevKR 40 (1995), S. 48 (58 ff.); *A. v. Campenhausen*, Staatskirchenrecht (1996), S. 393.

569 *Casey*, in: Robbers (Hrsg.), Staat und Kirche in der EU (1995), S. 159 (160, 164, 177); *Robbers*, in: ZevKR 42 (1997), S. 122 (124).

Aufrechterhaltung zahlreicher Verbindungen, eine – mehr oder weniger – paritätische Förderung und Zusammenarbeit des Staates mit den verschiedenen Religionsgemeinschaften. So wurden in *Belgien* und *Luxemburg* Kompromißlösungen gefunden, die zur Ausbildung eines Kooperationssystems geführt haben.[570] Auch in *Österreich* besteht eine neutrale Haltung des Staates, ohne strikte Trennung.[571] In *Italien* und *Spanien* entwickelten sich aus ursprünglich katholischen Systemen zunehmend kooperative Ordnungen.[572] In *Portugal* wird die Trennungsanordnung zurückhaltend ausgelegt; die katholische Kirche besitzt noch zahlreiche Vorrechte und Vorteile gegenüber anderen Konfessionen.[573]

Der dritten Gruppe werden Großbritannien, Dänemark, Finnland, Norwegen und Griechenland zugeordnet.

In *Großbritannien* ist in England die anglikanische Kirche Staatskirche, in Schottland die reformierte „Church of Scotland"; in Wales und Nordirland gibt es hingegen keine Staatskirche.[574] Die Verfassung *Dänemarks* sieht die evangelisch-lutherische Kirche als nationale Kirche („Volkskirche") vor.[575] In *Finnland* besteht eine besonders enge Verbindung zwischen dem Staat und der lutherischen Kirche, aber auch die Kirchengesetze der Orthodoxen Kirche sind Parlamentsgesetze.[576] *Norwegen* legt die evangelisch-lutherische Konfession als öffentliche Religion des Staates fest.[577] In *Griechenland* ist das griechisch-orthodoxe Bekenntnis die offizielle Staatsreligion.[578]

Die *Schweiz* kennt kantonal sehr unterschiedliche Regelungen. Das Land bietet Beispiele für alle drei Varianten, die in den einzelnen Kantonen nebeneinander existieren; in der Mehrzahl gibt es dort jedoch Ordnungen, die zum System der Kooperation zu zählen sind.[579] *Schweden* hat im Jahre 2000 wesentliche Änderungen des Staatskirchenrechts vorgenommen, so daß dieses Land vom bisherigen (für Skandinavien typischen) staatskirchlichen System mit institutio-

---

570 *Torfs*, in: Robbers (Hrsg.), Staat und Kirche in der EU (1995), S. 15 (16, 18, 37); *Pauly*, in: Robbers (Hrsg.), Staat und Kirche in der EU (1995), S. 211 (214 ff.); *Marré*, in: ZevKR 42 (1997), S. 338 (339 ff.).

571 *Potz*, in: Robbers (Hrsg.), Staat und Kirche in der EU (1995), S. 251 (257); *Leisching*, in: HdbKathKR (1999), § 119, S. 1294 (1294 f.).

572 *Ferrari*, in: Robbers (Hrsg.), Staat und Kirche in der EU (1995), S. 185 (186 ff.); *Ibán*, in: Robbers (Hrsg.), Staat und Kirche in der EU (1995), S. 99 (100 ff.).

573 *Canas*, in: Robbers (Hrsg.), Staat und Kirche in der EU (1995), S. 281 (286, 292 ff., 298).

574 *A. v. Campenhausen*, Staatskirchenrecht (1996), S. 386 f.; *Robbers*, in: VVDStRL 59 (2000), S. 231 (245 f.).

575 *Dübeck*, in: Robbers (Hrsg.), Staat und Kirche in der EU (1995), S. 39 (43 f.).

576 *Heikkilä*, *Knuutila*, *Scheinin*, in: Robbers (Hrsg.), Staat und Kirche in der EU (1995), S. 303 (309 f.).

577 *Gullaksen*, in: ZevKR 45 (2000), S. 277 (290).

578 *Papastathis*, in: Robbers (Hrsg.), Staat und Kirche in der EU (1995), S. 79 (82).

579 *A. v. Campenhausen*, Staatskirchenrecht (1996), S. 387 ff.; *Carlen*, in: HdbKathKR (1999), § 120, S. 1308 (1311 ff.).

neller Verbindung von Staat und lutherischer Staatskirche inzwischen eher zu einem Kooperationssystem (mit einigen staatskirchlichen Zügen) übergegangen ist.[580] In Frankreich wurde neben der laizistischen Trennung im überwiegenden Teil des Landes im Gebiet *Elsaß-Lothringens* die dort aus historischen Gründen (der zeitweiligen Zugehörigkeit zum Deutschen Reich) bestehende, nicht-laizistische Ordnung beibehalten, die zahlreiche Verbindungen zwischen Staat und Religionsgemeinschaften aufrechterhält.[581]

Diese Zuordnungsversuche dürfen und sollen jedoch keinesfalls darüber hinwegtäuschen, daß es sich in den einzelnen Ländern nicht um theoretisch entwikkelte und konsequent durchgeführte Systeme, sondern um in den Einzelheiten sehr unterschiedliche Ordnungen handelt und hier nur eine grobe Einteilung unternommen wird, die in einigen Fällen auch nicht eindeutig und zwingend ist. Welchen Stellenwert etwa Religion im öffentlichen Leben einnimmt, läßt sich aus der Zugehörigkeit zu einem System nicht ableiten. So spielt z. B. in den USA und in Irland trotz der Zuordnung zum „Trennungssystem" die Religion im öffentlichen Leben eine vergleichsweise bedeutende Rolle.

Daß ähnlich klingende Regelungen sich in der praktischen Ausgestaltung und Bedeutung stark unterscheiden können, ist bei der Betrachtung der im folgenden dargestellten Einzelregelungen der verschiedenen Rechtsordnungen ebenso zu bedenken.

c) Rechtsstatus der Religionsgemeinschaften

Der Rechtsstatus der einzelnen Religionsgemeinschaften ist in den verschiedenen Ländern sehr unterschiedlich. Teilweise stehen den Religionsgemeinschaften – manchmal allen, manchmal nur den Minderheitenkonfessionen – keine speziellen, sondern nur allgemeine Rechtsformen wie die privatrechtlicher Vereinigungen zur Verfügung. Diese werden allerdings oftmals den Eigenheiten und Bedürfnissen, insbesondere den theologischen Voraussetzungen, nicht gerecht. In Irland verzichten z. B. Religionsgemeinschaften ganz auf eine eigene Rechtspersönlichkeit; ihr Vermögen ist Treuhändern zugeordnet.[582]

Einen *öffentlich-rechtlichen Status* haben die Kirchen in den staatskirchlichen Systemen Griechenlands,[583] Norwegens[584], Dänemarks[585] und Großbritanniens[586]. In anderen Ländern wird – wie in Deutschland – eine öffentlich-recht-

---

580 *Robbers*, in: FS Hollerbach (2001), S. 907 (915 ff., 920).
581 *Basdevant-Gaudemet*, in: HdbKathKR (1999), § 121, S. 1323 (1338 ff.).
582 *Casey*, in: Robbers (Hrsg.), Staat und Kirche in der EU (1995), S. 159 (166).
583 *Papastathis*, in: Robbers (Hrsg.), Staat und Kirche in der EU (1995), S. 79 (82).
584 *Gullaksen*, in: ZevKR 45 (2000), S. 277 (279 ff.).
585 *Dübeck*, in: Robbers (Hrsg.), Staat und Kirche in der EU (1995), S. 39 (43).
586 *Morlok*, in: Dreier, GG-Kommentar (2000), Art. 140/137 Rn. 9.

liche Organisationsform aber auch ohne Eingliederung der Religionsgemeinschaften in die Staatsverwaltung ermöglicht, und zwar in Österreich[587], Luxemburg[588], Finnland[589], Italien[590], in Frankreich im Gebiet Elsaß-Lothringens[591] und im überwiegenden Teil der Schweiz[592].

d) Schulwesen

Das Thema Religion und Schule war und ist in allen Ländern von vielfachen Konflikten geprägt und erweist sich als „Kristallisationspunkt" der Auseinandersetzungen.[593] Als Ort, an dem die wesentliche kulturelle Prägung des Menschen stattfindet, ist die Schule ein hart umkämpftes Gebiet. Es ist dies ein sensibler Bereich wie kaum ein anderer, was sich auch in der Entwicklung des deutschen Staatskirchenrechts erkennen läßt.[594]

In einigen Ländern wird an öffentlichen Schulen überhaupt keine religiöse Unterweisung angeboten; Religion darf dort in der staatlichen Schule nicht vorkommen. Korrespondierend dazu gibt es in diesen Ländern zumeist einen hohen Prozentsatz an Privatschulen, überwiegend in kirchlicher Trägerschaft, die vom Staat zum Teil auch subventioniert werden.

Zahlreiche Staaten kennen hingegen schulischen Religionsunterricht auch in den staatlichen Schulen. Teilweise ist er ausgestaltet als für alle verpflichtender Religionskundeunterricht, der die christliche Tradition widerspiegeln und die übrigen vertretenen Religionen und Weltanschauungen berücksichtigen soll. Zum großen Teil ist er als bekenntnisgebundener Religionsunterricht vorgesehen, von dem eine Abmeldung möglich ist, die manchmal einen verpflichtenden Ethik- oder anderen Ersatzunterricht zur Folge hat. Im einzelnen:

Ein *überkonfessioneller Religionskundeunterricht* ist in *England* vorgesehen, zusätzlich noch verpflichtende tägliche Schulgottesdienste mit überwiegend christlichem Charakter, die aber keiner besonderen Konfession entsprechen

---

587 *Potz*, in: Robbers (Hrsg.), Staat und Kirche in der EU (1995), S. 251 (261); *Leisching*, in: HdbKathKR (1999), § 119, S. 1294 (1297).

588 *Pauly*, in: Robbers (Hrsg.), Staat und Kirche in der EU (1995), S. 211 (217); *Marré*, in: ZevKR 42 (1997), S. 338 (340).

589 *Heikkilä*, *Knuutila*, *Scheinin*, in: Robbers (Hrsg.), Staat und Kirche in der EU (1995), S. 303 (310); *Kotiranta*, in: ZevKR 45 (2000), S. 233 (233 f.).

590 *Ferrari*, in: Robbers (Hrsg.), Staat und Kirche in der EU (1995), S. 185 (193).

591 *Basdevant-Gaudemet*, in: HdbKathKR (1999), § 121, S. 1323 (1339 ff.).

592 *Carlen*, in: HdbKathKR (1999), § 120, S. 1308 (1309 f.).

593 *Robbers*, in: VVDStRL 59 (2000), S. 231 (251).

594 Vgl. hierzu den Überblick über die Rechtsprechung des Bundesverfassungsgerichts im Bereich des Schulrechts bei *Göbel*, in: FS Hollerbach (2001), S. 771 ff.

dürfen.[595] Auch in *Norwegen* gibt es allgemeinen Religionskundeunterricht als normales Schulfach, das keinen verkündenden Charakter haben darf.[596]

Einen *konfessionellen Religionsunterricht* gibt es in *Österreich* als Pflichtfach, von dem zu Beginn des Schuljahres eine Abmeldung möglich ist, zugänglich für alle Religionen.[597] In *Italien* gibt es katholischen Religionsunterricht mit Abmeldungsmöglichkeit, der vom Staat finanziert wird; andere anerkannte Konfessionen können auf eigene Kosten Religionslehrer entsenden.[598] In *Spanien* wird katholischer Religionsunterricht als Wahlfach erteilt; nichtteilnehmende Schüler müssen an „betreutem Unterricht" teilnehmen. Ein Unterricht in anderen Konfessionen ist auf deren eigene Kosten möglich.[599] In den staatlichen Schulen *Portugals* wird katholischer Religionsunterricht auf freiwilliger Basis angeboten; die Möglichkeit besteht auch für andere Konfessionen, ist aber restriktiven Bedingungen unterworfen.[600] *Luxemburg* sieht katholischen Religionsunterricht, alternativ Ethikunterricht vor.[601] In *Dänemark* ist Religionsunterricht über das evangelisch-lutherische Christentum der Dänischen Volkskirche Pflichtfach, eine Befreiung hiervon möglich.[602] In *Finnland* gibt es an den staatlichen Schulen Religionsunterricht je nach eigener Konfession, für die übrigen Schüler „Weltanschauungslehre".[603] Auch *Belgien* sieht Religionsunterricht in den staatlich anerkannten Religionen vor, als Alternative nichtreligiöse Ethik.[604] In *Griechenland* wird Religionsunterricht in der Staatsreligion erteilt, wovon nichtorthodoxe Schüler befreit sind.[605] In *Elsaß-Lothringen* gibt es Religionsunterricht in den anerkannten Religionen, eine Befreiung ist möglich.[606] In den *Niederlanden* gibt es an den öffentlichen Schulen Religionsunterricht auf freiwilliger Basis;[607] dies ist ebenfalls in der *Schweiz* möglich.[608]

Der Religionsunterricht steht somit nicht immer grundsätzlich allen Konfessionen als Möglichkeit offen, sondern ist teilweise von vornherein auf die vor-

---

595 *McClean*, in: Robbers (Hrsg.), Staat und Kirche in der EU (1995), S. 333 (343); *Robbers*, in: VVDStRL 59 (2000), S. 231 (251 f.).

596 *Gullaksen*, in: ZevKR 45 (2000), S. 277 (288 f.).

597 *Potz*, in: Robbers (Hrsg.), Staat und Kirche in der EU (1995), S. 251 (S. 265 ff.); Leisching, in: HdbKathKR (1999), § 119, S. 1294 (1302).

598 *Ferrari*, in: Robbers (Hrsg.), Staat und Kirche in der EU (1995), S. 185 (195 f.).

599 *Ibán*, in: Robbers (Hrsg.), Staat und Kirche in der EU (1995), S. 99 (114 f.).

600 *Canas*, in: Robbers (Hrsg.), Staat und Kirche in der EU (1995), S. 281 (293, 295 ff.).

601 *Pauly*, in: Robbers (Hrsg.), Staat und Kirche in der EU (1995), S. 211 (226).

602 *Dübeck*, in: Robbers (Hrsg.), Staat und Kirche in der EU (1995), S. 39 (51).

603 *Heikkilä*, *Knuutila*, *Scheinin*, in: Robbers (Hrsg.), Staat und Kirche in der EU (1995), S. 303 (312).

604 *Torfs*, in: Robbers (Hrsg.), Staat und Kirche in der EU (1995), S. 15 (26).

605 *Papastathis*, in: Robbers (Hrsg.), Staat und Kirche in der EU (1995), S. 79 (89, 95).

606 *Basdevant-Gaudemet*, in: HdbKathKR (1999), § 121, S. 1323 (1341 f.).

607 *van Bijsterveld*, in: Robbers (Hrsg.), Staat und Kirche in der EU (1995), S. 229 (240).

608 *Carlen*, in: HdbKathKR (1999), § 120, S. 1308 (1316 f.).

herrschende Konfession beschränkt oder wird Minderheitenkonfessionen nur unter weniger günstigen Bedingungen (eigene Finanzierung etc.) zugebilligt.

In den *USA* gibt es hingegen keinen Religionsunterricht an öffentlichen Schulen; es wird streng darauf geachtet, daß in allen öffentlichen Bildungseinrichtungen keine Religionsförderung stattfindet.[609] Jedoch existiert eine Vielzahl kirchlicher Schulen und Hochschulen; insgesamt spielt das Privatschulwesen in den USA eine bedeutende Rolle. Die Frage, inwiefern konfessionelle Privatschulen staatliche Unterstützung erhalten können, um ungerechtfertigte Benachteiligungen gegenüber anderen Privatschulen zu vermeiden, ohne daß jedoch damit gegen das strikte Trennungsgebot verstoßen wird, bereitet der amerikanischen Rechtsprechung erhebliche Probleme.[610]

Im öffentlichen, laizistisch geprägten Schulwesen *Frankreichs* hat Religion keinen Platz.[611] An den Grundschulen ist jedoch ein Tag pro Woche (Mittwoch) unterrichtsfrei, damit die Eltern ihren Kindern außerhalb der Schule Religionsunterricht erteilen lassen können.[612] Knapp 20 % aller Schüler besuchen Privatschulen, von denen über 90 % katholisch sind; diese werden vom Staat erheblich subventioniert.[613] Im Gebiet *Elsaß-Lothringens* sind die Grundschulen hingegen grundsätzlich konfessionell.[614]

In *Irland* wird trotz einer ansonsten streng durchgeführten Trennungsordnung das gesamte Schulwesen vornehmlich auf konfessioneller Grundlage organisiert und durch staatliche Finanzhilfe umfassend unterstützt; diese Möglichkeit ist nicht auf die vorherrschende katholische Konfession beschränkt, sondern steht allen Konfessionen offen. So sind die Grundschulen bis auf wenige Ausnahmen als konfessionelle Schulen ausgestaltet, und auch die höheren Schulen besitzen mehrheitlich religiösen Charakter.[615]

In den *Niederlanden* sind 70 % der Schulen in freier, überwiegend katholischer Trägerschaft und werden vom Staat finanziert.[616] Dies beruht auf der Entscheidung, daß Bürger, die einen konfessionellen Unterricht wünschen, aber zugleich schon durch ihre allgemeinen Steuern zum öffentlichen Schulwesen bei-

---

609 Hierzu *Krings*, in: ZevKR 45 (2000), S. 505 (518 ff.); *Fleischer*, in: JZ 1995, 1001 ff.

610 *A. v. Campenhausen*, in: ZevKR 42 (1997), S. 169 (176), *Heun*, in: FS Heckel (1999), S. 341 (353 f.); vgl. hierzu auch *Krings*, in: ZevKR 45 (2000), S. 505 (515 ff., 526 ff.).

611 Zur diesbezüglichen Rechtslage in Frankreich vgl. *Gromitsaris*, in: AöR 121 (1996), S. 359 ff.

612 *Basdevant-Gaudemet*, in: Robbers (Hrsg.), Staat und Kirche in der EU (1995), S. 127 (141 ff.); *dies.*, in: HdbKathKR (1999), § 121, S. 1323 (1333 f.); *Robbers*, in: VVDStRL 59 (2000), S. 231 (252 ff.).

613 *Basdevant-Gaudemet*, in: Robbers (Hrsg.), Staat und Kirche in der EU (1995), S. 127 (141 ff.); *dies.*, in: HdbKathKR (1999), § 121, S. 1323 (1333 f.); *Robbers*, in: VVDStRL 59 (2000), S. 231 (252 ff.).

614 *Basdevant-Gaudemet*, in: HdbKathKR (1999), § 121, S. 1323 (1341).

615 *Casey*, in: Robbers (Hrsg.), Staat und Kirche in der EU (1995), S. 159 (170 ff.).

616 *Marré*, in: ZevKR 42 (1997), S. 338 (347).

tragen, nicht benachteiligt werden sollen.[617] In *Belgien* sind 60 % der höheren Schulen in katholischer Trägerschaft.[618]

e) Finanzierung der Religionsgemeinschaften

Es gibt zwei Grundtypen der Finanzierung von Religionsgemeinschaften, nämlich durch den Staat oder durch die Mitglieder. In keinem Land ist jedoch eine einzelne Finanzierungsform ausschließlich verwirklicht, sondern es kommen stets Mischformen vor.[619]

Eine Finanzierung der Religionsgemeinschaften durch den Staat findet in Belgien[620], Luxemburg[621], Griechenland[622], Norwegen[623] und in Elsaß-Lothringen[624] statt.

Für die Finanzierung der Religionsgemeinschaften durch die Mitglieder gibt es verschiedene Modelle. Sie sind ausgestaltet als reine Spenden- und Kollektensysteme auf freiwilliger Basis (USA[625], Frankreich[626], Portugal[627], Irland[628], Niederlande[629] und Großbritannien[630]), als privatrechtliches Beitragssystem mit einem obligatorischen, einklagbaren Kirchenbeitrag (Österreich[631]) oder als Kirchensteuersysteme (Schweden[632], Dänemark[633], Finnland[634] und in den meisten

---

617 *van Bijsterveld*, in: ZevKR 40 (1995), S. 48 ff. (57); *dies.*, in: Robbers (Hrsg.), Staat und Kirche in der EU (1995), S. 229 (240).

618 *Torfs*, in: Robbers (Hrsg.), Staat und Kirche in der EU (1995), S. 15 (25).

619 Ein ausführlicher Überblick findet sich bei *Marré*, in: ZevKR 42 (1997), S. 338 ff.

620 *Torfs*, in: Robbers (Hrsg.), Staat und Kirche in der EU (1995), S. 15 (19 f., 32 f.); Marré, in: ZevKR 42 (1997), S. 338 (339f).

621 *Pauly*, in: Robbers (Hrsg.), Staat und Kirche in der EU (1995), S. 211 (225); *Marré*, in: ZevKR 42 (1997), S. 338 (340 f.).

622 *Papastathis*, in: Robbers (Hrsg.), Staat und Kirche in der EU (1995), S. 79 (92 f.); *Marré*, in: ZevKR 42 (1997), S. 338 (341).

623 *A. v. Campenhausen*, Staatskirchenrecht (1996), S. 392; *Gullaksen*, in: ZevKR 45 (2000), S. 277 (280, 288).

624 *Marré*, in: ZevKR 42 (1997), S. 338 (345); *Robbers*, in: ZevKR 42 (1997), S. 122 (125).

625 *Marré*, in: ZevKR 42 (1997), S. 338 (342f).

626 *Marré*, in: ZevKR 42 (1997), S. 338 (344 f.).

627 *Marré*, in: ZevKR 42 (1997), S. 338 (345).

628 *Casey*, in: Robbers (Hrsg.), Staat und Kirche in der EU (1995), S. 159 (177); *Marré*, in: ZevKR 42 (1997), S. 338 (346).

629 *Marré*, in: ZevKR 42 (1997), S. 338 (346 f.).

630 *Marré*, in: ZevKR 42 (1997), S. 338 (345 f.).

631 *Potz*, in: Robbers (Hrsg.), Staat und Kirche in der EU (1995), S. 251 (273 f.); *Marré*, in: ZevKR 42 (1997), S. 338 (348); *Leisching*, in: HdbKathKR (1999), § 119, S. 1294 (1302 f.).

632 *Marré*, in: ZevKR 42 (1997), S. 337 (350 f.); *Robbers*, in: FS Hollerbach (2001), S. 907 (914 f., 919).

Kantonen der Schweiz[635]). In Italien[636] und Spanien[637] sind Steuersysteme vorgesehen, nach denen dem Bürger – unabhängig von seiner Kirchenmitgliedschaft – für einen bestimmten Steueranteil ein Zweckbestimmungsrecht eingeräumt ist, zuzuweisen wahlweise einer Religionsgemeinschaft oder dem Staat für soziale und humanitäre Zwecke. In Italien steht diese Finanzierungsmöglichkeit allen Konfessionen offen,[638] in Spanien nur der katholischen Kirche.[639]

In den meisten Ländern kommen – mit stark unterschiedlichem Gewicht – zudem Steuerbefreiungen, staatliche Subventionen für sozial-karitatives Tätigwerden, das Schul- und Hochschulwesen, die Militär- und Anstaltsseelsorge, Denkmalspflegezuschüsse sowie Erträge aus Kirchenvermögen hinzu. Unterschiede bestehen weiterhin darin, daß die Finanzierungsformen in einigen Staaten grundsätzlich allen Religionsgemeinschaften gleichermaßen offenstehen, in anderen auf eine bestimmte Religion beschränkt sind und Minderheitenreligionen auf die Finanzierung durch freiwillige Spenden verwiesen werden.

Auffallend ist in diesem Zusammenhang, daß in *Großbritannien*, also einem staatskirchlichen System, selbst die dominante anglikanische Kirche keine nennenswerte Unterstützung vom Staat erhält. Sie muß und kann sich von ihrem noch immer bedeutenden, seit Jahrhunderten nicht säkularisierten Grundeigentum und weiteren Vermögen finanzieren.[640] Auch die Kirche von *Schweden* ist bis heute namhafter Großgrundbesitzer.[641]

In *Frankreich*, wo die katholische Kirche zunächst enteignet und später jede staatliche finanzielle Unterstützung von Religionsgemeinschaften verboten wurde, geriet die katholische Kirche in eine finanziellen Notlage und kann daher den Geistlichen und Hochschuldozenten keine angemessene Bezahlung bieten.[642] Die katholische Kirche erhält immerhin dadurch staatliche Zahlungen, daß ihre sämtlichen Kirchengebäude im Jahre 1905 enteignet wurden und seither

---

633 *Dübeck*, in: Robbers (Hrsg.), Staat und Kirche in der EU (1995), S. 39 (56), *Stenbæk*, in: ZevKR 45 (2000), S. 221 (230 f.).

634 *Heikkilä, Knuutila, Scheinin*, in: Robbers (Hrsg.), Staat und Kirche in der EU (1995), S. 303 (314).

635 *Marré*, in: ZevKR 42 (1997), S. 338 (349 f.); *Carlen*, in: HdbKathKR (1999), § 120, S. 1308 (1322).

636 *Ferrari*, in: Robbers (Hrsg.), Staat und Kirche in der EU (1995), S. 185 (200 f.); *Marré*, in: ZevKR 42 (1997), S. 338 (351).

637 *Ibán*, in: Robbers (Hrsg.), Staat und Kirche in der EU (1995), S. 99 (117 f.); *Marré*, in: ZevKR 42 (1997), S. 338 (351).

638 *Ferrari*, in: Robbers (Hrsg.), Staat und Kirche in der EU (1995), S. 185 (200).

639 *Ibán*, in: Robbers (Hrsg.), Staat und Kirche in der EU (1995), S. 99 (117 f.).

640 *McClean*, in: Robbers (Hrsg.), Staat und Kirche in der EU (1995), S. 333 (347 f.); *A. v. Campenhausen*, Staatskirchenrecht (1996), S. 387; *Marré*, in: ZevKR 42 (1997), S. 338 (345 f.); *Robbers*, in: VVDStRL 59 (2000), S. 231 (248).

641 *Marré*, in: ZevKR 42 (1997), S. 338 (350).

642 *Marré*, in: ZevKR 42 (1997), S. 338 (344 f.).

vom Staat unterhalten werden. Sie werden der katholischen Kirche kostenlos zur Verfügung gestellt, den Geistlichen wird sogar eine geringe „Überwachungsgebühr" gezahlt. Eine vergleichbare Situation besteht aber nicht für andere Konfessionen.[643]

In den meisten Kantonen der *Schweiz* ist eine Kirchensteuer vorgesehen, die sich häufig sogar auf juristische Personen erstreckt.[644] Im Kanton Genf wurde im Jahre 1944 die Möglichkeit der Kirchensteuer wieder eingeführt, nachdem ihre Abschaffung zu einer katastrophalen finanziellen Situation der Kirchen geführt hatte.[645]

In den *USA* sind die auf Spenden angewiesenen Kirchen recht wohlhabend; häufig tragen zu den Einnahmen auch bedeutende Vermögenserträge bei. Die Spendenbereitschaft der Bevölkerung für religiöse Zwecke ist äußerst groß.[646] Diese direkte finanzielle Abhängigkeit vom Wohlwollen der Mitglieder birgt allerdings die in den USA auch schon bemerkbar gewordene Gefahr, daß Kirchen in eine Abhängigkeit von finanziell potenten Mitgliedern geraten und sich einem Druck ausgesetzt sehen, der ihre innere Unabhängigkeit bedroht. Insgesamt hat die Frage der Mittelbeschaffung in den USA allgemein einen hierzulande unbekannten hohen Stellenwert erlangt.[647] Desweiteren ist in den USA eine staatliche Förderung aus rein allgemeinnützigen Erwägungen zulässig, hat jedoch zu komplizierten Abgrenzungsschwierigkeiten geführt, die durch die Rechtsprechung noch nicht befriedigend gelöst werden konnten.[648]

f) Anstaltsseelsorge

Die Garantie der Seelsorge und Zugangsrechte für Religionsgemeinschaften zu öffentlichen Einrichtungen (vor allem Krankenhäusern, Gefängnissen, Streitkräften) ist überall anerkannt. Dies gilt auch für Staaten, in denen ein striktes

---

643 *Basdevant-Gaudemet*, in: Robbers (Hrsg.), Staat und Kirche in der EU (1995), S. 127 (148 ff.); *Robbers*, in: VVDStRL 59 (2000), S. 231 (241 f.).

644 *Carlen*, in: HdbKathKR (1999), § 120, S. 1308 (1322).

645 *A. v. Campenhausen*, Staatskirchenrecht (1996), S. 284, 389; *Carlen*, in: HdbKathKR (1999), § 120, S. 1308 (1313).

646 *Marré*, in: ZevKR 42 (1997), S. 338 (342 f.).

647 *A. v. Campenhausen*, Staatskirchenrecht (1996), S. 266 Fn. 41, 282 f.; diese Gefahr einer Abhängigkeit von wohlhabenden Kirchenmitgliedern war bereits 1919 in den Verhandlungen zur Weimarer Reichsverfassung erkannt und zur Sprache gebracht worden und wurde als Argument für eine Kirchensteuer akzeptiert, vgl. die Bemerkungen des Abg. *Quarck* (SPD), in: Verhandlungen WRV Bd. 336 S. 199 und des Abg. *Naumann* (DDP), in: Verhandlungen WRV Bd. 328, S. 1655; eine ähnliche Argumentation und eine damit begründete Sympathie für das System der Kirchensteuer äußerte auch der damalige Staatsminister *Clement* (SPD) im Jahre 1993, in: Essener Gespräche 28 (1994), S. 41 (51).

648 *A. v. Campenhausen*, in: ZevKR 42 (1997), S. 169 (175 f.).

Trennungsverständnis herrscht. Weit verbreitet ist eine staatliche Finanzierung der Anstaltsgeistlichen (z. B. in Italien,[649] Belgien[650], Spanien[651], Irland[652], Dänemark[653], Finnland[654], Großbritannien[655], Griechenland[656], in den Niederlanden[657], z. T. in Frankreich[658]).

Im Bereich der Militärseelsorge ist die Integration der Seelsorger in die militärische Hierarchie nicht unüblich (z. B. in Dänemark[659], Italien[660], Österreich[661], der Schweiz[662], Frankreich[663], Spanien[664] und in Griechenland[665]).

Die Reichweite dieser Gewährleistungen, insbesondere die staatliche Finanzierung der Anstaltsseelsorge, unterscheidet sich in vielen Ländern in Bezug auf die dominierende Religion und Minderheitenreligionen.

g) Ergebnis

Zusammenfassend muß man angesichts dieser Gegebenheiten sagen, daß die staatskirchenrechtliche Lage in Deutschland für die Kirchen und ihre freie Betätigungsmöglichkeit günstig, aber keineswegs besonders ungewöhnlich oder gar exotisch ist. Eine exakt identisch ausgestaltete staatskirchenrechtliche Ordnung findet sich zwar tatsächlich in keinem anderen Land; bei einer derartig detaillierten, die Einzelheiten herausstellenden Betrachtungsweise würde sich hingegen das staatskirchenrechtliche System eines jeden Landes unweigerlich als unvergleichlich und einzigartig erweisen.[666]

Interessant und wichtig erscheinen folgende Erkenntnisse:

---

649 *Ferrari*, in: Robbers (Hrsg.), Staat und Kirche in der EU (1995), S. 185 (202 f.).
650 *Torfs*, in: Robbers (Hrsg.), Staat und Kirche in der EU (1995), S. 15 (20, 34).
651 *Ibán*, in: Robbers (Hrsg.), Staat und Kirche in der EU (1995), S. 99 (121).
652 *Casey*, in: Robbers (Hrsg.), Staat und Kirche in der EU (1995), S. 159 (178).
653 *Dübeck*, in: Robbers (Hrsg.), Staat und Kirche in der EU (1995), S. 39 (56).
654 *Heikkilä*, *Knuutila*, *Scheinin*, in: Robbers (Hrsg.), Staat und Kirche in der EU (1995), S. 303 (315).
655 *McClean*, in: Robbers (Hrsg.), Staat und Kirche in der EU (1995), S. 333 (348).
656 *Papastathis*, in: Robbers (Hrsg.), Staat und Kirche in der EU (1995), S. 79 (93).
657 *van Bijsterveld*, in: Robbers (Hrsg.), Staat und Kirche in der EU (1995), S. 229 (245 f.).
658 *Basdevant-Gaudemet*, in: HdbKathKR (1999), § 121, S. 1323 (1335).
659 *Dübeck*, in: Robbers (Hrsg.), Staat und Kirche in der EU (1995), S. 39 (57).
660 *Ferrari*, in: Robbers (Hrsg.), Staat und Kirche in der EU (1995), S. 185 (202 f.).
661 *Potz*, in: Robbers (Hrsg.), Staat und Kirche in der EU (1995), S. 251 (275).
662 *Carlen*, in: HdbKathKR (1999), § 120, S. 1321.
663 *Basdevant-Gaudemet*, in: HdbKathKR (1999), § 121, S. 1323 (1335).
664 *Ibán*, in: Robbers (Hrsg.), Staat und Kirche in der EU (1995), S. 99 (120).
665 *Papastathis*, in: Robbers (Hrsg.), Staat und Kirche in der EU (1995), S. 79 (93).
666 Darauf weist auch *Robbers*, in: ZevKR 42 (1997), S. 122 (124) hin.

aa) Systemreinheit

Kein einziges Land hat irgendein abstraktes System vollkommen „rein“ und konsequent verwirklicht. Überall findet sich in der praktischen Ausgestaltung eine Berücksichtigung der individuellen Gegebenheiten und Bedürfnisse des einzelnen Landes: So kann man nirgends von der staatskirchenrechtlichen „Grundentscheidung“ eines Staates her darauf schließen und zwingend „logisch“ ableiten, welche Entscheidung in einzelnen Fragen getroffen wurde (s. o.). Die kulturelle Prägung und überlieferte Gewohnheiten spielen stets eine wesentliche Rolle.[667]

So gilt geradezu im Gegensatz zu den eingangs erwähnten Vorwürfen: Gerade wer behauptet, allein aus der Religionsfreiheit lasse sich logisch, zwingend und umfassend ein universelles und ideales staatskirchenrechtliches System ableiten, unterstellt angesichts der überaus verschiedenartigen Länderregelungen, fast alle Länder gewährten keine „richtige“ und optimale Religionsfreiheit.

Vielmehr zeigt sich anhand der so unterschiedlichen Regelungen einmal mehr, daß sich allein aus der Anerkennung und Gewährleistung der Religionsfreiheit nicht ein bestimmtes staatskirchenrechtliches System folgern läßt. So gewähren alle diese Länder Religionsfreiheit; und trotzdem findet sich in jedem einzelnen Land eine besondere, von anderen Ländern abweichende staatskirchenrechtliche Ausgestaltung. Die allgemeinen rechtlichen und tatsächlichen Gegebenheiten, kulturelle Traditionen, die historische Entwicklung, die traditionellen Erscheinungsformen von Religion und die religiöse Homogenität der Bevölkerung[668] sind überall von entscheidender Bedeutung und können als Faktoren für eine bestimmte Entscheidung eines Landes ausschlaggebend sein.

---

[667] Siehe etwa zur Frage der Zulässigkeit und Gebräuchlichkeit religiöser Symbole in öffentlichen Gebäuden in den verschiedenen Ländern, *Robbers*, Rechtsvergleichende Sicht, in: Brugger/Huster (Hrsg.), Der Streit um das Kreuz in der Schule (1998), S. 59 (62 ff.). Auch die hier nicht vertiefte Frage, ob sich in einem Land theologische Fakultäten an den staatlichen Universitäten befinden und vom Staat finanziert werden, läßt sich aus den übrigen Entscheidungen des Landes nicht erschließen, vgl. zu dieser Frage die einzelnen Länderberichte bei *Robbers* (Hrsg.), Staat und Kirchen in der EU (1995).

[668] Statistische Angaben über die religiöse Zugehörigkeit der Bevölkerung in den einzelnen Ländern finden sich für die Staaten der Europäischen Union zu Beginn der jeweiligen Länderberichte in: Robbers (Hrsg.), Staat und Kirche in der EU (1995). Die Übereinstimmung reicht bis zu über 95 % in Irland (für die katholische Konfession) und in Griechenland (für die griechisch-orthodoxe Konfession).

bb) Übertragungsfähigkeit von Einzelentscheidungen

Zum Teil wird nicht berücksichtigt, daß aus komplexen Systemen nicht einfach ein Einzelelement herausgelöst werden darf, wenn es nicht zu Verzerrungen kommen soll. Oftmals handelt es sich um differenzierte Regelungen, derer man durch die isolierte Betrachtung einer einzelnen Entscheidung nicht gerecht wird. So wird manchmal ein für sich betrachtet besonders streng durchgeführtes Trennungsgebot oder eine gar religionsfeindlich erscheinende Entscheidung durch andere Gegebenheiten oder Vorkehrungen ausgeglichen. Zuweilen hat eine „Trennung“ oder Nichtberücksichtigung auf einem bestimmten Gebiet ein Entgegenkommen des Staates an anderer Stelle zur Folge oder es ist eine grundsätzlich günstigere Ausgangsposition gegeben, durch die dieses ausgeglichen wird.

Da diese Gegebenheiten hingegen bei einer beschränkten Übernahme von einzelnen Trennungsfolgerungen nicht vorhanden wären, könnte eine solche Übertragung auf diese Weise eben doch zu einem Defizit an Freiheit führen. Es ist daher nicht sachgemäß, ein einzelnes Teilstück herauszunehmen und pauschal zu argumentieren, in diesem anderen Land, das ja auch Religionsfreiheit gewährleiste, gebe es ein solches Zuvorkommen des Staates bzw. eine derartige staatliche Förderung ja auch nicht, ohne daß es zu Defiziten an religiöser Freiheit komme.

Ebenso erscheint es von erheblicher Bedeutung, ob ein Zustand in einem Lande schon seit langem besteht oder ob er erst nachträglich herbeigeführt werden soll. Dazu gehören etwa die Frage der Änderung der Organisationsform von Religionsgemeinschaften (Herabstufung vom öffentlichen Körperschaftsstatus zu einer privatrechtlichen Organisation), die Ausschaltung der religiösen Erziehung aus dem allgemeinen öffentlichen Schulwesen bei einem möglicherweise nicht ausgebildeten oder finanzierbaren, staatlich nicht gewollten und unterstützen Privatschulwesen oder eine nachträglich Abschaffung der Kirchensteuer und die Verweisung auf eine nicht entwickelte Spendenbereitschaft der Kirchenmitglieder. In solchen Fällen könnten durch eine nachträgliche Angleichung der Regelungen ganz andere und nicht vergleichbare Auswirkungen herbeigeführt werden.

cc) Trennungssysteme

Oft wird aber auch verschwiegen, daß andere Länder mit der Handhabung ihrer strengen, puristischen Trennungskonzeptionen vielfach Probleme haben, daß die Entscheidung für eine „konsequente“ Trennung keinesfalls alle Fragen und Schwierigkeiten ein für allemal beseitigt.

Es zeigt sich vielmehr in diesen Ländern, daß sich auch aus einer solchen konsequenten Trennung zahlreiche Probleme, Konflikte, Widersprüche und Unsicherheiten ergeben, wie sie etwa die wechselvolle Rechtsprechung in den USA dokumentiert. So erweist sich, daß es sich auch bei der radikalen Trennung nicht um eine Patentlösung handelt, die alle Berührungen und damit alle Probleme beseitigen kann.[669]

Nirgends sind die Versuche, Religion auf eine reine Privatangelegenheit oder ein bloß gesellschaftliches Phänomen zu reduzieren, gelungen.[670] So haben auch Länder, die sich ursprünglich für ein striktes Trennungssystem entschieden hatten, schon allein aus Gründen der Religionsfreiheit die zunächst geplanten Konsequenzen vielfach abschwächen müssen und haben ihre ursprünglich streng verstandenen, trennenden Regelungen nicht konsequent durchgesetzt (so etwa Frankreich und die USA).

Zugleich finden sich z. B. im Trennungssystem der USA Eigenheiten, die nicht einmal in Kooperationssystemen allgemein üblich sind. So gibt es dort z. B. die Proklamation eines jährlichen „nationalen Gebetstages" durch den Präsidenten, einen eigenen Pfarrer für den Kongreß, die Eröffnung zahlreicher Parlamentssitzungen durch ein überkonfessionelles Gebet und das Motto „In God we trust" auf jeder Geldmünze.[671] „Trennung" ist somit gemeinhin nicht konsequent und vorbildlich verwirklicht, sondern findet sich in der Praxis der hier berücksichtigten Staaten durchwegs in abgemilderter, religionsfreundlicherer Form.

dd) Resümee

Alles in allem ist daher entscheidend für die Beurteilung der Regelungen nicht so sehr die Frage nach der konsequenten Systemverwirklichung, sondern nach der gewährten Religionsfreiheit und die diesbezügliche Angemessenheit einer staatskirchenrechtlichen Ordnung. Es kommt darauf an, ob das spezifische religiöse Leben eines Landes in angemessener Weise von der rechtlichen Ordnung erfaßt und berücksichtigt wird.[672]

---

[669] Schon bei den Verhandlungen der Weimarer Reichsverfassung wurde etwa vom Abg. *Kahl* (DVP) vor der Trennung als „Zauberformel" gewarnt und darauf hingewiesen, daß Konfliktpunkte nicht ausgeschlossen werden könnten, da Staat und Kirche aus denselben Menschen bestünden und daher keine berührungsfreie, absolute Trennung möglich sei, in: Verhandlungen WRV Bd. 336 S. 189.

[670] *Robbers*, in: VVDStRL 59 (2000), S. 231 (256).

[671] Vgl. *Krings*, in: ZevKR 45 (2000), S. 505 (506); *A. v. Campenhausen*, Staatskirchenrecht (1996), S. 397 f.

[672] *Robbers*, in: ZevKR 42 (1997), S. 122 (125).

Deutschland ist einer der wenigen Staaten, in denen seit der Reformationszeit beide christlichen Konfessionen jahrhundertelang nebeneinander bestanden, ohne daß eine von ihnen verdrängt wurde. Beide konnten sich vielmehr in insgesamt annähernd gleicher Verbreitung erhalten, regional zumeist als Mehrheits- und Minderheitskonfession. Der Staat ist so schon seit langem mit mehreren Konfessionen – und nicht mit einer konfessionell homogenen Bevölkerung –, konfrontiert und war aufgefordert, in seinen Regelungen kooperative, paritätische Lösungsansätze zu entwickeln.[673]

Demgemäß schneidet im internationalen Vergleich die deutsche Ordnung in der Frage der Gleichbehandlung und paritätischen Berücksichtigung der verschiedenen Religionen auch recht gut ab: Die Kooperationsangebote des Staates sind nicht auf bestimmte Religionen beschränkt, sondern stehen prinzipiell allen offen. So werden die Angebote häufig nur wegen der geringeren Verbreitung, eines mangelnden Interesses oder aber aufgrund von Organisationsproblemen (z. B. beim Islam) einzig von den großen christlichen Konfessionen wahrgenommen und nicht gleichermaßen von religiösen Minderheiten. Demgegenüber sind in vielen anderen Staaten die Angebote zur Kooperation auch rein rechtlich von vornherein auf eine bestimmte (Mehrheits-)Konfession beschränkt.

Insgesamt erscheinen somit zur Bewältigung der Aufgabe, Religionsfreiheit zu gewährleisten – nämlich auch unter den verschiedensten tatsächlichen Voraussetzungen, ohne gewaltsame und unnötige Zerstörung historischer, charakteristischer Eigenheiten und kultureller Errungenschaften, aber unter besonderer Rücksichtnahme auf bisher benachteiligte Minderheiten, bei Wahrung des religiösen Friedens sowie unter Berücksichtigung von Veränderungen der religiösen Interessen in der Bevölkerung, maximale religiöse Entfaltungsfreiheit der Menschen zu sichern – „konsequente" Lösungen, welche zentrale Entscheidungen treffen wollen, ohne einen Blick auf die konkrete Fragestellung und die spezifischen Gegebenheiten zu nehmen, weder allgemein üblich noch erfolgversprechend.

---

[673] Vgl. die Ausführungen *Schlaichs* dazu, wie die Reformation in Deutschland das Reich dazu zwang, eine neue Haltung gegenüber den Konfessionen einzunehmen und dieses einen Lösungsansatz entwickelte, der bis heute das deutsche Staatskirchenrecht prägt, in: Evang. Theol. 54 (1994), S. 119 (122 f.).

II. Die aus der Regel-Ausnahme-Systematik gezogenen allgemeinen Konsequenzen der Kritik

Aus der Annahme eines Regel-Ausnahme-Verhältnisses als staatskirchenrechtliche Systematik werden teilweise weitreichende Konsequenzen für die Auslegung der staatskirchenrechtlichen Normen gezogen. Im folgenden soll dargelegt und untersucht werden, welche abstrakten Folgerungen die einzelnen Autoren aus dem „Ausnahmecharakter" einzelner Normen für deren Interpretation ziehen wollen.

1. Notwendigkeit einer Rechtfertigung der Ausnahmenormen *durch eine „volkskirchliche" Situation? – Problem des Verfassungswandels*

a) Darstellung

Renck vertritt die Auffassung, die „grundsatzwidrigen" Ausnahmenormen – er bezieht sich insbesondere auf Art. 7 III GG – bedürften einer besonderen Rechtfertigung. Diese sei allein in einer „volkskirchlichen Situation" zu finden. Die volkskirchliche Situation in Deutschland sei für den Religionskompromiß vorausgesetzt worden. Diese volkskirchliche Rechtfertigung sei als die Geschäftsgrundlage der Regelungen anzusehen und für ihr Fortgelten notwendig.[674] Veränderten sich die von der Verfassung vorausgesetzten Tatsachen und ihre Beurteilung durch die Bevölkerung, so müsse das Auswirkungen auf die Normen haben. Durch die zahlreichen Kirchenaustritte und einen zu beobachtenden Bedeutungs- und Ansehensverlust der Kirchen in der Bevölkerung entfielen die volkskirchlichen Verhältnisse in den westdeutschen Bundesländern zusehends, während sie in Ostdeutschland angesichts der geringen Mitgliedszahlen der Kirchen gar nicht gegeben sei. Damit sei auch der „Rechtsgrund" der Ausnahmebestimmungen entfallen. *Renck* folgert daraus, daß hier – zumindest in den östlichen Bundesländern – ein „Verfassungswandel" anzuerkennen sei, durch den die Normen bereits von selbst ihre Gültigkeit verloren hätten.[675] Normen, die auf bestimmten Tatsachen beruhten, könnten bei Verlust ihrer tatsächlichen Grundlagen nicht mehr unverändert fortbestehen. Dies sei durch das Bundesverfassungsgericht nur noch deklaratorisch festzustellen.[676] Durch nichts lasse sich die Auffassung rechtfertigen, daß eine Norm auch bei einer Veränderung der

[674] *Renck*, in: ThürVBl. 1996, 73 (75); *ders.*, in: BayVBl. 1999, 70 (75 f.).
[675] *Renck*, in: ThürVBl. 1994, 182 (183); vorsichtiger *ders.*, in: LKV 1997, 81 (85).
[676] *Renck*, in: BayVBl. 1999, 70 (76).

Umstände weiterzugelten habe, bis sich etwa der Gesetzgeber zu einer Reaktion „bequeme".[677]

b) Würdigung

Zunächst ist festzuhalten, daß es sich bei den staatskirchenrechtlichen Normen um vollgültiges Verfassungsrecht handelt; sie sind wie alle anderen Verfassungsbestimmungen zu behandeln und bedürfen für ihre Fortgeltung keiner besonderen „volkskirchlichen" oder anderen „Rechtfertigung".

Anerkannt ist, daß ein „Wandel der Normsituation" – auf den *Renck* sich u. a. bezieht[678] – Auswirkungen auf das Verständnis einer Norm haben kann. Voraussetzung ist jedoch, daß sich die tatsächlichen Verhältnisse so wesentlich geändert haben, daß das bisherige Verständnis der Norm evident unzulänglich geworden ist. Auch dann bildet jedoch der Wortlaut der Norm die Grenze für die veränderte Auslegung.[679]

Renck scheint aber darüber hinaus sogar davon auszugehen, daß die von ihm als „Ausnahmen" identifizierten Normen nicht nur anders auszulegen seien, sondern sogar vollständig ihre Gültigkeit verlieren müßten.

Zwar wird teilweise vertreten, daß auch Verfassungsrecht obsolet werden könne.[680] Daran werden jedoch hohe Anforderungen gestellt. Auf diese will sich *Renck* offenbar beziehen, wenn er sich für das Gegenstandsloswerden der staatskirchenrechtlichen Normen mit der Begründung ausspricht, daß eine Regelung entfallen müsse, sofern der Regelungssachverhalt nicht mehr existiere.[681]

Davon kann jedoch bei allen von *Renck* genannten „Ausnahmen" keine Rede sein. Der Regelungssachverhalt des Art. 7 III GG etwa ist ein schulischer Religionsunterricht, der vom Staat veranstaltet und finanziert wird und für dessen Inhalt eine Religionsgemeinschaft verantwortlich ist. Dieser Regelungssachverhalt könnte nur dann entfallen, wenn sich keine Religionsgemeinschaft mehr zur Mitarbeit bereitfände oder am Unterricht keine Schüler bzw. keine Mindestanzahl an Schülern mehr teilnähmen.[682] Dies ist jedoch offensichtlich nicht der Fall. Selbst in den neuen Bundesländern besteht ein großes Interesse an Religionsunterricht, das deutlich über die Kirchenzugehörigkeit hinausgeht.[683]

---

677 *Renck*, in: ZRP 1999, 137 (139).

678 Vgl. *Renck*, in: ThürVBl. 1994, 182 (183).

679 Vgl. *Larenz/Canaris*, Methodenlehre (1995), S. 170 ff.

680 So z. B. *Rottman*, in: FS Zeidler (1987), S. 1097 ff.

681 Vgl. *Renck*, in: ThürVBl. 1994, 182 (183).

682 Vgl. hierzu *Maurer*, in: FS Zacher (1998), S. 577 (590).

683 *Link*, in: FS Hollerbach (2001), S. 747 (768), der darauf verweist, daß in den neuen Bundesländern bereits 1992 bis zu 30 % der Schüler am Religionsunterricht teilnahmen und

Die Annahme, daß schon die Veränderung gesellschaftlicher Verhältnisse oder Wertvorstellungen den Fortfall von Verfassungsnormen bewirken könne, wird der Bedeutung der Verfassung nicht gerecht.[684] Solche Entwicklungen dürfen nicht dazu führen, daß die Verfahrensvorgaben für eine Verfassungsänderung gemäß Art. 79 GG übergangen werden könnten. Für eine Reaktion auf derartige Veränderungen ist der Weg der Verfassungsänderung vorgesehen, deren hohe Anforderungen das tatsächliche Bestehen – und nicht nur die Behauptung – eines breiten Konsenses gewährleisten. Würde zudem alles, was der historische Grundgesetzgeber sich möglicherweise einmal gedacht und vorgestellt hat, für die Fortgeltung der Verfassungsnormen notwendige Geschäftsgrundlage sein, so wären damit die Sicherheit und Funktion der Verfassung in großem Umfang in Frage gestellt.

Wie schwierig zudem die zuverlässige Feststellung ist, ob eine Regelung inzwischen nicht mehr „zeitgemäß" und daher obsolet ist, zeigt die Tatsache, daß im Jahre 1987 vertreten wurde, das Wiedervereinigungsgebot der Verfassung sei überholtes und damit obsoletes, gegenstandsloses Verfassungsrecht.[685] Daher muß man selbst Regelungen, die nicht mehr in Anspruch genommen werden, eine bleibende Ersatzfunktion zubilligen. Selbst „obsoletes" Verfassungsrecht muß als „Normreserve" weiter gelten.[686]

Letztlich wären die „Ausnahmenormen" bei einer Bedeutung, wie *Renck* sie vertritt, tatsächlich sehr viel fragwürdiger als bei ihrem Verständnis gemäß der herrschenden Meinung. *Renck* unterstellt, daß es ihre einzige Intention sei, die christlichen Kirchen zu begünstigen. So läßt er vollständig außer Betracht, daß auch den übrigen Religionsgemeinschaften durch diese Normen günstige Rechtspositionen eingeräumt werden. Diese verfassungsrechtlich garantierten Rechte anderer Religionsgemeinschaften würden nach seiner Auffassung allein durch den Bedeutungsverlust der christlichen Kirchen entfallen. Dies erscheint unhaltbar. Die verfassungsrechtlich verbürgten Rechte für Bürger und Religionsgemeinschaften sind stets auch Minderheitenrechte, mag es sich um nichtchristliche oder christliche Minderheiten handeln.[687]

Es ist zudem überraschend, daß gerade *Renck* außerrechtlichen Verhältnissen und den Vorstellungen des historischen Gesetzgebers ein so großes Gewicht zu-

---

das Problem nicht in der Akzeptanz dieses Unterrichts, sondern in dem Mangel an Fachlehrern liege.

684 Auch *Heckel*, in: ZevKR 44 (1999), S. 340 (350) warnt davor, „subjektiv und subtil den Zeitgeist abzuhorchen und daraus Änderungen des Verfassungsinhalts zu konstruieren".

685 So *Rottmann*, in: FS Zeidler (1987), S. 1097 (1106 f.).

686 *Robbers*, in: FS Benda (1995), S. 209 (219).

687 Vgl. auch *Heckel*, in: ZThK 97 (2000), 128 (140), der zudem darauf verweist, daß die staatlichen Hilfen zur Grundrechtsverwirklichung, insbesondere die staatlichen Angebote im Bereich der Kulturförderung überwiegend allgemein angeboten, aber nur von einer Minderheit wahrgenommen werden.

messen will, da er sonst stets betont, es sei unerheblich, was sich der historische Gesetzgeber gedacht haben mag, sofern es in der Formulierung der Norm keinen Niederschlag gefunden habe.[688] Die allgemeine, neutrale Formulierung der Normen und das Fehlen weiterer Bedingungen (wie etwa volkskirchlicher Verhältnisse) steht aber einem solchen Verständnis der Regelungen im Sinne *Rencks* gerade entgegen.

2. Ausnahmenormen *als verfassungswidriges Verfassungsrecht?*

Ein Teil des Schrifttums vertritt die Auffassung, bestimmte Normen seien nicht nur als systematische Ausnahmen anzusehen und zu behandeln, sondern als „verfassungswidriges Verfassungsrecht“, das aus diesem Grunde nicht anwendbar sei. Dieser Einwand wird vor allem gegenüber Art. 140 GG i. V. m. Art. 137 V, VI WRV und Art. 7 III GG erhoben.[689] Begründet wird die Verfassungswidrigkeit damit, daß eine Norm zu einer anderen, stärkeren Verfassungsnorm in Widerspruch stehe.[690]

Es ist jedoch schon problematisch, ob es überhaupt originär verfassungswidriges Verfassungsrecht geben kann, also eine Verfassungswidrigkeit einer Norm vorstellbar ist, die nicht durch eine Verfassungsänderung zustande gekommen ist, sondern vom ursprünglichen Verfassungsgeber stammt.[691] Während für eine Beurteilung der Zulässigkeit einer Verfassungsänderung das Grundgesetz in seiner vorherige Fassung, insbesondere Art. 79 GG, herangezogen werden kann, ist nicht ersichtlich, welcher Maßstab für die Prüfung der Verfassungsmäßigkeit von originärem Verfassungsrecht überhaupt in Betracht kommen sollte. Der Verfassungsgeber ist hinsichtlich der von ihm geschaffenen Ordnung frei.

Ein „logischer“ und „unaufhebbarer“ Widerspruch zwischen Verfassungsnormen und den kritisierten Bestimmungen kann sich nicht ergeben, wenn man nicht ein eigenes Vorverständnis von der Bedeutung einzelner Normen zugrunde legt, sondern die Bestimmungen gemäß der anerkannten Grundsätze, insbesondere unter Berücksichtigung der Einheit der Verfassung auslegt.[692]

---

688 Vgl. *Renck*, in: LKV 1997, 81 (84); *ders.*, in: BayVBl. 1999, 70 (76 Fn. 94); *ders.*, in: JZ 2000, 561 (562).

689 So *Kleine*, Institutionalisierte Verfassungswidrigkeiten (1993), S. 216 bzgl. der Kirchensteuer gemäß Art. 137 VI WRV; *Obermayer*, in: NJW 1973, 1817 (1817) bzgl. Art. 7 III GG, falls man den Religionsunterricht – entgegen seiner Auffassung – als ordentliches, d. h. auch benotetes, versetzungserhebliches Schulfach verstehen wolle.

690 Vgl. *Obermayer*, in: BK (1971) Art. 140 Rn. 71; *Kleine*, Institutionalisierte Verfassungswidrigkeiten (1993), S. 214 f.

691 Hierzu *Jeand'Heur/Korioth*, Staatskirchenrecht (2000), S. 129.

692 S. die Ausführungen zu *Kleine* unter C.I.3.b.cc.

Auch das Bundesverfassungsgericht hat festgestellt, eine „Verfassungswidrigkeit“ von Verfassungsbestimmungen sei nur in ganz besonderen Fällen denkbar, nämlich wenn die äußersten Grenzen der Gerechtigkeit überschritten würden, und führt dabei insbesondere den Grundsatz der Menschenwürde an.[693] Das Gericht hält dies aber selbst für so unwahrscheinlich und außergewöhnlich, daß diese „theoretische Möglichkeit originärer ‚verfassungswidriger Verfassungsnormen' einer praktischen Unmöglichkeit nahezu gleichkommt“[694]. Die hier behandelten Normen sind mit einem so schwerwiegenden Verstoß keinesfalls in Verbindung zu bringen.

3. Restriktive Auslegung der Ausnahmenormen?

Für die als „Ausnahmen“ eingeordneten Regelungen wird häufig gefolgert, daß diese als Ausnahmenormen restriktiv auszulegen seien.[695] Entsprechende Konsequenzen werden z. B. gezogen für die Auslegung von Art. 140 GG i. V. m. Art. 141 WRV (Anstaltsseelsorge) und von Art. 140 GG i. V. m. Art. 137 VI WRV (Kirchensteuer).[696] Bei der Interpretation von Art. 7 III GG und Art. 141 GG wird in diesem Zusammenhang eine extensive Auslegung des Art. 141 GG vertreten, da diese Norm die Regel – kein Religionsunterricht – wiederherstellen solle.[697]

Abgesehen von der abzulehnenden Einordnung der genannten Normen als Ausnahmevorschriften (s. o. Teil C. I.), begegnen auch die diesbezüglichen Schlußfolgerungen Bedenken. Schon die Aussage, Ausnahmevorschriften seien stets restriktiv auszulegen, trifft in dieser Allgemeinheit nicht zu.[698]

Selbst wenn eine Vorschrift tatsächlich als Ausnahme erkannt ist und festgestellt werden konnte, daß der Gesetzgeber der entgegenstehenden Regel in möglichst weitem Umfang Geltung verschaffen wollte und nur in eng umgrenzten

---

[693] BVerfG, Urt. v. 18. Dezember 1953 – 1 BvL 106/53 –, in: BVerfGE 3, 225 (232 f.); BVerfG, Beschl. v. 5. Oktober 1955 – 1 BvR 103/52, in: BVerfGE 4, 294 (296).

[694] BVerfG, Urt. v. 18. 1953 – 1 BvL 106/53 –, in: BVerfGE 3, 225 (233).

[695] So etwa v. *Zezschwitz*, in: JZ 1971, 11 (13 f.); *Fischer*, Trennung von Staat und Kirche (1984), S. 169, 218; *Renck*, in: BayVBl. 1999, 70 (74).

[696] Zu den für diese Einrichtungen gezogenen Konsequenzen s. u. die Ausführungen in Teil C.III.

[697] *Renck*, in: LKV 1993, 88 (89); ähnlich *ders.*, in: DÖV 1994, 27 (32).

[698] Vgl. zum folgenden *Larenz/Canaris*, Methodenlehre (1995), S. 175 f. In BayVBl. 1999, 70 (74) räumt *Renck* ein, daß Ausnahmenormen u. U. auch weit auszulegen seien (Fn. 60); andererseits stellt er auf derselben Seite ohne weitere Begründung fest, daß die von ihm identifizierten staatskirchenrechtlichen Ausnahmenormen nicht analogiefähig seien und „im Grenzfall so auszulegen, daß dem vorgeordneten Grundsatz der Bekenntnisneutralität möglichst entsprochen wird. Im Zweifel setzt sich der Grundsatz durch und nicht die Ausnahme.“

Fällen davon abgesehen hat, folgt daraus nicht automatisch, daß die Ausnahmevorschrift so eng wie möglich auszulegen oder eine Analogie nicht möglich ist. Vielmehr kommt es darauf an zu erkennen, aus welchem Grund der Gesetzgeber für bestimmte Fälle eine Ausnahme vorgesehen hat. Erst dann läßt sich entscheiden, ob dieser Intention eine restriktive Auslegung oder sogar in vergleichbaren Fällen eine analoge Anwendung eher gerecht wird. Eine solche Untersuchung wird von der Kritik aber nicht vorgenommen.

4. *Keine Möglichkeit der Einführung weiterer* Ausnahmen *durch den Landesgesetzgeber?*

Aus der Annahme eines übergeordneten Grundsatzes wird weiterhin gefolgert, daß der Landesgesetzgeber gegenüber diesem Grundsatz keine weiteren Ausnahmen durch eigene Gesetze – auch nicht durch Landesverfassungen – schaffen könne. Ein im Grundgesetz aufgestellter Grundsatz dürfe von den Ländern nicht durchbrochen werden, wie sich schon aus Art. 31 GG ergebe.[699] Landes(verfassungs)recht könne die Grundrechte nicht einschränken.[700]

Daher dürfe ein Land, für das Art. 141 GG gelte, nicht von sich aus Religionsunterricht gemäß Art. 7 III GG einrichten[701]; auch könnten die Länder nicht einfach Ethikunterricht als Ersatzfach einführen.[702] Aus diesem Grunde genüge auch für die Rechtfertigung theologischer Fakultäten an staatlichen Universitäten deren Gewährleistung durch Landesverfassungsrecht nicht.[703] Ebensowenig könnte auch bei der Frage nach der Zulässigkeit von Kruzifixen in Schulen die landestypische Situation berücksichtigt werden; diese sei unerheblich.[704]

Bei dem Problem, welche staatskirchenrechtlichen Regelungen durch die Länder getroffen werden können, geht es um die Frage der Kompetenzverteilung. Zu bedenken ist, daß die Gesetzgebungskompetenz im Staatskirchenrecht grundsätzlich bei den Ländern liegt. Diese sind durch die ausdrücklichen Normen der Verfassung gebunden, doch lassen sich aus Art. 4 GG oder Art. 140 GG i. V. m. Art. 137 I WRV nicht abschließende, zwingende Anweisungen für jeden Fall staatlichen Tätigwerdens in diesem Bereich entnehmen (s. o, Teil C.I).

---

[699] *Renck*, in: BayVBl. 1992, 519 (519); *Kleine*, Institutionalisierte Verfassungswidrigkeiten (1993), S. 98 f., 151.

[700] *Czermak*, Zur Unzulässigkeit des Kreuzes, in: Brugger/Huster (Hrsg.), Der Streit um das Kreuz (1998), S. 13 (38); *Renck*, in: BayVBl. 1999, 70 (74).

[701] *Renck*, in: LKV 1997, 81 (83 f.).

[702] *Renck*, in: BayVBl. 2000, 305 (305 f.).

[703] *Fischer*, Trennung von Staat und Kirche, 3. Aufl. (1984), S. 311; *Kleine*, Institutionalisierte Verfassungswidrigkeiten (1993), S. 98 f.; differenzierend *Renck*, in: NVwZ 1996, 333 (337 ff.).

[704] *Renck*, in: BayVBl. 1999, 70 (74).

Wenn die Länder von der Vorgabe der Verfassung freigestellt sind (Art. 141 GG) oder die Verfassung keine Regelungen enthält (theologische Fakultäten), liegt die Entscheidungszuständigkeit bei den Ländern. Die Einschätzung, daß jegliches nicht erwähnte Tätigwerden verboten sein sollte, würde die Entscheidung des Grundgesetzgebers verkehren, der gerade in bestimmten Fällen die Freiheit der Länder respektierte und nicht durch Verbote einschränken wollte, was etwa mit dem Verzicht auf Regelungen im Bereich des Hochschulwesens bzw. durch die Berücksichtigung landestypischer Besonderheiten in Art. 141 GG zum Ausdruck gekommen ist. So können im Rahmen der Länderzuständigkeiten – gerade im Schulrecht – durch den Landesgesetzgeber auch landestypische besondere Gegebenheiten (konfessionelle Zusammensetzung der Bevölkerung, Stärke der religiösen Verwurzelung) berücksichtigt werden.[705]

5. *Keine Möglichkeit der Vereinbarung weiterer* Ausnahmen *bzw. der Durchbrechung des Grundsatzes durch Vertrag?*

Auch gegen die Vereinbarungen in Staatskirchenverträgen werden vielfach Bedenken erhoben, da auch sie den übergeordneten Grundsatz durchbrächen; weitere Ausnahmen und „Durchbrechungen" als die verfassungsrechtlich erlaubten könnten aber auch vertraglich nicht vorgesehen werden.[706] Insbesondere werde in vielen Verträgen dagegen verstoßen, daß kein Verzicht auf das Selbstbestimmungsrecht aus Art. 140 GG i. V. m. Art. 137 III WRV möglich sei.[707]

Richtig ist, daß auch Verträge zwischen Staat und Religionsgemeinschaften nicht gegen das Grundgesetz verstoßen dürfen. Doch läßt sich dem Grundgesetz eben auch keine so weitreichende Bindung, kein so geringer Spielraum entnehmen, wie dies die Kritiker annehmen (s.o., Teil C. I).

Bezüglich des Selbstbestimmungsrechts aus Art. 140 GG i. V. m. Art. 137 III WRV ist darin zuzustimmen, daß ein Verzicht darauf zwar nicht möglich ist. Innerhalb des Spielraumes, in dem sich staatlicher und kirchlicher „Bereich" nicht eindeutig trennen lassen, kann eine Religionsgemeinschaft dem Staat jedoch einzelne Einflußrechte einräumen, und auch der Staat kann sich bestimmte

---

[705] Vgl. BVerfG, Beschl. v. 17. Dezember 1975 – 1 BvR 63/68 –, in: BVerfGE 41, 29 (51).

[706] *Fischer*, Trennung von Staat und Kirche, 3. Aufl. (1984), S. 311; *Renck*, in: BayVBl. 1997, 553 (554).

[707] *Obermayer*, in: BK (1971) Art. 140 Rn. 95; *Fischer*, Trennung von Staat und Kirche, 3. Aufl. (1984), S. 315; *Preuß*, in: AK (1989) Art. 140 Rn. 36; *Czermak*, Staat und Weltanschauung (1993), S. 284; *Kleine*, Institutionalisierte Verfassungswidrigkeiten (1993), S. 152, 187; *Renck*, in: BayVBl. 1995, 682 (682 f.); *ders.* betont in: NVwZ 1999, 713 (714 Fn. 11), daß auch „Intendanturtätigkeiten" des Staates gegen Art. 137 III WRV verstießen, da auch die administrative Seite der Angelegenheiten der Religionsgemeinschaften von Art. 137 III WRV erfaßt sei.

Rechte einräumen lassen, die er sich einseitig nicht nehmen könnte.[708] Andernfalls würde sich das Selbstverwaltungsrecht, das dem Schutz der Religionsgemeinschaften dienen soll, zu einem Nachteil auswachsen, da die Religionsgemeinschaften mit dem Staat keine Vereinbarungen treffen und ihm gegenüber auch nicht solche Bindungen eingehen könnten, die für eine Zusammenarbeit erforderlich sind.

Zu bedenken ist, daß auch der Verzicht auf bestimmte Befugnisse aus Grundrechten möglich ist und eine Form des Grundrechtsgebrauchs darstellt.[709] In einer freiwilligen Bindung von Religionsgemeinschaften in einzelnen eigenen Angelegenheiten gegenüber dem Staat liegt gerade die Ausübung ihres Selbstbestimmungsrechts.[710]

III. Die – insbesondere aus der Regel-Ausnahme-Systematik gezogenen – besonderen Konsequenzen der Kritik (Einzelfälle)

Die dargestellte Kritik richtet sich nicht nur aus rein dogmatischem Interesse gegen das als mangelhaft angesehene Systemverständnis der herrschenden Meinung. Es werden auch praktische, zum Teil weitreichende und folgenschwere Konsequenzen aus dieser abweichenden Sichtweise gezogen. Einige Tatbestände, die von der herrschenden Meinung als unproblematisch angesehen werden, werden von den Kritikern als verfassungsrechtlich bedenklich oder sogar als verfassungswidrig eingeordnet. Einige besonders wichtige Kritikpunkte sollen im folgenden kurz dargestellt und kommentiert werden:

[708] *Hollerbach*, in: HdbStKR I (1994), § 7 S. 253 (269).
[709] Vgl. *Antoni*, in: Seifert/Hömig, GG (1999), vor Art. 1 Rn. 10.
[710] *Hesse*, in: HdbStKR I (1994), § 17 S. 521 (542).

1. Verfassungswidrigkeit der staatlich finanzierten und organisierten Anstaltsseelsorge, insbesondere der Militärseelsorge?

a) Darstellung

In der Kritik steht die Praxis der Anstalts-, insbesondere der Militärseelsorge.[711] Zwar wird ein grundsätzliches Zutrittsrecht von Religionsgemeinschaften zu staatlichen Anstalten und Einrichtungen (z. B. staatlichen Krankenhäusern, Altenheimen, Strafvollzugsanstalten und zur Bundeswehr) zum Zwecke der Seelsorge angesichts Art. 140 GG i. V. m. Art. 141 WRV von keiner Seite in Frage gestellt. Für verfassungswidrig und daher unzulässig gehalten wird jedoch das darüber hinaus gehende staatliche Engagement, daß nämlich der Staat die Anstaltsseelsorge organisiert, finanziert und zu diesem Zwecke staatlich angestellte Seelsorger beschäftigt, die zum Teil sogar verbeamtet sind. Insbesondere die vertraglichen Vereinbarungen über die Militärseelsorge mit verbeamteten Militärgeistlichen werden kritisiert.

Die primäre Meinungsverschiedenheit besteht darin, ob es sich beim Zugangsrecht gemäß Art. 140 GG i. V. m. Art. 141 WRV um eine Mindestgarantie oder um die Obergrenze staatlicher Berücksichtigung handelt. Verfechter der beschriebenen Regel-Ausnahme-Systematik sehen in Art. 140 GG i. V. m. Art. 141 WRV die Obergrenze für staatliche Unterstützung im Bereich der Anstaltsseelsorge. Eine weitergehende Hilfe dürfe der Staat nicht gewähren, da eine „institutionelle Verflechtung“ durch die Anstellung von Geistlichen gegen Art. 140 GG i. V. m. Art. 137 I WRV verstoße, die Finanzierung der Seelsorge dem Neutralitätsprinzip widerspreche.

So sei die gegenwärtige Praxis ein Verstoß gegen das als „Regel“ anzusehende Trennungs- bzw. Neutralitätsprinzip, der aber nicht durch eine erforderliche Ausnahmenorm gerechtfertigt sei. Für diese Durchbrechungen der verfassungsrechtlichen „Grundentscheidung“ fehle es hier an einer ausdrücklichen Ausnahmegenehmigung, da Art. 140 GG i. V. m. Art. 141 WRV lediglich den Zugang der Religionsgemeinschaften garantiere; demnach müsse der Staat die seelsorgerische Betreuung in seinen Einrichtungen dulden, aber nicht unterstützen. Die religiöse Versorgung sei keine staatliche Aufgabe. Die limitierte Anzahl der vom Grundgesetz erlaubten Ausnahmen von der Grundentscheidung dürfe nicht einfach durch ein weiteres Zuvorkommen des Staates erweitert werden.[712] Mit

---

[711] Vgl. zur Militärseelsorge *Seiler*, in: HdbStKR II (1995), § 68 S. 961 ff.; zur Anstaltsseelsorge *Eick-Wildgans*, in: HdbStKR II (1995), § 70 S. 995 ff.; *A. v. Campenhausen*, Staatskirchenrecht (1996), S. 221 ff.

[712] *Fischer*, Trennung von Staat und Kirche, 3. Aufl. (1984), S. 249 ff.; *Czermak*, in: ZRP 1990, 475 (478); *Jarass/Pieroth* , GG-Kommentar (2000), Art. 140/141 Rn. 1; nach Ansicht von *Renck*, in: ThürVBl. 1992, 177 (180) läßt sich die Praxis „mit dem Grundsatz

dem Status der Militärgeistlichen werde zudem sogar eine verbotene, da durch nichts gerechtfertigte staatskirchliche Rechtsform vorgesehen.[713]

Zudem liege ein Verstoß gegen Art. 140 GG i. V. m. Art. 141 WRV vor, da der Begriff „Zulassen" eine „stabilisierende Grenzwirkung" habe, die nicht – auch nicht aus Zweckmäßigkeitserwägungen – übergangen werden dürfe.[714] Außerdem verstoße der Staat aufgrund seiner Mitwirkung gegen Art. 140 GG i. V. m. Art. 137 III WRV, da die staatlichen Vorgaben für die Organisation der Seelsorge und die staatlichen Mitwirkungsrechte bei der Ämterbesetzung in das Selbstbestimmungsrecht der Religionsgemeinschaften eingriffen. Hierauf könnten die Religionsgemeinschaften auch vertraglich nicht verzichten.[715] Ein Beamtenstatus von Anstalts- und Militärgeistlichen wird als Verstoß gegen Art. 3 III GG, Art. 33 III GG und Art. 140 GG i. V. m. Art. 136 II WRV angesehen, weil es nach diesen Regelungen grundsätzlich verboten sei, den Zugang zu öffentlichen Ämtern von Religion und Weltanschauung abhängig zu machen. Das Grundgesetz sehe für die Anstalts-/Militärseelsorger keine Ausnahme vor.[716]

b) Würdigung

Diese Bedenken gegen die Praxis der Anstaltsseelsorge sind jedoch nicht überzeugend: Die Auffassung, daß jede fördernde Maßnahme des Staates einer ausdrücklichen Anordnung durch das Grundgesetz bedürfe und ohne eine solche explizite Erlaubnis im Grundgesetz gegen eine übergeordnete Verfassungsentscheidung (Trennung oder Neutralität) verstoßen soll, ist – wie gezeigt[717] – abzulehnen.

---

staatlicher Bekenntnisneutralität kaum vereinbaren"; ähnlich *Renck*, in: ThürVBl. 1993, 102 (104 Fn. 35): „an sich (...) bei korrektem Verfassungsverständnis" müßten die Kosten der Anstaltsseelsorge von den Religionsgemeinschaften getragen werden; die h. M. sei „äußerst großzügig".

713 *Fischer*, Trennung von Staat und Kirche, 3. Aufl. (1984), S. 255; *Preuß*, in: AK (1989) Art. 140 Rn. 71; *Kleine*, Institutionalisierte Verfassungswidrigkeiten (1993), S. 228; *Jeand'Heur/Korioth*, Staatskirchenrecht (2000), S. 207 ff.; *Jarass/Pieroth*, GG-Kommentar (2000), Art. 140/141 Rn. 1; *Obermayer*, in: BK (1971), Rn. 95 hält die diesbezüglichen vertraglichen Vereinbarungen, welche die Übernahme von Geistlichen in die Staatsorganisation festlegen, wegen Verstoßes gegen das Gebot der Nichtidentifikation für nichtig; auch *Ehlers*, in: Sachs, GG-Kommentar (1999), Art. 140/Art. 141 Rn. 7 hält die Begründung von Beamtenverhältnissen für bedenklich, da dies nur ausnahmsweise zulässig sei, sofern das Grundgesetz selbst zu einer solchen Ausgestaltung Anlaß gebe oder eine solche notwendig sei.

714 *Kleine*, Institutionalisierte Verfassungswidrigkeiten (1993), S. 181.

715 *Obermayer*, in: BK (1971), Art. 140 Rn. 95; s. hierzu auch oben, C.II.5.

716 *Preuß*, in: AK (1989), Art. 140 Rn. 37, 71; an der Zulässigkeit aus diesem Grunde zweifelnd auch *Sachs*, in: HdbStR V (1992) § 126 Rn. 133.

717 S. oben, Teil C. I.

Die Praxis der Anstaltsseelsorge hält sich innerhalb der vom Grundgesetz aufgestellten Grenzen. Sie stellt keine verbotene staatskirchliche Rechtsform dar, da die Trennung der Verantwortungsbereiche gewahrt bleibt. Der Staat stellt in seinen Eirichtungen die organisatorischen Voraussetzungen für religiöse Betätigung bereit, die Religionsgemeinschaften sind inhaltlich verantwortlich und insoweit von staatlicher Einflußnahme unabhängig.

Man kann den Art. 140 GG i. V. m. Art. 141 WRV auch nicht so verstehen, daß mit dieser Norm abschließend der Umfang der Rechte für Religionsgemeinschaften im Anstaltsbereich festgelegt und begrenzt werden sollte. Aus dem Wortlaut ergibt sich darauf kein Hinweis. Diese Sichtweise verkennt vor allem, daß diese Regelung nicht den Zweck hat, den Status bestimmter Verbände zu fixieren und ihnen nur um ihrer selbst willen besondere Rechte einzuräumen, sondern daß es um die Grundrechte der Personen geht, die durch die Anstaltssituation in ihren Bewegungs- und Entscheidungsmöglichkeiten eingeschränkt sind.[718] Ihnen soll die Wahrnehmung ihrer Rechte aus Art. 4 GG auch unter den besonderen Umständen des Anstaltsbetriebes ermöglicht werden, was jedoch ohne besondere Vorkehrungen des Staates schwierig sein kann. „Der Staat übernimmt treuhänderische Verantwortung für die Erfüllung der religiösen Bedürfnisse der Menschen, soweit diese durch die staatliche Ordnung gehindert sind, sie von sich aus in Freiheit zu erfüllen."[719]

Es muß dem Staat zur Förderung der Freiheit und zur Kompensation der durch die Anstaltssituation verursachten Freiheitsminderung möglich sein, durch organisatorische Hilfestellung und finanzielle Förderung über die Garantie des Art. 140 GG i. V. m. Art. 141 WRV hinauszugehen. Daß der Staat die Kosten der Anstaltsseelsorge übernimmt, ist insbesondere deshalb legitim, da er durch die Einschränkung der Freiheit auch die Notwendigkeit der Anstaltsseelsorge setzt.[720] Daher ist Art. 140 GG i. V. m. Art. 141 WRV nur als Mindestanspruch zu verstehen, über den der Staat auch hinausgehen kann.

Einzuräumen ist, daß durch die staatliche Organisation der Anstaltsseelsorge die Freiheit der Religionsgemeinschaften zur selbständigen Ordnung ihrer Angelegenheiten gemäß Art. 140 GG i. V. m. Art. 137 III WRV betroffen ist. Einschränkungen ergeben sich aber bereits aus der Besonderheit der Anstaltssituation, die eine völlig freie Organisation der Seelsorge durch die Religionsgemeinschaften nicht erlaubt. So haben sich die Religionsgemeinschaften bei ihrer seelsorgerischen Tätigkeit auf die besonderen Umstände des jeweiligen Bereiches einzurichten und diese zu berücksichtigen; eine Abstimmung mit dem Anstaltsträger ist insoweit unumgänglich. Auch besteht ein zu beachtendes Sicherheitsinteresse des Staates in den sensiblen Bereichen Militär und Strafvollzug,

---

718 *Hollerbach*, in: HdbStR VI (1989), § 140 Rn. 13 Fn. 36; *A. v. Campenhausen*, Staatskirchenrecht (1996), S. 222 Fn. 4.

719 *Hollerbach*, in: HdbStR VI (1989), § 140 Rn. 10.

720 *Ehlers*, in: Sachs, GG-Kommentar (1999), Art. 140/141 Rn. 6.

auf das die Religionsgemeinschaften ebenfalls Rücksicht zu nehmen haben. Es überschreitet daher die Vorgaben des Art. 140 GG i. V. m. Art. 137 III WRV nicht, wenn die Religionsgemeinschaften Rücksicht auf legitime Interessen des Staates nehmen und ihm insofern gewisse organisatorische und personelle Mitspracherechte einräumen, die er nicht einseitig beanspruchen könnte. Art. 140 GG i. V. m. Art. 137 III WRV hat nicht das Ziel, einer Zusammenarbeit im Wege zu stehen. Eine gut funktionierende Zusammenarbeit jedoch ist bei der Anstaltsseelsorge Voraussetzung dafür, eine tatsächliche Hilfe und Unterstützung für die betroffenen Menschen zu ermöglichen.[721]

Daher ist auch der Beamtenstatus für Seelsorger in Gefängnis und Militär zwar nicht zwingend, aber zweckmäßig und interessengerecht.[722] Bei zulässig eingerichteten konfessionellen Staatsämtern ist die Konfessionszugehörigkeit Eignungskriterium für dieses Amt und kein Verstoß gegen Art. 33 II und III GG.[723]

2. *Verfassungswidrigkeit der theologischen Fakultäten?*

a) Darstellung

Gegen die Existenz theologischer Fakultäten an staatlichen Hochschulen[724] wird vorgebracht, diese seien eine dem Religionsunterricht und der Kirchensteuer vergleichbare „Durchbrechung" des übergeordneten Grundprinzips. Sie seien jedoch nicht im Grundgesetz garantiert oder auch nur erwähnt und würden damit nicht durch das Grundgesetz als weitere „Ausnahme" legitimiert.

Außer diesem Einwand werden noch verschiedene weitere Bedenken gegen die theologischen Fakultäten erhoben und im Ergebnis unterschiedliche Konsequenzen gezogen. Zum einen richtet sich die Kritik dagegen, daß an staatlichen Universitäten überhaupt Theologie betrieben werde, zum anderen gegen die Mitspracherechte der Kirchen:

So wird argumentiert, die Theologie hätte an staatlichen Universitäten keinen Platz, da die Pflege bekenntnisgebundener Theologie und die Ausbildung der Geistlichen keine staatliche, sondern eine rein kirchliche Aufgabe sei. Staatliche

---

[721] Vgl. bzgl. der Gefängnisseelsorge, *A. v. Campenhausen*, Staatskirchenrecht (1996), S. 236.

[722] So auch *A. v. Campenhausen*, Staatskirchenrecht (1996), S. 232, 235 f.; für die Militärseelsorge *Ennuschat*, in: ZevKR 41 (1996), S. 419 (435).

[723] *A. v. Campenhausen*, Staatskirchenrecht (1996), S. 232.

[724] Eine Übersicht über die bestehenden theologischen Fakultäten findet sich bei *Hollerbach*, in: HdbStKR II (1995), § 56, S. 549 (549 ff.). Auch gegen sie hatten sich die Forderungen der Deutschen Jungdemokraten (1973) und der Grünen Baden-Württembergs (1988) gerichtet, vgl. Teil B I.

theologische Fakultäten verstießen somit gegen das übergeordnete Trennungs- bzw. Neutralitätsprinzip.[725] Außerdem könne Theologie nicht als Wissenschaft im Sinne von Art. 5 III GG angesehen werden, die Existenz theologischer Fakultäten verstoße damit auch gegen Art. 5 III GG.[726]

Oder aber es wird darauf abgestellt, nicht schon die Präsenz der Theologie, aber die Mitwirkungsrechte (Erinnerungs- und Beanstandungsrechte) der Kirchen bei den Personalentscheidungen seien unzulässig: Wenn es sich bei der Universitätstheologie um eine gemeinsame Aufgabe von Staat und Kirchen handele, dann liege ein in diesem Falle nicht gerechtfertigter Verstoß gegen Art. 140 GG i. V. m. Art. 137 I WRV vor; oder aber es handele sich um eine rein staatliche Aufgabe, dann seien die Mitwirkungsrechte der Kirchen nicht verständlich und nicht zu rechtfertigen.[727] Teilweise wird auch angeführt, die kirchlichen Mitspracherechte verstießen gegen die durch Art. Art. 5 III GG gewährleistete Wissenschaftsfreiheit[728] oder die Ausgestaltung der Ämter der Theologieprofessoren als konfessionelle Staatsämter sei nicht mit Art. 3 III, 33 III 1 GG, Art. 140 GG i. V. m. 136 II WRV vereinbar.[729]

Trotz dieser Bedenken werden die theologischen Fakultäten aber nicht insgesamt als unzulässig angesehen. Von einigen werden sie insoweit als zulässig erachtet, als es durch Art. 7 III GG veranlaßt sei. Es dürfe also in dem Umfang Theologie an staatlichen Universitäten betrieben werden, wie dies nötig sei, um die für den durch Art. 7 III GG vorgesehenen Religionsunterricht benötigten Religionslehrer auszubilden; insofern bestehe eine mittelbare Gewährleistung und Erlaubnis durch das Grundgesetz. Darüber hinaus – insbesondere zur Ausbildung von Geistlichen – gelte diese Legitimierung hingegen nicht.[730]

---

725 *Fischer*, Trennung von Staat und Kirche, 3. Aufl. (1984), S. 311; *Renck*, in: ThürVBl. 1994, 182 (184); *ders.*, in: NVwZ 1996, 333 (334); *Czermak*, in: Der Staat 39 (2000), S. 69 (82 f.) hält diesbezügliche Vertragsvereinbarungen wegen des Trennungsprinzips für „zumindest (...) verfassungsrechtlich problematisch".

726 *Fischer*, Trennung von Staat und Kirche, 3. Aufl. (1984), S. 309 nimmt an, die Theologie erfülle nicht die Minimalerfordernisse des Wissenschaftsbegriffs; *Renck*, in: ThürVBl. 1994, 182 (184); *ders.*, in: NVwZ 1996, 333 (335) führt an, daß die Theologie mit dem freiheitlichen, autonomen Charakter der Wissenschaft im Sinne des Grundgesetzes nicht übereinstimme; auch *Czermak*, in: ZRP 1990, 475 (477 f.) fragt skeptisch, ob man katholische Theologie wirklich als Wissenschaft verstehen könne.

727 *Obermayer*, in: BK (1971), Art. 140 Rn. 95; *Preuß*, in: AK (1989), Art. 140 Rn. 43; *Kleine*, Institutionalisierte Verfassungswidrigkeiten (1993), S. 100 f.; 229.

728 *Preuß*, in: AK (1989), Art. 140 Rn. 43; *Kleine*, Institutionalisierte Verfassungswidrigkeiten (1993), S. 101.

729 *Preuß*, in: AK (1989), Art. 140 Rn. 37; wegen der mangelnden verfassungsrechtlichen Bestandsgarantie für theologische Fakultäten an der Zulässigkeit des konfessionellen Staatsamtes zweifelnd *Sachs*, in: HdbStR V (1992), § 126 Rn. 133.

730 *Fischer*, Trennung von Staat und Kirche, 3. Aufl. (1984), S. 311 f.; *Czermak*, in: Kritische Justiz 2000, 229 (235 f.), der sich aber nicht eindeutig dazu äußert, ob er darüber hinausgehende Regelungen in Verträgen und Landesverfassungen für zulässig hält. *Renck*, in:

Auch *Renck* hält die bestehenden theologischen Fakultäten nicht für generell unzulässig, da angesichts ihres Bestandes zum Zeitpunkt des Inkrafttretens des Grundgesetzes eine ausdrückliche Anordnung des Grundgesetzes erforderlich gewesen wäre, um diesen Zustand zu ändern. Sie seien daher zulässig, sofern sie durch die jeweilige Landesverfassung erlaubt seien. Vertragliche Vereinbarungen sollen hingegen nicht ausreichen. Bei einer nachträglichen landesverfassungsrechtlichen Einführung theologischer Fakultäten müsse streng paritätisch vorgegangen werden; daher müsse in den neuen Bundesländern, anderen organisierten Religionen und Weltanschauungen dieselben Positionen eingeräumt werden.[731]

b) Würdigung

Auch hier wird die Kritik wiederum in erster Linie auf ein bestimmtes Trennungs- oder Neutralitätsverständnis gestützt, das dem Grundgesetz aber gerade nicht zugrunde liegt.[732] Allein die Tatsache, daß die theologischen Fakultäten nicht im Grundgesetz garantiert sind, spricht nicht gegen ihre Zulässigkeit. Angesichts der bundesstaatlichen Kompetenzverteilung, nach der die Länder für Kultur und Bildungswesen zuständig sind, genügen Regelungen in den Landesverfassungen bzw. Staatskirchenverträgen als Rechtsgrundlage.

Die theologischen Fakultäten widersprechen auch nicht Art. 5 III GG; vielmehr steht auch die Theologie unter dem Schutz der Wissenschaftsfreiheit:[733]

Nicht nur historische Gründe sprechen dafür, Theologie trotz ihrer Besonderheiten, nämlich als Wissenschaft in Bindung an das Bekenntnis einer bestimmten Kirche, von Art. 5 III GG erfaßt zu sehen; auch die Feststellung des Bundesverfassungsgerichts, daß das Grundgesetz nicht eine bestimmte Auffassung von Wissenschaft schützen will, sondern sich die Freiheitsgarantie auf alles

---

NVwZ 1996, 333 (334) sieht hingegen auch im Religionsunterricht keine Rechtfertigung für theologische Fakultäten, da schon Art. 7 III GG eine Ausnahmenorm sei und die Ausbildung der Religionslehrer an diesem Ausnahmecharakter teilhabe; andererseits verweist *Renck* in: ThürVBl. 1994, 182 (184) darauf, daß der Wegfall des staatlichen Religionsunterrichts bedeute, daß auch jedes staatliche Interesse an der Ausbildung von Priestern und Lehrern entfalle und eine Neutralitätsdurchbrechung daher sachlich nicht mehr gerechtfertigt sei.

731 *Renck*, in: NVwZ 1996, 333 (337 f.).

732 S. o., Teil C. I.

733 *Hollerbach*, in: HdbStR VI (1989), § 140 Rn. 44; *ders.*, in: HdbStKR II (1995), § 56 S. 549 (554 ff.); *Jeand'Heur/Korioth*, Staatskirchenrecht (2000), S. 229; auch *Morlok*, in: Dreier, GG-Kommentar (2000), Art. 140/137 Rn. 21, der grundsätzlich ein Verbot institutioneller Verbindung zwischen Staat und Religionsgemeinschaften annimmt, sieht gerade auch in der Wissenschaftsfreiheit eine Rechtfertigung für die theologischen Fakultäten an öffentlichen Hochschulen.

erstreckt, „was nach Inhalt und Form als ernsthafter planmäßiger Versuch zur Ermittlung der Wahrheit anzusehen ist“[734], bestärkt diese Ansicht. Daher ist die Existenz der theologischen Fakultäten nicht nur für die Ausbildung der wegen Art. 7 III GG benötigten Religionslehrer gerechtfertigt; vielmehr hat die Theologie als für das gesamte gesellschaftliche Leben bedeutsame und hochentwikkelte Disziplin und gemäß der europäischen Wissenschaftstradition einen legitimen Platz an staatlichen Universitäten, wo sie sich als Wissenschaft der Auseinandersetzung mit anderen Disziplinen stellt; von dieser Kommunikation und Konfrontation können alle Seiten profitieren.[735]

Die Mitwirkungsrechte der Kirchen bei der Ämterbesetzung an den theologischen Fakultäten sind durch die Religionsfreiheit und das kirchliche Selbstbestimmungsrecht gerechtfertigt. Die Kirchen haben ein Recht auf eine bekenntnisgemäße Lehre und Forschung an staatlichen Hochschulen. Ob Lehre und Forschung an den theologischen Fakultäten mit der Lehre der betroffenen Kirche tatsächlich in Einklang stehen, kann der Staat mangels Kompetenz jedoch nicht beurteilen, so daß den Kirchen Mitwirkungsrechte bei der Berufung eines Hochschullehrers zustehen müssen;[736] das Amt des Hochschullehrers gehört somit zu den zulässigen konfessionsgebundenen Staatsämtern.[737]

Das Gebot der Parität hat letztlich nur zur Folge, daß Vergleichbares gleich behandelt wird: So kommen für theologische Fakultäten nicht alle organisierten, sondern nur solche Religionsgemeinschaften in Frage, die eine wissenschaftliche Theologie besitzen und die wollen, daß der Staat sich derer Pflege an staatlichen Universitäten annimmt.[738]

---

734 BVerfG, Urt. v. 29. Mai 1973 – 1 BvR 424/71 und 325/72 –, in: BVerfGE 35, 79 (113).

735 *Hollerbach*, in: HdbStR VI (1989) § 140 Rn. 44; *ders.*, in: HdbStKR II (1995) § 56 S. 549 (549, 560).

736 *Hollerbach*, in: HdbStR VI (1989), § 140 Rn. 49 ff.; *A. v. Campenhausen*, in: NVwZ 1995, 757 (759 f.); *ders.*, in: Staatskirchenrecht (1996), S. 253; *Heckel*, Religionsfreiheit, in: Gesammelte Schriften IV (1997), S. 647 (781); *Weber*, in: NVwZ 2000, 848 (853).

737 *Hollerbach*, in: HdbStR VI (1989) § 140 Rn. 48; *ders.*, in: HdbStKR II (1995), § 56 S. 549 (557); *A. v. Campenhausen*, Staatskirchenrecht (1996), S. 251; *Ehlers*, in: Sachs, GG-Kommentar, Art. 140/136 Rn. 3.

738 *Heckel*, in: HdbStKR I (1994), § 20 S. 589 (612).

3. *Verfassungswidrigkeit der staatlichen Kirchensteuerverwaltung?*

a) Darstellung

Gegen die Praxis des Kirchensteuereinzugs werden (neben zahlreichen rechtspolitischen[739]) auch rechtliche Einwände erhoben. Gewährleistet sei den öffentlich-rechtlich organisierten Religionsgemeinschaften durch Art. 140 GG i. V. m. Art. 137 VI WRV nur das Recht, von ihrem Mitgliedern Steuern zu erheben, die im Wege des Verwaltungszwanges durchgesetzt werden können. Über diese Gewährleistung hinausgehen dürfe der Staat jedoch nicht, da Art. 140 GG i. V. m. Art. 137 VI WRV als Widerspruch zum Trennungsprinzip und als Ausnahme restriktiv auszulegen sei[740] bzw. ein solcher Verstoß durch eine weitergehende Förderung gegen das übergeordnete Neutralitätsgebot verstieße und nicht durch eine Verfassungsnorm gerechtfertigt sei.[741]

Allein die Verwaltung der Kirchensteuer durch die Religionsgemeinschaften selbst könne als verfassungsgemäß angesehen werden. Daher sei die überwiegende Praxis, nach welcher der Staat gegen Entgelt die Steuer über die staatlichen Finanzbehörden einzieht bzw. bei der Kirchenlohnsteuer die Arbeitgeber verpflichtet, die entsprechenden Beträge direkt vom Lohn abzuziehen und an die Finanzämter abzuführen, verfassungswidrig.[742]

Zusätzlich wird der Vorwurf erhoben, daß durch diese Praxis auch gegen die negative Religionsfreiheit der Arbeitgeber verstoßen werde, da diese selbst gegen ihren Willen Religionsgemeinschaften unterstützen müßten.[743] Weiterhin liege in dem Umstand, daß die Konfessionszugehörigkeit auf der Lohnsteuerkarte eingetragen werde, ein Verstoß gegen das Recht der Arbeitnehmer

---

[739] *Funcke*, Das Verhältnis von Staat und Kirche muß neu geordnet werden, in: Funcke u. a. (Hrsg.), Kirche in Staat und Gesellschaft (1974), S. 13 (25 ff.); *Fischer*, in: Vorgänge 12 (1974), S. 4 (6); *Baeger*, in: Vorgänge 86 (1987), S. 46 (46 f.); *Czermak*, in: ZRP 1990, 475 (476). Vgl. auch das „F.D.P.-Kirchenpapier“, die Forderung der baden-württembergischen Grünen (1988) und der Jungen Liberalen (1989) sowie die Anträge an in Gemeinsame Verfassungskommission (1993), s. oben Teil B I.

[740] *Fischer*, Trennung von Staat und Kirche, 3. Aufl. (1984), S. 218, 220 f.

[741] *Kleine*, Institutionalisierte Verfassungswidrigkeiten (1993), S. 211.

[742] *Fischer*, Trennung von Staat und Kirche, 3. Aufl. (1984), S. 218 ff.; *Czermak*, Staat und Weltanschauung (1993), S. 307 ff.

[743] *Fischer*, Trennung von Staat und Kirche, 3. Aufl. (1984), S. 224 f.; *Czermak*, Staat und Weltanschauung (1993), S. 307 f. hält die diese Praxis bejahende Verfassungsgerichtsentscheidung für „mehr als fragwürdig“.

auf Verschweigen der religiösen Überzeugung, gewährleistet durch Art. 140 GG i. V. m. Art. 136 III 1 WRV.[744]

Die Gewährung staatlicher Hilfe bei der Kirchensteuererhebung wird auch als durch Art. 140 GG i. V. m. Art. 137 I WRV verbotene „partielle Gewährung einer staatskirchlichen Rechtsnorm" verstanden.[745] *Fischer* folgert daraus den Ausnahmecharakter der Norm, *Kleine* erklärt sie aus diesem Grunde sogar insgesamt für „verfassungswidriges Verfassungsrecht".[746]

b) Würdigung

Die Kirchensteuergesetze der Länder, nach denen ab einer gewissen Größe einer Religionsgemeinschaft die Möglichkeit einer staatlichen Kirchensteuerverwaltung vorgesehen wird[747], bewirken eine zusätzliche, über Art. 140 GG i. V. m. Art. 137 VI WRV hinausgehende Förderung der öffentlich-rechtlich organisierten Religionsgemeinschaften. Dieses erscheint jedoch verfassungsrechtlich nicht bedenklich. Der Staat als Kultur- und Sozialstaat kann auch hier über die verfassungsrechtliche Gewährleistung hinausgehen und allen derartig organisierten Religionsgemeinschaften eine zusätzliche Förderung anbieten. Das setzt allerdings Gleichbehandlung und Neutralität voraus. In einer solchen in Neutralität vorgenommenen Förderung liegt keine unzulässige Identifizierung mit einer einzelnen Religionsgemeinschaft.[748]

Der Staat läßt sich diese hierdurch entstehende zusätzliche Verwaltungsarbeit auch zumindest kostendeckend vergüten und betreibt mit der Inkassotätigkeit kein „Zuschußgeschäft".[749] Da durch die Austrittsmöglichkeit der Kirchensteuerpflichtigen die Freiwilligkeit ihrer Inanspruchnahme gewährleistet ist, führt dieses Verfahren auch nicht zu einer Einschränkung ihrer Rechte.[750]

---

[744] *Fischer*, Trennung von Staat und Kirche, 3. Aufl. (1984), S. 222; dies stehe „an sich in exaktem Widerspruch zu Art. 136 III 1 WRV/140 GG", *Czermak*, Staat und Weltanschauung (1993), S. 307 Fn. 151.

[745] *Fischer*, Trennung von Staat und Kirche, 3. Aufl. (1984), S. 218; *Kleine*, Institutionalisierte Verfassungswidrigkeiten (1993), S. 213.

[746] *Kleine*, Institutionalisierte Verfassungswidrigkeiten (1993), S. 212 ff.

[747] So gilt z. B. in Bayern dieses Angebot für Religionsgemeinschaften mit mindestens 25 000 Mitgliedern innerhalb des Bundeslandes, § 15 KirchStG. In Nordrhein-Westfalen liegt die Grenze bei mindestens 40 000 Mitgliedern im Land, § 15 II Nr. 1 KiStG. In Bremen müssen der Religionsgemeinschaft mindestens 1 % der Bewohner von Bremen angehören, § 9 I Nr. 1 KiStG.

[748] Vgl. BVerfG, Beschl. v. 17. Februar 1977 – 1 BvR 33/76 –, in: BVerfGE 44, 103 (104).

[749] So *Clement*, in: Essener Gespräche 28 (1994), S. 41 (50) für das Land Nordrhein-Westfalen. Als Entgelt erhalten die Länder im allgemeinen 3-4 % des Kirchensteueraufkommens.

[750] BVerfG, Beschl. v. 31. März 1971 – 1 BvR 744/67 –, in: BVerfGE 30, 415 (424, 427).

Ebensowenig werden die Arbeitgeber in ihrer negativen Religionsfreiheit verletzt, da sie nicht für eine Religionsgemeinschaft, sondern für den Staat – „als Beauftragter des Steuerfiskus und als Steuererheber“, als „Hilfsorgan der staatlichen Finanzverwaltung“ – tätig werden.[751] Im übrigen ist diese Tätigkeit nicht nur zugunsten einer bestimmten, sondern aller diese Möglichkeit nutzenden Religionsgemeinschaften zu leisten und damit religiös-weltanschaulich neutral.[752] Die Eintragung der Konfessionszugehörigkeit auf der Lohnsteuerkarte des Arbeitnehmers verstößt nicht gegen die Religionsfreiheit, da schon Art. 140 GG i. V. m. Art. 136 III 2 WRV insoweit eine Einschränkung vorsieht.[753]

Auch eine staatskirchliche Rechtsform, ein Verstoß gegen Art. 140 GG i. V. m. Art. 137 I WRV ist nicht gegeben: Art. 140 GG i. V. m. Art. 137 VI WRV stellt die steuerliche Hilfe des Staates *allen* Religionsgesellschaften zur Verfügung, die Körperschaften des öffentlichen Rechts sind; eine „Staatskirche“ wäre aber nur eine Kirche, die vom Staat gegenüber anderen Religionsgemeinschaften mit Vorrechten ausgestattet wäre oder in der der Staat sich eine eigene Lenkungsbefugnis anmaßte.[754]

4. Verfassungswidrigkeit von staatlichem Religionsunterricht im Geltungsbereich von Art. 141 GG?

a) Darstellung

Art. 141 GG, der die Nichtanwendbarkeit des Art. 7 III GG in bestimmten Ländern vorsieht, wirkt unstreitig für Bremen und Berlin. Die Geltung des Art. 141 GG in den neuen Bundesländern ist hingegen sehr umstritten. Auch diejenigen, die eine weite Anwendbarkeit des Art. 141 GG bejahen, halten es allerdings ganz überwiegend für zulässig, daß ein Land im Anwendungsbereich des Art. 141 GG staatlichen Religionsunterricht als ordentliches Lehrfach freiwillig einführt. Das Eingreifen des Art. 141 GG entbinde ein Land von der Ver-

---

[751] BVerfG, Urt. v. 14. Dezember 1965 – 1 BvL 31, 32/62 –, in: BVerfGE 19, 226 (240).

[752] *Marré*, in: HdbStKR I (1994), § 37 S. 1101 (1136 f.). Genutzt wird diese Möglichkeit von der römisch-katholischen Kirche, evangelischen Kirchen, der Altkatholischen Kirche, einigen freireligiösen Gemeinden und Jüdischen Kultus- und Synagogengemeinden.

[753] BVerfG, Beschl. v. 23. Oktober 1978 – 1 BvR 439/75 –, in: BVerfGE 49, 375 (375 ff.); *Marré*, in: HdbStKR I (1995), § 37 S. 1101 (1137).

[754] VGH Kassel, Urt. v. 5. Juli 1994 – 5 UE 1747/90 –, in: NVwZ 1995, 815 (815); zur Bewertung des Art. 140 GG i. V. m. Art. 137 VI WRV als „verfassungswidriges Verfassungsrecht“, s. o. unter C.II.2.

pflichtung, Religionsunterricht gemäß Art. 7 III GG einzurichten, schließe dieses aber nicht aus.[755]

Gegen eine solche freie Einführbarkeit spricht sich *Renck* hingegen aus:[756] Infolge des Grundsatzes der Bekenntnisneutralität sei es im Geltungsbereich des Art. 141 GG den Ländern verboten, Religionsunterricht als ordentliches Lehrfach einzuführen. Art. 141 GG habe eine „Sperrwirkung"[757]. Dies folge aus der Regel-Ausnahme-Systematik des Grundgesetzes: Art. 141 GG stelle die „Regel" der Bekenntnisneutralität wieder her; nicht Art. 141 GG sei daher die Ausnahmenorm, sondern Art. 7 III GG. Durch Art. 141 GG entfalle die Pflicht, aber auch das Recht eines Landes, den als neutralitätswidrige Ausnahme zu betrachtenden Religionsunterricht einzurichten. Einem solchen Vorgehen stehe die „nur vom Grundgesetz selbst überwindbare Bekenntnisneutralität"[758] entgegen.

Daneben stelle Art. 7 III GG – so *Renck* – aber auch eine Durchbrechung des „dualen Erziehungssystems" dar:[759] Das durch Art. 6 II GG gewährleistete Erziehungsrecht der Eltern sei nur durch das Erziehungsrecht des Staates nach Art. 7 I GG eingeschränkt. Durch einen weiteren Erziehungsträger – wie die Kirchen – dürfe das Erziehungsrecht der Eltern aber nicht eingeschränkt werden. Als einzige Ausnahme gebe Art. 7 III 2 GG den Religionsgemeinschaften im Rahmen des Religionsunterrichts „ein eigenes, vom Staate wie von der Zustimmung der Eltern unabhängiges Erziehungsrecht"[760]. Außerhalb des Geltungsbereichs des Art. 7 III GG, also im Geltungsbereich des Art. 141 GG, fehle es an der ausnahmsweisen Erlaubnis für eine solche Durchbrechung; die Eltern bräuchten in diesem Falle „andere Erziehungsträger (...) nicht neben sich zu dulden", könnten die religiöse Erziehung in der Schule durch Religionsgemeinschaften „ohne weiteres abwehren."[761] Eine freiwillige Einrichtung von Religionsunterricht

---

755 So z. B. *Weber*, in: ZevKR 36 (1991), 253 (268 ff.); *Schlink*, in: NJW 1992, 1008 (1012); *Schmitt-Kammler*, in: Sachs, GG-Kommentar (1999), Art. 141 Rn. 3, 9 ff.; *Jarass/Pieroth*, GG-Kommentar (2000), Art. 141 Rn. 2. Auch *Goerlich*, in: NVwZ 1998, 819 (821 f.) sieht in Art. 141 GG zwar die „partielle Rücknahme einer Durchbrechung des Prinzips der weltanschaulichen Neutralität des Staates", der aber die freiwillige Einführung von Religionsunterricht auch nicht verhindern wolle, vielmehr als „zukunftsgerichtete föderale Garantie" für die neuen Bundesländer anzusehen sei.

756 *Renck*, in: ThürVBl. 1992, 177 (179); *ders.*, in: LKV 1993, 88 (89); *ders.*, in: ThürVBl. 1993, 102 (103 f.); *ders.*, in: DÖV 1994, 27 (32); *ders.*, in: LKV 1997, 81 (83 f.); *ders.*, in: ThürVBl. 1997, 97 (99); *ders.*, in: BayVBl. 1999, 70 (76).

757 *Renck*, in: ThürVBl. 1992, 177 (179).

758 *Renck*, in: BayVBl. 1999, 70 (76).

759 *Renck*, in: NVwZ 1992, 1171 (1172); *ders.*, in: LKV 1993, 88 (89); *ders.*, in: ThürVBl. 1993, 102 (105); *ders.*, in: DÖV 1994, 27 (30 f.); *ders.*, in: BayVBl. 1994, 39 (39 f.); *ders.*, in: ThürVBl. 1997, 221 (223).

760 *Renck*, in: DÖV 1994, 27 (30).

761 *Renck*, in: ThürVBl. 1993, 102 (105).

gemäß Art. 7 III GG im Geltungsbereich von Art. 141 GG sei auch aus diesem Grunde unzulässig.

b) Würdigung

Diese Argumentation *Rencks* zeigt, wie durch die Zugrundelegung eines bestimmten Vorverständnisses die gesamte Bedeutung eines Regelungskomplexes verschoben werden kann. Während von der ganz herrschenden Meinung angenommen wird, Art. 7 III GG garantiere den Religionsunterricht als ordentliches Lehrfach und nur die von Art. 141 GG betroffenen Länder seien in ihrer Entscheidung frei, ob sie bei ihrer bisherigen abweichenden Ausgestaltung bleiben oder auch Religionsunterricht gemäß Art. 7 III GG vorsehen, wird durch *Rencks* Verständnis das Regel-Ausnahme-Verhältnis umgekehrt: Aus der Garantie des Religionsunterrichts und der Freistellung hiervon in Art. 141 GG wird nun ein Verbot von Religionsunterrichts gemäß Art. 141 GG (i. V. m. dem Neutralitätsprinzip) als der Normalfall und Religionsunterricht gemäß Art. 7 III GG zur nur ausnahmsweise Erlaubnis hierzu. Renck geht sogar so weit zu sagen, die Folgerungen aus dem Ausnahmecharakter des Religionsunterrichts seien derartig zwingend, daß es unerheblich sei, was der Grundgesetzgeber subjektiv gewollt haben möge; die Befugnis der von Art. 141 GG betroffenen Länder zur Einführung eines Religionsunterrichts, wie sie Art. 7 III GG erteile, sei objektiv nicht zum Ausdruck gebracht worden; damit fehle es an einer erforderlichen Erlaubnis.[762] Den Art. 7 III GG sieht *Renck* dann auch tatsächlich nur als Erlaubnis an, nicht als eine Verpflichtung, da es nach seiner Auffassung auch den von Art. 7 III GG betroffenen Ländern freistehe, die „bekenntnisfreien Schulen“, in denen der Religionsunterricht nicht ordentliches Lehrfach ist (vgl. Art. 7 III 1 GG), als „ausnahmsfreie Regelschulen“ einzurichten.[763] Eine Verpflichtung zum Einführen von Religionsunterricht bestünde danach – unabhängig vom Geltungsbereich des Art. 141 GG – in gar keinem Land.

---

[762] *Renck*, in: LKV 1997, 81 (84).

[763] *Renck*, in: LKV 1997, 81 (82); *ders.*, in: ZRP 1999, 137 (137 f.); *ders.*, in: ZRP 1999, 323 (325); *ders.*, in: JZ 2000, 561 (562); ebenso schon *Fischer*, Trennung von Staat und Kirche, 3. Aufl. (1984), S. 297 f. Im übrigen Schrifttum wird hingegen angenommen, die „bekenntnisfreie Schule“ ohne Religionsunterricht könne nicht als Regelschule vorgesehen werden, da sonst Art. 7 III GG leerlaufen würde und die Ausnahmebestimmung des Art. 141 GG nicht notwendig gewesen wäre, vgl. etwa *Schlink*, in: NJW 1992, 1008 (1009 f.); *Link*, in: HdbStKR II (1995), § 54 S. 439 (467); *A. v. Campenhausen*, Staatskirchenrecht (1996), S. 241 f. (Fn. 16); Link, in: FS Maurer (2001), S. 397 (399); zunächst war diese Auffassung auch von *Renck* geteilt worden, vgl. *Renck*, in: ThürVBl. 1993, 102 (104): „...wären die Länder bereits nach Art. 7 Abs. 3 Satz 1 GG befugt, bekenntnisfreie Schulen ausschließlich oder als Regelschule einzuführen, wäre Art. 141 GG bedeutungslos“.

Diese Interpretation *Rencks* gründet sich allein auf seine Anerkennung der Bekenntnisneutralität als übergeordnetem Prinzip. Nur wenn man der Verfassung die Grundentscheidung zur Ausgrenzung des Religiösen aus staatlichen Institutionen entnehmen will, zu der der Religionsunterricht in einem Widerspruch stehe, lassen sich die Regelungen zum Religionsunterricht in dieser Weise verstehen. Dieses Verständnis ist jedoch – wie bereits gezeigt – abzulehnen (s. o., unter C.I.5). Auch Wortlaut, Entstehungsgeschichte und Stellung der Normen sprechen gegen ein solches Verständnis von Art. 7 III GG und Art. 141 GG.[764]

Die Argumentation schließlich, ein Land könne von sich aus keinen Religionsunterricht einführen, da die Eltern im Geltungsbereich des Art. 141 GG in der Schule keine religiöse Erziehung ihrer Kinder durch Religionsgemeinschaften „zu dulden" hätten, ist eine Verzerrung der tatsächlichen Rechtslage: die Eltern müssen gemäß den vom Grundgesetz ausgestalteten Regelungen zum Religionsunterricht nie gegen ihren Willen eine religiöse Erziehung ihrer (religionsunmündigen) Kinder hinnehmen; vielmehr ist gemäß Art. 7 II GG stets die Freiwilligkeit des Religionsunterrichts gewährleistet.[765]

Art. 7 II GG bildet zusammen mit Art. 7 III GG die Gesamtregelung des grundgesetzlichen Modells von schulischem Religionsunterricht. Eine isolierte Betrachtung des Art. 7 III GG und Erwägungen darüber, ob ein Religionsunterricht ohne Abmeldungsmöglichkeit zulässig wäre, führen nicht weiter, da das Grundgesetz einen solchen Unterricht gerade nicht vorsieht.

5. *Verfassungswidrigkeit von Ethikunterricht als verpflichtendem Ersatzunterricht?*

a) Darstellung

Die Landesverfassungen oder Schulgesetze einiger Länder sehen vor, daß die Schüler, die nicht am Religionsunterricht teilnehmen, an einem Ersatzunterricht („Ethik", „Werte und Normen") teilzunehmen haben.[766]

Die Zulässigkeit dieser Regelungen wird teilweise bestritten: Neben Zweifeln daran, ob ein wertneutraler Ethikunterricht überhaupt möglich sei[767], wird in erster Linie auf den besonderen Charakter des Religionsunterrichts abgestellt:

---

[764] Vgl. hierzu statt vieler *Link*, in: FS Hollerbach (2001), S. 747 (751 ff.).

[765] Vgl. *Link*, in: FS Hollerbach (2001), 747 (768).

[766] S. hierzu *Link*, in: HdbStKR II (1995), § 54 S. 439 (481).

[767] *Jeand'Heur/Korioth*, Staatskirchenrecht (2000), S. 217; 221: „Ein zugleich wertneutraler und wertvermittelnder Unterricht ist ein Widerspruch in sich. Hier zeigt sich die Weisheit der Gestaltung des Religionsunterrichts".

Eine Ausnahmenorm wie Art. 7 III GG dürfe nicht zum Anknüpfungspunkt für ein verpflichtendes ersatzweises Schulfach gemacht werden. Wer auf das atypische staatliche Angebot eines bekenntnisgebundenen Religionsunterrichts verzichte, könne nicht zum Ausgleich gezwungen werden.[768] „Religionsunterrichtsverweigerer" bräuchten „keinen Ersatzdienst in Ethik" zu leisten.[769] Der Staat habe aufgrund seiner Neutralität auch keine Maßstäbe zur Beurteilung der Frage, ob ein Ersatzunterricht nötig sei; daher dürfe er den in der Schule erteilten Religionsunterricht nicht anders behandeln als eine außerhalb der Schule von den Religionsgemeinschaften oder durch die Eltern erteilte religiös-weltanschauliche Unterweisung.[770]

Außerdem liege in diesen Regelungen ein Verstoß gegen Art. 3 III GG, der eine Benachteiligung aus Glaubensgründen verbiete.[771] Wenn der Ethikunterricht ein normales Fach sei, so müsse er allen angeboten werden.[772] Eine Alternativausgestaltung der Fächer, eine Freistellung der den Religionsunterricht besuchenden Schüler vom Ethikunterricht, sei schon wegen der Unvergleichlichkeit der Fächer nicht möglich.[773]

Auch ein Verstoß gegen Art. 7 II GG wird bemängelt: Dieser dürfe als uneingeschränkt gewährleistetes Recht nicht dadurch eingeschränkt werden, daß man

---

768 *Fischer*, in: Vorgänge 92 (1988), S. 107 (109); *Jeand'Heur/Korioth*, Staatskirchenrecht (2000), S. 217; ebenso *Renck*, in: BayVBl. 1992, 519 (521); *ders.*, in: NVwZ 1999, 713 (715); *ders.*, in: BayVBl. 2000, 305 (306). *Rencks* negative Sicht des Ethikunterrichts lediglich als Nachteil überrascht insofern, als er an anderer Stelle beklagt, daß einer „bekenntnisfreien Mehrheit" bzw. der Allgemeinheit nicht zugemutet werden könne, die religiöse schulische Unterweisung von Minderheiten zu finanzieren und darin ein Problem der Verteilungsgerechtigkeit sieht, vgl. *Renck*, in: LKV 1997, 81 (84); *ders.*, in: BayVBl. 1999, 70 (75). Durch den Ethikunterricht würde die von ihm vermißte Gleichmäßigkeit der im Schulunterricht liegenden Begünstigung erreicht.

769 *Renck*, in: BayVBl. 1992, 519 (521); *ders.*, in: ThürVBl. 1993, 102 (105); *ders.*, in: KJ 1994, 488 (498)

770 *Renck*, in: NVwZ 1999, 713 (714); *ders.*, in: BayVBl. 2000, 305 (305).

771 *Bader*, in: NVwZ 1998, 256 (258); *Renck*, in: BayVBl. 1992, 519 (521); *ders.*, in: ThürVBl. 1993, 102 (105); *Czermak*, in: Praktische Theologie 29 (1994), S. 231 (237 f.); *ders.*, in: BayVBl. 1996, 406 (407 f.); *ders.*, in: NVwZ 1996, 450 (453 f.); *ders.*, in: DÖV 1999, 725 (728).

772 *Fischer*, in: Vorgänge 92 (1988), S. 107 (111); *Czermak*, in: Praktische Theologie 29 (1994), S. 231 (238); *ders.*, in: DÖV 1999, 725 (728); *Renck*, in: BayVBl. 1994, 432 (433).

773 *Czermak*, in: Praktische Theologie 29 (1994), S. 231 (239); *Renck*, in: NVwZ 1999, 713 (714 f.).

an diese Entscheidung eine Sanktion, nämlich die Teilnahmeverpflichtung am Ethikunterricht, knüpfe.[774]

b) Würdigung

Die beanstandeten Regelungen zum Ethikunterricht verstoßen jedoch nicht gegen die Verfassung:[775] Religionsunterricht gemäß Art. 7 III GG ist kein außerordentliches Wahlfach, sondern ein ordentliches Unterrichtsfach, von dem aus Gründen der Religionsfreiheit eine Abmeldung möglich ist. Die Teilnahmepflicht am Ethikunterricht folgt ebenso aus der allgemeinen Schulpflicht wie die grundsätzliche Teilnahmepflicht am Religionsunterricht. Es geht hier also nicht etwa um eine religiöse Ersatzleistung.[776]

Daß der Staat Schüler nicht wegen einer parallelen Unterweisung durch ihre Eltern vom Schulunterricht dispensiert, ist im Falle der religiösen bzw. ethischen Erziehung keine Besonderheit. Dies ist Folge der Entscheidung für die allgemeine Schulpflicht. Die Tatsache, daß zwischen schulischem und elterlichem Unterricht Unterschiede bestehen, die eine Ungleichbehandlung rechtfertigen, kann der Staat in aller Neutralität beurteilen.

Durch den Ethikunterricht als Ersatzfach wird auch Art. 7 II GG nicht eingeschränkt. So ergibt sich eine Teilnahmeverpflichtung am Ethikunterricht schon nicht nur aus einer Abmeldung vom Religionsunterricht gemäß Art. 7 II GG, sondern auch für Schüler ohne Konfessionszugehörigkeit bzw. in deren Konfession kein Religionsunterricht eingerichtet ist und die nicht an irgendeinem Religionsunterricht teilnehmen.

Das Recht aus Art. 7 II GG bleibt unbeeinträchtigt: Gewährleistet wird durch die Regelung des Art. 7 II GG allein, daß niemand gegen seinen Willen an einem bekenntnisgebundenen Religionsunterricht teilnehmen muß, nicht aber, daß

---

774 *Czermak*, in: Praktische Theologie 29 (1994), S. 231 (236); *ders.*, in: BayVBl. 1996, 406 (407); *ders.*, in: NVwZ 1996, 450 (452 f.); *ders.*, in: DÖV 1998, 725 (728); *Bader*, in: NVwZ 1998, 256 (257); *Renck*, in: NVwZ 1999, 713 (715).

775 Urteile zum Ethikunterricht aus jüngerer Zeit, die dessen Zulässigkeit bejahen: BayVGH, Beschl. v. 21. Dezember 1989 – 7 CE 89.3102 –, in: BayVBl. 1990, 244; VG Freiburg, Urt. v. 8. März 1995 – 2 K 1225/94 –, in: NVwZ 1996, 507; AG Aichach, Urt. v. 12. Mai 1995 – OWi 203 Jo 107945/95 –, in: KirchE 33, 188; BayVGH, Beschl. v. 6. Juli 1995 – 7 CE 95.1686 –, in: BayVBl. 1996, 405; BayObLG, Beschl. v. 26. Oktober 1995 – 3 ObOWi 98/95, in: KirchE 33, 431; VGH Mannheim, Urt. v. 1. Juli 1997 – 9 S 1126/95 -, in: NVwZ 1998, 309; BVerwG, Urt. v. 17. Juni 1998 – BVerwG 6 C 11.97 –, in: BVerwGE 107, 75; ablehnende Entscheidung zum Ethikunterricht („Werte und Normen"): VG Hannover, Beschl. v. 20. August 1997 – 6 A 8016/94 –, in: NVwZ 1998, 316; dessen Vorlage zum Bundesverfassungsgericht wurde für unzulässig erklärt von BVerfG, Beschl. v. 17. Februar 1999 – 1 BvL 26/97 –, in: NVwZ 1999, 756.

776 *Werner*, in: NVwZ 1998, 816 (817).

er daraufhin eine Freistunde erhält. Der Abgemeldete wird als Teilnehmer des Ethikunterrichts nicht schlechtergestellt. Die Freiheit seiner Wahl wird in keiner Weise beeinträchtigt.[777]

Es liegt auch kein Verstoß gegen Art. 3 III GG vor. Die Teilnahmeverpflichtung am Ethikunterricht knüpft an die formale Frage der Teilnahme am Religionsunterricht an, nicht an die Religionszugehörigkeit. So müssen einerseits Schüler am Ethikunterricht teilnehmen, die sich trotz Konfessionszugehörigkeit abmelden, wie andererseits Schüler nicht teilnehmen müssen, die freiwillig an einem konfessionellen Religionsunterricht teilnehmen, ohne dieser Konfession anzugehören. Die Verpflichtung zum Besuch des Ethikunterrichts hängt allein von der tatsächlichen Teilnahme in einem bestimmten Fach ab.[778]

Desweiteren liegt auch keine unrechtmäßige Benachteiligung oder Bevorzugung vor, weil Teilnehmer am Religionsunterricht nicht den Ethikunterricht zu besuchen haben. Durch die Teilnahmeverpflichtung am Ethikunterricht anstelle des Religionsunterrichts wird vielmehr die Gleichbehandlung und Gleichbelastung der Schüler gewährleistet. Die Fächer sind trotz ihrer Unterschiedlichkeit vergleichbar und können daher als Alternativfächer ausgestaltet werden; sie dienen aus staatlicher Sicht einem vergleichbaren Bildungs- und Erziehungsziel.[779]

6. *Verfassungswidrigkeit religiöser Symbole in staatlichen Gebäuden?*

a) Darstellung

Religiöse Symbole in öffentlichen Räumen (Schulen, Gerichtssälen) werden von allen Stimmen, die der h. M. kritisch gegenüberstehen, für unzulässig gehalten. Darin liege ein Verstoß gegen die staatliche Bekenntnisneutralität, das Trennungsprinzip, die Parität und/oder die negative Religionsfreiheit.

Zum Teil wird das Anbringen religiöser Symbole für absolut unzulässig gehalten und allein auf eine mangelnde staatliche Kompetenz und die angenommene Neutralitätswidrigkeit des staatlichen Handelns abgestellt[780]; zum Teil wird die Zulässigkeit der Kruzifixe bzw. Kreuze in Schulen davon abhängig ge-

---

[777] Vgl. auch *Link*, in: HdbStKR II (1995), § 54 S. 439 (483); *Mückl*, in: VBlBW 1998, 86 (87).

[778] *Werner*, in: NVwZ 1998, 816 (817).

[779] *de Wall*, in: Theologische Literaturzeitung 119 (1994), Sp. 291 (301); *ders.*, in: Der evangelische Erzieher 1995, 230 (238); *Link*, in: HdbStKR II (1995), § 54 S. 439 (482 f.); *Mückl*, in: VBlBW 1998, 86 (88); *Werner*, in: NVwZ 1998, 816 (818).

[780] *Neumann*, in: ZRP 1995, 381 (386); *Renck*, in: ZRP 1996, 205 (205 f.); *ders.*, in: NJW 1999, 994 (994, 998); *Nolte*, in: JöR 48 (2000), S. 87 (115).

macht, daß alle Schüler (und Eltern) einverstanden seien und damit die negative Religionsfreiheit gewahrt werde.[781]

Dementsprechend wurde von dieser Seite auch die Kruzifix-Entscheidung des Bundesverfassungsgerichts[782] – zumindest im Ergebnis – begrüßt.[783] Von den Befürwortern der Kruzifix-Entscheidung abgelehnt werden hingegen ganz überwiegend die Novellierung des Bayerischen „Schulkreuz-Gesetzes"[784] und die dieses betreffenden Entscheidungen des Bayerischen Verfassungsgerichtshofs und des Bundesverwaltungsgerichts.[785]

b) Würdigung

Ohne daß hier noch einmal in die umfangreiche Diskussion um die Kruzifix-Entscheidung eingestiegen werden soll[786], wird man sagen können, daß das neue Gesetz den Vorgaben der Verfassungsgerichtsentscheidung gerecht wird, nach der die Verfassungswidrigkeit der alten Regelung in der Unausweichlichkeit der Konfrontation mit dem Kruzifix gesehen wurde.[787] Die nunmehr vorgesehene Konfliktregelung in Art. 7 III BayEUG sieht vor, daß bei einem Widerspruch der Erziehungsberechtigten „aus ernsthaften und einsehbaren Gründen des Glaubens oder der Weltanschauung" vom Schulleiter „eine gütliche Einigung" angestrebt werden soll; gelingt eine Einigung nicht, so hat er „für den Einzelfall eine Regelung zu treffen, welche die Glaubensfreiheit des Widersprechenden achtet", die unterschiedlichen Interessen zu einem „gerechten Ausgleich bringt"

---

781 *Goerlich*, in: NVwZ 1995, 1184 (1185); *Rux*, in: Der Staat 35 (1996), S. 521 (549); *Schmitt-Kammler*, in: FS Friauf (1996), S. 343 (348 f.); *Jarass/Pieroth*, GG-Kommentar (2000), Art. 4 Rn. 21.

782 BVerfG, Beschl. v. 16. Mai 1995 – 1 BvR 1087/91 – in: BVerfGE 93, 1 ff.

783 Vgl. *Czermak*, in: NJW 1995, 3348 ff.; *ders.*, in: ZRP 1996, 201 ff.; *ders.*, in: ThürVBl. 1996, 241 ff.; *ders.*, Zur Unzulässigkeit des Kreuzes, in: Brugger/Huster (Hrsg.), Der Streit um das Kreuz (1998), S. 13 ff.; *Goerlich*, in: NVwZ 1995, 1184 ff.; *Neumann*, in: ZRP 1995, 381 ff.; *Renck*, in: ZRP 1996, 16 ff.; *Rozek*, in: BayVBl. 1996, 22 ff.; *Nolte*, in JöR 48 (2000), 87 ff.

784 Art. 7 III BayEUG v. 13. 12. 1995 (BayGVBl. S. 850).

785 Gegen die Neuregelung äußerte sich zunächst *Renck*, in: BayVBl. 1996, 492 f. Die Zulässigkeit der gesetzlichen Regelung bejahte BayVerfGH, Entsch. v. 1. 8. 1997 – Vf. 6-VII-96, Vf. 17-VII-96 u. Vf. 1-VII-97 –, in: NJW 1997, 3157 ff.; hiergegen: *Renck*, in: NJW 1999, 994 ff.; *Czermak*, in: KJ 1997, 490 ff.; *ders.*, in: DÖV 1998, 107 ff. Durch BVerwG, Urt. v. 21. April 1999 – 6 C 18/98 München –, in: NJW 1999, 3063 ff., wurde die Regelung bei leicht modifizierter, verfassungskonformer Auslegung für zulässig erklärt; gegen diese Entscheidung *Nolte*, in: JöR 48 (2000), S. 87 ff.

786 Vgl. hierzu etwa *A. v. Campenhausen*, in: AöR 121 (1996), S. 448 ff. m. w. N.

787 So auch *Huber*, Staatskirchenrecht, in: Eichenhofer (Hrsg.), 80 Jahre Weimarer Reichsverfassung (1999), S. 117 (135 f.). Vgl. zu den Vorgaben des „Kruzifix-Beschlusses" das Rechtsgutachten von *Badura*, in: BayVBl. 1996, 33 ff.; 71 ff.

und den Willen der Mehrheit „soweit wie möglich" berücksichtigt. Legt man diese Regelung, wie in der Entscheidung durch das Bundesverwaltungsgericht[788], verfassungskonform dahingehend aus, daß an die darzulegenden Gründe keine hohen Anforderungen zu stellen sind und sich der Widersprechende letztlich durchsetzen muß, wenn keine Einigung erzielt werden kann und keine andere zumutbare Ausweichmöglichkeit besteht, ist durch diese Widerspruchsregelung des neuen Gesetzes eine Verletzung der (negativen) Religionsfreiheit ausgeschlossen.

Zugleich bemüht sich die Regelung darum, sowohl die kulturelle Prägung als auch die gesellschaftliche Pluralität hinsichtlich des Glaubens und der Erziehung in der öffentlichen Schule zu berücksichtigen.

---

[788] BVerwG, Urt. v. 21. April 1999 – 6 C 18/98 München –, in: NJW 1999, 3063 ff.

IV. Kritik an der Unterscheidung von positiver und negativer Religionsfreiheit

Vor allem im Zusammenhang mit der Erörterung der Kruzifix-Entscheidung wurde häufig Kritik an der Unterscheidung von positiver und negativer Religionsfreiheit geübt.

1. Positive und negative Religionsfreiheit

Die herrschende Literatur unterscheidet zwischen einer positiven und einer negativen Seite der Religionsfreiheit. Diese Unterscheidung wurde auch vom Bundesverfassungsgericht in zahlreichen Entscheidungen verwendet.[789]

„Positive Religionsfreiheit" beschreibt das Recht, sich unbeeinträchtigt von staatlicher Einflußnahme religiös zu betätigen. Art. 4 GG gewährleistet die Freiheit zu glauben, seinen Glauben zu bekennen und seinem Glauben gemäß zu handeln.

Auch die „negative Religionsfreiheit" umfaßt diese unterschiedlichen Aspekte des 4 GG: Die negative Glaubensfreiheit schützt die Freiheit, einen Glauben nicht zu haben, also einen bestimmten Glauben nicht zu teilen oder auch überhaupt keinen Glauben zu haben. Beruht diese Haltung auf der Entscheidung zu einer anderen Religion oder Weltanschauung, so ist dies zusätzlich durch die positive Glaubensfreiheit geschützt.[790]

Die negative Bekenntnisfreiheit schützt davor, seine religiöse Überzeugung bekennen zu müssen. Dieser Schutz ist zusätzlich noch ausdrücklich durch Art. 140 GG i. V. m. Art. 136 III 1 WRV gewährleistet.[791]

Die negative Religionsausübungsfreiheit garantiert das Recht, an Akten der Religionsausübung wie religiösen Veranstaltungen nicht teilzunehmen und sich hiervon fernzuhalten. Dies wird bekräftigt durch Art. 140 GG i. V. m. Art. 136 IV WRV und Art. 141 WRV.[792] Für den Religionsunterricht gewährleisten dies

---

[789] So z. B. BVerfG, Beschl. v. 17. Dezember 1975 – 1 BvR 63/68 –, in: BVerfGE 41, 29 (49); BVerfG, Beschl. v. 17. Dezember 1975 – 1 BvR 428/69 –, in: BVerfGE 41, 65 (85); BVerfG, Beschl. v. 17. Dezember 1975 – 1 BvR 548/68 –, in: BVerfGE 41, 88 (108); BVerfG, Beschl. v. 16. Oktober 1979 – 1 BvR 647/70 und 7/74 –, in: BVerfGE 52, 223 (241); BVerfG, Beschl. v. 16. Mai 1995 – 1 BvR 1087/91 –, in: BVerfGE 93, 1 (22).

[790] *Herzog*, in: Maunz/Dürig (1988), GG-Kommentar, Art. 4 Rn. 55; *A. v. Campenhausen*, in: HdbStR VI (1989), § 136 Rn. 44; *Muckel*, Religiöse Freiheit und staatliche Letztentscheidung (1997), S. 140 ff.

[791] *Herzog* in: Maunz/Dürig (1988), GG-Kommentar, Art. 4 Rn. 56; *Muckel*, Religiöse Freiheit und staatliche Letztentscheidung (1997), S. 147.

[792] *Herzog*, in: Maunz/Dürig (1988), GG-Kommentar, Art. 4 Rn. 58; *Muckel*, Religiöse Freiheit und staatliche Letztentscheidung (1997), S. 153 f.

ausdrücklich Art. 7 II, III 3 GG. Nicht umfaßt ist hiervon jedoch das Recht, vor einer Konfrontation mit der Religionsausübung anderer verschont zu bleiben und deren religiöse Betätigung zu unterbinden. Es kann nicht verlangt werden, daß andere auf die von ihnen gewünschte positive Religionsausübung verzichten müssen.[793]

Ebenso gründet sich in der negativen Religionsfreiheit das Recht, sich der Mitgliedschaft in einer religiösen Vereinigung durch Kirchenaustritt entziehen zu können.

2. *Kritik*

Von den Kritikern wird gefordert, diese Unterscheidung von positiver und negativer Religionsfreiheit ganz aufzugeben, da sie nutzlos und irreführend sei. Der wahre Grund für diese Unterscheidung durch die herrschende Meinung sei ihre Intention, auf diese Weise die Religionsausübung einer christlichen Mehrheit auf Kosten der („negativen") Freiheit einer nichtchristlichen Minderheit zu sichern und zu rechtfertigen.[794] Es wird von der Kritik insbesondere folgendes angeführt:

Die von der herrschenden Meinung vorgenommene Unterscheidung zwischen „positiver" und „negativer" Freiheit gebe es nur beim Grundrecht der Religionsfreiheit, während sie bei anderen Freiheitsrechten unbekannt sei.[795]

Die Unterscheidung diene dazu, die verschiedenen Haltungen zu bewerten, und zwar die Religionslosigkeit durch den Begriff „negativ" abzuwerten, als sei eine nichtreligiöse Weltanschauung etwas „Negatives". Eine solche Bewertung sei dem neutralen Staat jedoch untersagt.[796]

Außerdem verlagere diese Argumentation und die bei Konflikten vorgenommene Abwägung zwischen positiver und negativer Religionsfreiheit das eigentliche Problem: Tatsächlich handele es sich nämlich gar nicht um ein Problem der Grundrechtskonkurrenz, sondern des Kompetenzmangels beim Staat. Der Staat habe keine Kompetenz für die Anbringung von Kruzifixen (bzw. die Ab-

---

[793] *Herzog*, in: Maunz/Dürig (1988), GG-Kommentar, Art. 4 Rn. 60 f.; Muckel, Religiöse Freiheit und staatliche Letztentscheidung (1997), S. 153 f.; *A. v. Campenhausen*, in: HdbStR VI (1989), § 136 Rn. 94 f.

[794] *Fischer*, in: KJ 1989, 295 (298 ff.); *Renck*, in: NVwZ 1994, 544 ff.; *ders.* schon in: JuS 1989, 451 (455); *Neumann*, in: ZRP 1995, 381 (385 f.); *Czermak*, in: ZRP 1996, 201 (204); *ders.*, in: NJW 1999, 1300 (1301), der der Kruzifix-Entscheidung sogar entnehmen will, das Bundesverfassungsgericht habe diese Unterscheidung „stillschweigend" aufgegeben.

[795] *Renck*, in: JuS 1989, 451 (455); *Czermak*, in: ZRP 1996, 201 (204); *ders.*, in: ThürVBl. 1996, 241 (242).

[796] *Fischer*, in: KJ 1989, 295 (299); *ders.*, in: Trennung von Staat und Kirche, 3. Aufl. (1984), S. 60; *Czermak*, ZRP 1996, 201 (204).

haltung von Schulgebeten), so daß es auf die „negative“ Religionsfreiheit oder die Frage der Toleranz gar nicht mehr ankomme, da stets nur rechtmäßiges Staatshandeln zu dulden sei.[797]

3. *Würdigung*

a) Einzigartigkeit dieser Unterscheidung?

Der Vorwurf, daß es diese Unterscheidung sonst „nirgendwo“[798] gebe, sondern sie „merkwürdigerweise“[799] nur bei diesem Grundrecht gemacht werde, damit also anscheinend ein bestimmter Zweck verfolgt werde, trifft nicht zu. Die Unterscheidung zwischen einer positiven und negativen Komponente wird grundsätzlich bei allen Grundrechten (außer bei Art. 6 II GG) vorgenommen.[800]

Sie ist – entgegen anderslautender Kritik[801] – auch bei der Glaubensfreiheit sinnvoll und notwendig. *Hellermann* will bei Nicht-Handlungsrechten eine negative Seite ganz ausschließen. Dies erscheint jedoch nicht überzeugend:

Von den Grundrechten umfaßt ist immer auch das Recht, von einer grundrechtlichen Freiheit keinen Gebrauch zu machen.[802] Allein diese Sicht gewährt dem Einzelnen nicht nur Freiheit vor Zwang, sondern schützt ihn auch vor ei-

---

797 *v. Zezschwitz*, in: JZ 1966, 337 (338 f., 344); *Neumann*, in: ZRP 1995, 381 (386); *Renck*, in: ZRP 1996, 16 (18); *ders.*, in: ThürVBl. 1996, 73 (74 f.); *ders.*, in: ZRP 1996, 205 (206); *Schmitt-Kammler*, in: FS Friauf (1996), S. 343 (354 ff.); *Czermak*, Zur Unzulässigkeit des Kreuzes, in: Brugger/Huster (Hrsg.), Der Streit um das Kreuz (1998), S. 13 (34); *ders.*, in: KJ 2000, 229 (232 f.).

798 *Renck*, in: JuS 1989, 451 (455).

799 *Czermak*, in: ZRP 1996, 201 (204).

800 *Herzog*, in: Maunz/Dürig (1988), GG-Kommentar, Art. 4 Rn. 54; *Sachs*, in: Stern, Staatsrecht Bd. III/1 (1988), § 66 S. 630 ff., insb. S. 630 Fn. 24; *Muckel*, Religiöse Freiheit und staatliche Letztentscheidung (1997), S. 141; *Jeand'Heur/Korioth*, Staatskirchenrecht (2000), S. 83.

801 Kritisch bzgl. dieser Unterscheidung – ohne daß jedoch eine besondere, bedenkliche Intention unterstellt wird – auch *v. Münch/Kunig*, GG-Kommentar (1992), Art. 4 Rn. 23, der die negative Seite der Glaubensfreiheit zum „Scheinproblem“ erklärt, eine negative Bekenntnisfreiheit aber von Art. 4 GG geschützt sieht, Rn. 39; ablehnend auch *Hellermann*, Die sog. negative Seite der Freiheitsrechte (1993), S. 140 f., der sich zugleich allgemein gegen die Anerkennung einer negativen Seite bzgl. aller Freiheitsrechte wendet.

802 *Herzog*, in: Maunz/Dürig (1988), GG-Kommentar, Art. 4 Rn. 54, 78; *Muckel*, Religiöse Freiheit und staatliche Letztentscheidung (1997), S. 141 ff.; *Jeand'Heur/Korioth*, Staatskirchenrecht (2000), S. 82.

nem Zwang zur Freiheit. Weder von der Ausübung noch von der Nichtausübung eines Grundrechts darf der Bürger vom Staat abgehalten werden.[803]

Die Freiheit zur Entscheidung für einen Glauben setzt die Freiheit zur Ablehnung eines jeden anderen Glaubens voraus. So ist von der negativen Glaubensfreiheit das Recht umfaßt, nicht einen bestimmten anderen Glauben zu haben, sondern jeden anderen Glauben abzulehnen.[804]

Es besteht aber auch die Freiheit, Glaubensüberzeugungen abzulehnen, ohne sich dabei auf eine andere Religion oder Weltanschauung zu stützen. Die negative Glaubensfreiheit schützt vor dem Zwang, sich überhaupt einen Glauben bilden zu müssen. Der Einzelne kann nicht dazu gezwungen werden, sich mit Fragen des Glaubens überhaupt zu beschäftigen. Nur so ist der Schutz vor möglicher staatlicher Indoktrination umfassend gewährleistet.[805]

b) Abwertung der Religionslosigkeit?

Ebensowenig kann in der Unterscheidung ein Werturteil über Religiosität oder Areligiosität gesehen werden. Die Begriffe „positiv“ und „negativ“ sind – wie auch bei ihrer Verwendung bei anderen Grundrechten – keine Bewertung im Sinne von „gut und schlecht“ oder mehr und weniger „wertvoll“.[806]

So kommt die positive Religionsfreiheit nicht nur den Anhängern von Religionsgemeinschaften, die negative nicht nur areligiösen Bürgern zugute. Dieser Eindruck konnte dadurch entstehen, daß die Religionsfreiheit in der Vergangenheit in erster Linie Nichtchristen dazu diente, sich gegen die Vereinnahmung durch den christlichen Staat zu wehren. So erhielt die (negative) Religionsfreiheit einen religionsfeindlichen Akzent als Recht vor allem der Religionslosen und Atheisten.[807]

Auch unter dem Grundgesetz war es bisher in der Mehrzahl der Fälle so, daß sich bei Konflikten Christen auf ihr Recht zur Religionsausübung berufen und Nichtchristen dagegen gewehrt haben. Dies beruhte auf den in der Vergangenheit eindeutigen Mehrheitsverhältnissen.

Tatsächlich ist es jedoch so, daß die positive Religionsfreiheit ebenso den Areligiösen in seiner Weltanschauung schützt und negative Religionsfreiheit auch den Anhänger einer Religionsgemeinschaft. Dies widerlegt die Vorstellung, daß mit der Unterscheidung eine Bewertung verbunden ist.

---

803 *Herzog*, in: Maunz/Dürig (1988), GG-Kommentar, Art. 4 Rn. 78; *Muckel*, Religiöse Freiheit und staatliche Letztentscheidung (1997), S. 142 ff.

804 *Heckel*, Religionsfreiheit, in: Gesammelte Schriften IV (1997), S. 647 (769 f.).

805 *Muckel*, Religiöse Freiheit und staatliche Letztentscheidung (1997), S. 143 ff.

806 *Heckel*, Religionsfreiheit, in: Gesammelte Schriften IV (1997), S. 647 (765 ff.); *Jeand'Heur/Korioth*, Staatskirchenrecht (2000), S. 83.

807 *A. v. Campenhausen*, Staatskirchenrecht (1996), S. 74.

In Zukunft ist zudem aufgrund der Pluralisierung, des Auftauchens anderer Religionen und der Zunahme eines religionskritischen Umfeldes damit zu rechnen, daß sich vermehrt auch Anhänger von Religionsgemeinschaften auf ihre negative Religionsfreiheit berufen werden. Dies würde dazu führen, daß auch nicht mehr der Anschein einer besonderen Zuordnung oder Bewertung entstehen könnte.

c) Verlagerung vom Kompetenzproblem zum Konkurrenzproblem?

Weiterhin wird kritisiert, daß die Abwägung zwischen positiver und negativer Religionsfreiheit in den meisten Fällen das tatsächliche Problem verfehle. Dieses liege vielmehr in der Frage nach der staatlichen Kompetenz. Da dem Staat stets die Kompetenz fehle, komme es auf die positive oder negative Religionsfreiheit gar nicht mehr an.

Diese Sicht setzt jedoch die Auffassung voraus, daß dem Staat jede Berücksichtigung religiöser Interessen untersagt sei, also auch die Ermöglichung und Förderung der religiösen Entfaltung in staatlichen Einrichtungen. Dies beruht auf der Annahme, der neutrale Staat müsse religiöse Interessen ausgrenzen; im staatliche Bereich gebe es keinen Raum für eine Freiheitsentfaltung der Bürger. Diese Auffassung, Religionsfreiheit und Neutralität bedingten eine Ausgrenzung religiöser Interessen aus dem staatlichen Bereich, ist jedoch abzulehnen (s. o., Teil C.I.2 und 5).

Es bestehen hier vielmehr komplexe Beziehungsverhältnisse zwischen dem Staat und den divergierenden Ansprüchen der Bürger, die verschiedene und gegenläufige Freiheitspositionen für sich in Anspruch nehmen.[808] Soweit der Staat mit (evtl. konträren) religiösen Interessen konfrontiert wird und diese berücksichtigt, kommt es dann darauf an, einen Ausgleich zwischen positiver und negativer Religionsfreiheit herzustellen und einen Kompromiß zu finden, der für alle Seiten unter Berücksichtigung des Toleranzgebotes zumutbar ist.[809]

---

[808] Vgl. hierzu *Meyer-Teschendorf*, in: ZevKR 23 (1978), S. 202 (225 ff.); *ders.*, Staat und Kirche im pluralistischen Gemeinwesen (1979), S. 172 f.

[809] Vgl. *Müller-Volbehr*, in: JZ 1995, 996 (999 f.); *Starck*, in: v. Mangoldt/Klein/Starck, GG-Kommentar (1999), Art. 4 Rn. 29.

4. Ergebnis

Es ergibt sich somit, daß es sich bei der Unterscheidung der verschiedenen Komponenten der Religionsfreiheit nicht um einen Kunstgriff handelt, sondern um eine bei Grundrechten übliche Unterscheidung, die auch hier sinnvoll und notwendig ist.

D. Ergebnis und Ausblick

Das deutsche Staatskirchenrecht steht in einer langen Tradition. Gerade Deutschland hat seit der Reformation mit religiösen Konflikten, die vornehmlich auf seinem Boden ausgetragen wurden, viele leidvolle Erfahrungen machen müssen. Die aufgrund dieser Erfahrungen entwickelten, auf Ausgleich bedachten Lösungsmodelle sind in die heute geltende Ordnung eingeflossen. Auch bei den Beratungen zur Weimarer Reichsverfassung und zum Grundgesetz hat man sich bemüht, den größten gemeinsamen Nenner für die divergierenden Bestrebungen zu finden und eine Lösung unter Berücksichtigung und Ausgleich der unterschiedlichen Interessen zu verwirklichen. Die herrschende Meinung im deutschen Staatskirchenrecht hat richtig erkannt und in ihrer Auslegung berücksichtigt und fortentwickelt, daß die durch das Grundgesetz vorgesehene Ordnung eine differenzierte und ausgeglichene Regelung dieser Materie ist, die unseren historischen und kulturellen Verhältnissen gerecht wird und ein Maximum an Freiheit gewährt. Auch in der Bevölkerung scheint die überwiegende Mehrheit die jetzigen Regelungen zu akzeptieren.

Die dargestellte Mindermeinung ist mit dieser Ordnung nicht einverstanden und will eine andere. Der Wunsch nach einer abweichenden Ordnung ist natürlich legitim.

Zur Zeit sieht es jedoch nicht so aus, als ob die gemäß Art. 79 II GG erforderlichen Mehrheiten für eine grundlegende Änderung der Grundgesetznormen zum Staatskirchenrecht zu erreichen seien. Da die Mindermeinung also momentan keine erfolgversprechenden Aussichten für eine Verfassungsänderung sieht, will sie durch eine Uminterpretation des Normenbestandes, diese von ihr favorisierten Änderungen und damit die von ihr erstrebte abweichende Ordnung durchsetzen.

Diese Arbeit hat gezeigt, daß dies nicht möglich ist. Man kann aus den jetzigen Verfassungsnormen nicht die Folgerungen ziehen, die den Wünschen der Mindermeinung entsprechen. Auch die dargestellten Regel-Ausnahme-Konstruktionen sind nicht überzeugend. Dem Kompromißcharakter der Regelungen wird man nicht gerecht, wenn man einen einzelnen, *auch* in der Verfassung angelegten Aspekt herausgreift, verabsolutiert und gegen die ebenfalls verwirklichten gegenläufigen Aspekte und Entscheidungen ausspielt. Die Mindermeinung nimmt die Entscheidungen des Grundgesetzes nicht ernst und muß teilweise waghalsige Konstruktionen aufbieten, um ihre Auffassung zu rechtfertigen (Annahme von verfassungswidrigem Verfassungsrecht oder des Wegfalls einer lediglich unterstellten „Geschäftsgrundlage" von Verfassungsnormen).

Auch die Überzeugung, eine bessere Alternative zu besitzen, rechtfertigt es nicht, die verfassungsrechtlichen Anforderungen an eine Grundgesetzänderung zu ignorieren und eine abweichende Ordnung einfach unter Um- und Übergehung des dafür vorgesehenen Verfahrens an deren Stelle zu setzen. Ein solches

Vorgehen kann man in einem demokratischen und rechtsstaatlichen System nicht einfach auf einen angeblichen, lediglich behaupteten Bevölkerungswillen stützen oder aus veränderten (religions)soziologischen Verhältnissen den Wegfall von Verfassungsnormen folgern, auch wenn und gerade da der Gesetzgeber sich zu einer Gesetzesänderung nicht „bequemen" will.

Das von den Kritikern gewünschte, „logisch" konstruierte und auf Distanz und Ausgrenzung gerichtete Modell wäre aber zugleich in vieler Hinsicht auch weniger freiheitlich und würde daher viel weniger zum freiheitlichen Charakter des Grundgesetzes passen als das bestehende. Das Grundgesetz sichert mit seinen Kooperations- und Förderungsangeboten den Religionsgemeinschaften, und zwar allen, und den religiös interessierten Bürgern einen besonderen Freiraum und weitgehende Entfaltungsmöglichkeiten zu. Es hat in seinen diesbezüglichen Regelungen in vieler Hinsicht die Entwicklung zum modernen Sozial- und Kulturstaat vorweggenommen. Die Kritik hingegen erweist sich mit ihrem im 19. Jahrhundert verhafteten Staats- und Grundrechtsverständnis nicht als zukunftsorientiert, sondern als rückwärtsgewandt. Die angestrebten Änderungen würden Entfaltungsmöglichkeiten und -räume für selbstbestimmte, differenzierte Lebensentwürfe einschränken und zahlreiche, charakteristische Ausprägungen der gewachsenen Traditionen und der unser Leben prägenden Kultur, zu der auch die Religion gehört, zugunsten von Gleichmacherei und intolerantem Individualismus zerstören.

Zu bedenken geben sollte zudem, daß auch andere Staaten in der Regel vor derartig einseitigen Lösungen zurückgeschreckt sind und die in ihren Ländern vorgefundenen Gegebenheiten bei der Ausgestaltung und Fortentwicklung ihrer staatskirchenrechtlichen Ordnungen berücksichtigt haben; bezeichnenderweise erweisen sich bei näherer Betrachtung auch ihre Systeme als – aus Sicht der Kritik – inkonsequent und kompromißhaft.

Man kann fragen, ob das staatskirchenrechtliche System in Deutschland mit den bereits eingetretenen und weiteren sich andeutenden Veränderungen zurechtkommen wird. Mit dem zu beobachtenden Wandel der religiösen Verhältnisse entstehen neue, bislang unbekannte Probleme. Es besteht jedoch die berechtigte Hoffnung, daß die gültige Ordnung auch diesen Herausforderungen gerecht werden kann und wird. Denn sie ist auch in der Vergangenheit mit schwierigen Verhältnissen und Veränderungen fertig geworden und hat sich als anpassungsfähig erwiesen.

Daher kann man mit *Martin Heckel* sagen: „Das Grundgesetz enthält ein beispielhaftes *staatskirchenrechtliches Modell für eine pluralistische Gesellschaft*. Es kann den Herausforderungen der inneren Wiedervereinigung Deutschlands, der Säkularisierung, des zunehmenden Pluralismus, der Ausländerintegration und anderen Problemen unserer multikulturellen und multireligiösen Existenz gerecht werden, weil es aus vielfältigen Erfahrungen religiöser Konflikte erwuchs und im europäischen Vergleich zukunftsträchtig erscheint."[810]

[810] *Heckel*, in: JZ 2000, 563 (563).

Literaturverzeichnis

Anke, Hans Ulrich, Die Neubestimmung des Staat-Kirche-Verhältnisses in den neuen Ländern durch Staatskirchenverträge. Zu den Möglichkeiten und Grenzen des staatskirchenrechtlichen Gestaltungsinstruments, Tübingen 2000.

Antoni, Michael, Kommentierung zu Art. 1 GG, in: Seifert / Hömig, Grundgesetz, 6. Aufl., Baden-Baden 1999.

Bader, Johann, Zur Verfassungsmäßigkeit des obligatorischen Ethikunterrichts, in: NVwZ 1998, 256–258.

Badura, Peter, Das Kreuz im Schulzimmer, in: BayVBl. 1996, 33–40 und 71–77.

Baeger, Edgar, Kirchen und öffentliche Gelder, in: Vorgänge 86 (1987), S. 46–57).

Basdevant-Gaudemet, Brigitte, Staat und Kirche in Frankreich, in: Robbers (Hrsg.), Staat und Kirche in der EU (1995), S. 127–158.

Basdevant-Gaudemet, Brigitte, Das Verhältnis von Kirche und Staat in Frankreich, in: HdbKathKR (1999), S. 1323–1342.

Benda, Ernst / Maihofer, Werner / Vogel, Hans Jochen (Hrsg.), Handbuch des Verfassungsrechts der Bundesrepublik Deutschland, 2. Aufl. Berlin, New York 1994 (zitiert: HdbVerfR).

Bergmann, Reinhard, Kommentierung zu Art. 140 GG, in: Seifert / Hömig, Grundgesetz, 6. Aufl., 1999.

Besier, Gerhard / Scheuch, Erwin (Hrsg.), Die neuen Inquisitoren. Religionsfreiheit und Glaubensneid, Teil I (1999).

Bettermann, Karl August / Nipperdey, Hans Carl / Scheuner, Ulrich, Die Grundrechte IV 1. Halbband, Berlin 1960.

Bielitz, Klaus, Kurzbegriffe zur Kennzeichnung des Verhältnisses von Staat und Kirche nach dem Grundgesetz, in: ZevKR 29 (1984), S. 103–111.

Bijsterveld, Sophie van, Staat und Kirche in den Niederlanden, in: Robbers (Hrsg.), Staat und Kirche in der EU (1995), S. 229–250.

- , Kirche und Staat in den Niederlanden: Geschichte und aktuelle Tendenzen, in: ZevKR 40 (1995), S. 48–78.

Böckenförde, Ernst-Wolfgang, Kreuze (Kruzifixe) in Gerichtssälen?, in: ZevKR 20 (1975), S. 119–147).

Brenner, Michael, Staat und Religion, in: VVDStRL 59 (2000), S. 264–300.

*Brugger, Winfried / Huster, Stefa*n (Hrsg.), Der Streit um das Kreuz in der Schule: Zur religiös-weltanschaulichen Neutralität des Staates, Baden-Baden 1998.

von Campenhausen, Axel Freiherr, Staat und Kirche in Frankreich, Göttingen 1962.

-, Besprechung von Erwin Fischer, Trennung von Staat und Kirche, 3. Aufl. (1984), in: ZevKR 32 (1987), S. 237–239.

-, Religionsfreiheit (§ 136), in: HdbStR VI (1989), S. 369 ff.

-, Kommentierung zu Art. 140 GG, in: v. Mangoldt / Klein / Starck, Das Bonner Grundgesetz, Bd. 3, 4. Aufl., München 2001.

-, Christlicher Religionsunterricht an öffentlichen Schulen, in: Greive (Hrsg.), Gott im Grundgesetz? (1993), S. 95–108.

-, Trennung von Staat und Kirche, in: Evangelische Kommentare 1993, 80–83.

-, Besprechung von Erwin Fischer, Volkskirche ade! Trennung von Staat und Kirche, 4. Aufl. (1993), in: ZevKR 39 (1994), S. 367–370.

-, Besprechung von Gerhard Czermak, Staat und Weltanschauung (1993), in: ZevKR 39 (1994), S. 370–375).

-, Der heutige Verfassungsstaat und die Religion (§ 2), in: HdbStKR I (1994), S. 47–84.

-, Vier neue Staatskirchenverträge in vier neuen Ländern, in: NVwZ 1995, 757–762.

-, Literaturübersicht zum Kirchenrecht und Staatskirchenrecht, in: Gesammelte Schriften, Tübingen 1995, S. 538–580 (zitiert: Literaturübersicht).

-, Staatskirchenrecht (1996), 3. Aufl., München 1996.

-, Zur Kruzifix-Entscheidung des Bundesverfassungsgerichts, in: AöR 121 (1996), S. 448–464.

-, Staatskirchenrecht in den neuen Bundesländern (§ 207), in: HdbStR IX (1997), S. 306 ff.

-, Das bundesdeutsche Modell des Verhältnisses von Staat und Kirche – Trennung und Kooperation, in: ZevKR 42 (1997), S. 169–182.

-, Besprechung von Markus Kleine, Institutionalisierte Verfassungswidrigkeiten im Verhältnis von Staat und Kirchen unter dem Grundgesetz (1993), in: ZevKR 43 (1998), S. 536–539).

-, Zum Stand des Staatskirchenrechts in Deutschland, in: BayVBl. 1999, 65–70.

-, Offene Fragen im Verhältnis von Staat und Kirche am Ende des 20. Jahrhunderts, in: Essener Gespräche 34 (2000), S. 105–142.

Canas, Vitalino, Staat und Kirche in Portugal, in: Robbers (Hrsg.), Staat und Kirche in der EU (1995), S. 281–302.

Carlen, Louis, Das Verhältnis von Kirche und Staat in der Schweiz (§ 120), in: HdbKathKR (1999), S. 1308–1323.

Casey, James, Staat und Kirche in Irland, in: Robbers (Hrsg.), Staat und Kirche in der EU (1995), S. 159–183.

Christoph, Joachim, Bericht über das IV. Internationale Symposium der VELKD in Höör / Schweden 1999, in: ZevKR 45 (2000), S. 319–339.

Clement, Wolfgang, Politische Dimension und Praxis der staatlichen Förderung der Kirche, in: Essener Gespräche 28 (1994), S. 41–57.

Czermak, Gerhard, Bewegung ins Staatskirchenrecht!, in: ZRP 1990, 475–479.

-, Verfassungsbruch als Erziehungsmittel? – Zur schulischen Zwangsmission in Bayern, in: KJ 1992, 46–63.

-, Staat und Weltanschauung – Eine Auswahlbibliographie juristischer sowie historischer und gesellschaftswissenschaftlicher Literatur, Berlin, Aschaffenburg 1993, Bd. 2 (1993–1997), Aschaffenburg 1999.

-, Staat und „Religionsgesellschaften“ in veränderter Situation, in: Recht und Politik 1994, 31–40.

-, Ethikunterricht als Zwangs-, Ersatz- oder Auffangfach?, in: Praktische Theologie 29 (1994), S. 231–244.

-, Besprechung von Listl / Pirson (Hrsg.), Handbuch des Staatskirchenrechts der Bundesrepublik Deutschland, Bd. I, 2. Aufl. (1994), in: KJ 1995, 121–123.

-, Arbeitsrecht in kirchlichen Einrichtungen unter besonderer Berücksichtigung und kritischer Würdigung des Kündigungsschutzrechts, in: Der Personalrat 1995, 455–463.

-, Der Kruzifix-Beschluß des Bundesverfassungsgerichts, seine Ursachen und seine Bedeutung, in: NJW 1995, 3348–3353.

-, Der Kruzifix-Beschluß zwischen Neutralität und Glaubensförderung sowie als Spielball der Emotionen, in: ZRP 1996, 201–205.

-, Der Kruzifix-Beschluß des BVerfG – ein kulturwidriges Dokument?, in: ThürVBl. 1996, 241–245.

-, Anm. zum Beschluß des BayVGH v. 6.7.1995, in: BayVBl. 1996, 406–408.

-, Das Pflicht-Ersatzfach Ethikunterricht als Problem der Religionsfreiheit, des Elternrechts und der Gleichheitsrechte, in: NVwZ 1996, 450–455.

-, Besprechung von Listl / Pirson (Hrsg.), Handbuch des Staatskirchenrechts der Bundesrepublik Deutschland, Bd. II, 2. Aufl. (1995), in: KJ 1997, 120–123.

-, Crux bavarica, in: KJ 1997, 490–495.

-, Das bayerische Kruzifix-Gesetz und die Entscheidung des BayVerfGH vom 1.8.1997, in: DÖV 1998, 107–114.

-, Zur Unzulässigkeit des Kreuzes in der Schule aus verfassungsrechtlicher Sicht, in: Brugger / Huster (Hrsg.), Der Streit um das Kreuz in der Schule (1998), S. 13–40 (zitiert: *Czermak*, Zur Unzulässigkeit des Kreuzes)

-, Zur Ethikunterricht-Entscheidung des BVerwG vom 17.6.1998, in: DÖV 1999, 725–730.

-, „Religions(verfassungs)recht“ oder „Staatskirchenrecht“?, in: NVwZ 1999, 743–744.

-, „Gott“ im Grundgesetz?, in: NJW 1999, 1300–1303.

-, Rechtsnatur und Legitimation der Verträge zwischen Staat und Religionsgemeinschaften, in: Der Staat 39 (2000), S. 69–85.

-, Das System der Religionsverfassung des Grundgesetzes, in: KJ 2000, 229–247.

-, Religionsverfassungsrecht im Wandel, in: NVwZ 2000, S. 896–898.

Denninger, Erhard, Besprechung von Erwin Fischer, Trennung von Staat und Kirche (1964), in: Theologica Practica 1967, 168–176.

Deutsche Jungdemokraten, Beschluß vom 28. Januar 1973 zum Thema „Liberalismus und Christentum“, in: Vorgänge 2 (1973), S. 158–160.

v. Doemming, Klaus-Berto / Füsslein, Rudolf Werner / Matz, Werner, Entstehungsgeschichte des Grundgesetzes, in: JöR NF 1 (1951), S. 73 ff., S. 899 ff.

Dolzer, Rudolf (Hrsg.), Kommentar zum Bonner Grundgesetz, Heidelberg (zitiert: BK).

Dreier, Horst (Hrsg.), Grundgesetz, Kommentar. Tübingen, Bd. I (Art. 1–19) 1996, Bd. III (Art. 83–146) 2000.

Dübeck, Inger, Staat und Kirche in Dänemark, in: Robbers (Hrsg.), Staat und Kirche in der EU (1995), S. 39–59.

Ehlers, Dirk, Die gemeinsamen Angelegenheiten von Staat und Kirche, in: ZevKR 32 (1987), S. 158–185.

-, Kommentierung zu Art. 140 GG, in: Sachs, Grundgesetz (1999).

-, Die Lage des Staatskirchenrechts in der Bundesrepublik Deutschland, in: ZevKR 45 (2000), S. 201–219.

-, Vom Bedeutungswandel im Staatskirchenrecht, in: Pieroth (Hrsg.) Verfassungsrecht und soziale Wirklichkeit (2000), S. 85–112 (zitiert: *Ehlers*, Bedeutungswandel).

Eichenhofer, Eberhard (Hrsg.), 80 Jahre Weimarer Reichsverfassung – Was ist geblieben?, Tübingen 1999.

Eick-Wildgans, Susanne, Anstaltsseelsorge (§ 70), in: HdbStKR II (1995), S. 995–1016.

Ennuschat, Jörg, Sollen Militärgeistliche Staats- oder Kirchenbeamte sein?, in: ZevKR 41 (1996), S. 419–435.

-, Militärseelsorge, Berlin 1996.

F.D.P., Freie Kirche im Freien Staat. Grundsatzpapier 1974, in: Funcke / v. Heyl / Niemeyer (Hrsg.), Kirche in Staat und Gesellschaft (1974), S. 103–107.

Ferrari, Silvio, Staat und Kirche in Italien, in: Robbers (Hrsg.) Staat und Kirche in der EU 1995, S. 185–209.

Fischer, Erwin, Trennung von Staat und Kirche, 1. Aufl., München 1964; 2. Aufl., Frankfurt, Berlin 1971; 3. Aufl., Frankfurt 1984; 4. Aufl., Berlin, Aschaffenburg 1993.

-, Was das Grundgesetz nicht erlaubt, ist verfassungswidrig; in: RuG 3 (1973), S. 142–143).

-, Das Kirchenpapier der F.D.P. und seine Kritiker, in: Vorgänge 12 (1974), S. 4–10.

-, Sozial-liberale Koalition und Kirche, in: Rath (Hrsg.), Trennung von Staat und Kirche? (1974) , S. 40–53 (zitiert: *Fischer*, Sozial-liberale Koalition).

-, Staat – Gesellschaft – Kirche, in: Vorgänge 16 (1975), S. 35–50.

-, Das Verhältnis von Staat und Kirche in der Rechtsprechung des Bundesverwaltungsgerichts, in: Festgabe aus Anlaß des 25-jährigen Bestehens des Bundesverwaltungsgerichts (1978), S. 183–198.

-, Ethikunterricht als Pflichtfach, in: Vorgänge 92 (1988), S. 107–115.

-, Das Bundesverfassungsgericht und das Gebot der Trennung von Staat und Kirche, in: KJ 1989, 295–307.

Fleischer, Holger, Von Krippen, Kreuzen und Schulgebeten: Negative Religionsfreiheit und staatliche Neutralität im Spielgel der amerikanischen Rechtsprechung, in: JZ 1995, 1001–1005.

Friesenhahn, Ernst / Scheuner, Ulrich (Hrsg.), Handbuch des Staatskirchenrechts der Bundesrepublik Deutschland, 2 Bände, 1. Auflage Berlin 1974.

Funcke, Liselotte, Das Verhältnis von Kirche und Staat muß neu geordnet werden, in: Funcke / v. Heyl / Niemeyer (Hrsg.), Kirche in Staat und Gesellschaft (1974), S. 13–36.

Funcke, Liselotte / v. Heyl, Cornelius / Niemeyer, Johannes (Hrsg.), Kirche in Staat und Gesellschaft. Trennung und Partnerschaft – Gegensatz oder Ergänzung? (1974).

Geis, Max-Emanuel, Zur Zulässigkeit des Kreuzes in der Schule aus verfassungsrechtlicher Sicht, in: Brugger / Huster (Hrsg.), Der Streit um das Kreuz in der Schule (1998), S. 41–58 (zitiert: *Geis*, Zur Zulässigkeit des Kreuzes).

-, Ethikunterricht für Konfessionslose, in: RdJB 1999, 116–119.

Germann, Michael, Besprechung von Marré / Schümmelfelder / Kämper (Hrsg.), Essener Gespräche Bd. 32: Der Beitrag der Kirchen zum staatlichen Erziehungsauftrag, Münster 1998, in: ZevKR 44 (1999), S. 592–596.

Giacometti, Zaccaria, Quellen zur Geschichte von Staat und Kirche, Tübingen 1926.

Göbel, Gerald, Neue Bewegung im Staatskirchenrecht?, in: ZRP 1990, 189–192.

-, Der Kampf um die Schule, in: Festschrift für Alexander Hollerbach zum 70. Geburtstag, Berlin 2001, S. 771–790.

Goerlich, Helmut, Krieg dem Kreuz in der Schule?, in: NVwZ 1995, 1184–1186.

-, Besprechung von List / Pirson (Hrsg.), Handbuch des Staatskirchenrechts der Bundesrepublik Deutschland, Bd. I, 2. Aufl. (1994), in: SächsVBl. 1996, 50–51.

-, Art. 141 GG als zukunftsgerichtete Garantie der neuen Länder und die weltanschauliche Neutralität des Bundes, in: NVwZ 1998, 819–822.

Greive, Wolfgang (Hrsg.), Gott im Grundgesetz?, Loccumer Protokolle 14/93 (Tagung vom 7. bis 9. Mai 1993).

Gromitsaris, Athanasios, Laizität und Neutralität in der Schule – Ein Vergleich der Rechtslage in Frankreich und Deutschland, in: AöR 121 (1996), S. 359–405

Grundmann, Siegfried, Berichtsskizze, in: ZevKR 6 (1975/58), S. 278–284.

-, Staat und Kirche in Bayer, in: BayVBl. 1962, 33–39.

Gullaksen, Per-Otto, Das Verhältnis von Kirche und Staat in Norwegen, in: ZevKR 45 (2000), S. 277–292.

Häußler, Ulf, „Schulkreuze“ im säkularen Staat, in: ZevKR 43 (1998), S. 461–492.

Heckel, Martin, Die Kirchen unter dem Grundgesetz, in: VVDStRL 26 (1968), S. 5–56.

-, Staat Kirche Kunst, Tübingen 1968.

-, Die Vereinigung der evangelischen Kirchen in Deutschland, Tübingen 1990.

-, Art. 3 III GG. Aspekte des Besonderen Gleichheitssatzes, in: Festschrift für Günter Dürig zum 70. Geburtstag, München 1990, S. 241–267.

-, Rechtsprobleme der kirchlichen Wiedervereinigung, in: ZevKR 36 (1991), S. 113–198.

-, Gleichheit oder Privilegien?, Tübingen 1993.

-, Das Verhältnis von Staat und Kirche nach evangelischem Verständnis (§ 5), in: HdbStKR I (1994), S. 157–208.

-, Die religionsrechtliche Parität (§ 20), in: HdbStKR I (1994), S. 589–622.

-, Das Gleichbehandlungsgebot im Hinblick auf die Religion (§ 21), in: HdbStKR I (1994), S. 623–650.

-, Zur Ordnungsproblematik des Staatskirchenrechts im säkularen Kultur- und Sozialstaat, in: JZ 1994, 425–431.

-, Das Kreuz im öffentlichen Raum. Zum „Kruzifix-Beschluß“ des Bundesverfassungsgerichts, in: DVBl. 1996, 453–482.

-, Religionsfreiheit. Eine säkulare Verfassungsgarantie, in: Heckel, Gesammelte Schriften IV (1997), S. 647–859.

-, Staatskirchenrecht und Kulturverfassung des Grundgesetzes 1949–1989, in: Heckel, Gesammelte Schriften IV (1997), S. 917–945.

-, Die Kirchen im Sozialstaat, in: Festschrift für Hans Zacher zum 70. Geburtstag, Heidelberg 1998, S. 235–257.

-, Religionsunterricht in Brandenburg: zur Regelung des Religionsunterrichtes und des Faches Lebensgestaltung – Ethik – Religionskunde (LER), Berlin 1998.

-, Religionskunde im Lichte der Religionsfreiheit. Zur Verfassungsmäßigkeit des LER-Unterrichts in Brandenburg, in: ZevKR 44 (1999), S. 147–225.

-, Kontinuität und Wandlung des deutschen Staatskirchenrechts unter den Herausforderungen der Moderne, in: ZevKR 44 (1999), S. 340–384.

-, Religionsunterricht für Muslime?, in: JZ 1999, 741–758.

-, Der Rechtsstatus des Religionsunterrichts im pluralistischen Verfassungssystem des Grundgesetzes (II), in: ZThK 97 (2000), S. 128–146.

-, Schlußwort, in: JZ 2000, 563–564.

Heikkilä, Markku / Knuutila, Jyrki / Scheinin, Martin, Staat und Kirche in Finnland, in: Robbers (Hrsg.), Staat und Kirche in der EU (1995), S. 303–317.

Heitmann, Steffen, Die Entwicklung von Staat und Kirche aus der Sicht der „neuen“ Länder, in: ZevKR 39 (1994), S. 402–417.

Hellermann, Johannes, Die sogenannte negative Seite der Freiheitsrechte, Berlin 1993.

Hense, Ansgar, Flexible Kontinuität, in: Herder Korrespondenz 1997, 136–141.

Herzog, Roman, Kommentierung zu Art. 4 GG, in: Maunz / Dürig, Grundgesetz, Kommentar, Lfg. 27 (1988).

Herzog, Roman / Kunst, Hermann / Schlaich, Klaus / Schneemelcher, Wilhelm (Hrsg.), Evangelisches Staatslexikon, 2 Bände, 3. Aufl., Stuttgart 1987.

Hesse, Konrad, Der Rechtsschutz durch staatliche Gerichte, Göttingen 1956.

-, Die Entwicklung des Staatskirchenrechts nach 1945, in: JöR N.F. 10 (1961), S. 3–121.

-, Freie Kirche im demokratischen Gemeinwesen, in: ZevKR 11 (1964/65), S. 337–362.

-, Das Selbstbestimmungsrecht der Kirchen und Religionsgemeinschaften (§ 17), in: HdbStKR I (1994), S. 521–559.

Heun, Werner, Artikel „Staatskirche“, in: EvStL II (1987), Sp. 3423–3426.

-, Die Trennung von Staat und Kirche in den Vereinigten Staaten von Amerika, in: Festschrift für Martin Heckel zum 70. Geburtstag, Tübingen 1999, S. 341–357.

von Heyl, Cornelius, Das Prinzip der Trennung von Staat und Kirche, in: Funcke / v. Heyl / Niemeyer (Hrsg.), Kirche in Staat und Gesellschaft (1974), S. 37–67.

Hollerbach, Alexander, Anmerkung zum Urteil des Bundesverfassungsgerichts vom 28.4.1965, in: JZ 1965, 612–615.

-, Trennung von Staat und Kirche, in: Hochland 58 (1965/66), S. 63–67.

-, Das Staatskirchenrecht in der Rechtsprechung des Bundesverfassungsgerichts, in: Quaritsch / Weber (Hrsg.), Staat und Kirchen in der Bundesrepublik (1967), S. 401–426.

-, Das Staatskirchenrecht in der Rechtsprechung des Bundesverfassungsgerichts (I), in: AöR 92 (1967), S. 99–127.

-, Die Kirchen unter dem Grundgesetz, in: VVDStRL 26 (1968), S. 57–106.

-, Liberalismus und Kirchen: Anfragen an die F. D. P., in: Sontheimer (Hrsg.), Möglichkeit und Grenzen liberaler Politik (1975), S. 83–99.

-, Das Staatskirchenrecht in der Rechtsprechung des Bundesverfassungsgerichts (II), in: AöR 106 (1981), S. 218–283.

-, Grundlagen des Staatskirchenrechts (§ 138), in: HdbStR VI (1989), S. 471 ff.

-, Freiheit kirchlichen Wirkens (§ 140), in: HdbStR VI (1989), S. 595 ff.

-, Die vertragsrechtlichen Grundlagen des Staatskirchenrechts (§ 7), in: HdbStKR I (1994), S. 253–287.

-, Theologische Fakultäten und staatliche Pädagogische Hochschulen (§ 56), in: HdbStKR II (1995), S. 549–599.

-, Religion und Kirche im freiheitlichen Verfassungsstaat, Berlin, New York 1998.

Huber, Peter M., Das Staatskirchenrecht – Übergangsordnung oder Zukunftskonzept?, in: Eichenhofer (Hrsg.), 80 Jahre Weimarer Reichsverfassung (1999), S. 117–153.

Ibán, Iván, Staat und Kirche in Spanien, in: Robbers (Hrsg.), Staat und Kirche in der EU (1995), S. 99–126.

Isensee, Josef, Staatsleistungen an die Kirchen und Religionsgemeinschaften (§ 35), in: HdbStKR I (1994), S. 1009–1063.

-, Die karitative Betätigung der Kirchen und der Verfassungsstaat (§ 59), in: HdbStKR II (1995), S. 665–756.

Isensee, Josef / Kirchhof, Paul (Hrsg.), Handbuch des Staatsrechts der Bundesrepublik Deutschland, Heidelberg
Bd. I: Die Grundlagen von Staat und Verfassung, 2. Aufl. 1995
Bd. V: Allgemeine Grundrechtslehren, 1992
Bd. VI: Freiheitsrechte, 1989
Bd. VII: Normativität und Schutz der Verfassung–Internationale Beziehungen, 1992
Bd. IX: Die Einheit Deutschlands – Festigung und Übergang, 1997.

Isensee, Josef / Rüfner, Wolfgang, Zu Wirkung und wissenschaftlichem Profil von Joseph Listl, in: Isensee / Rüfner (Hrsg.), Joseph Listl, Kirche im freiheitlichen Staat, 1. Halbband (1996), S. XXVII–XXXVI.

Jarass, Hans, Kommentierung zu Art. 4 GG, in: Jarass / Pieroth, Grundgesetz (2000).

-, Kommentierung zu Art. 140 GG, in: Jarass / Pieroth, Grundgesetz (2000).

Jarass, Hans / Pieroth, Bodo, Grundgesetz für die Bundesrepublik Deutschland, 5. Aufl., München 2000.

Jeand'Heur, Bernd, Der Begriff der „Staatskirche“ in seiner historischen Entwicklung, in: Der Staat 30 (1991), S. 442–467.

Jeand'Heur, Bernd / Korioth, Stefan, Grundzüge des Staatskirchenrechts, Stuttgart u. a. 2000 (zitiert: *Jeand'Heur / Korioth*, Staatskirchenrecht).

Kästner, Karl-Hermann, „Säkulare“ Staatlichkeit und religionsrechtliche Ordnung in der Bundesrepublik Deutschland, in: ZevKR 34 (1989), S. 260–286.

-, Der Sonntag und die kirchlichen Feiertage (§ 51), in: HdbStKR II (1995), S. 337–368.

-, Lernen unter dem Kreuz?, in: ZevKR 41 (1996), S. 241–272.

-, Das Grundrecht auf Religions- und Weltanschauungsfreiheit in der neueren höchstrichterlichen Rechtsprechung, in: AöR 123 (1998), S. 408–443.

Keim, Wolfgang, Schule und Religion. Die religiös-weltanschauliche Neutralität des Staates und die Verbreitung religiösen Gedankenguts mit Hilfe des Schulwesens in den Vereinigten Staaten von Amerika und in Deutschland, 2. Aufl., Hamburg 1969.

Kirchhof, Paul, Die Kirchen und Religionsgemeinschaften als Körperschaften des öffentlichen Rechts (§ 22), in: HdbStKR I (1994), S. 651–687.

Kleine, Markus, Institutionalisierte Verfassungswidrigkeiten im Verhältnis von Staat und Kirchen unter den Grundgesetz. Ein Beitrag zur juristischen Methodik im Staatskirchenrecht, Baden-Baden 1993.

Kokott, Juliane, Kommentierung zu Art. 4 GG, in: Sachs, Grundgesetz (1999).

Kotiranta, Matti, Kirche, Staat und Religionsfreiheit in Finnland, in: ZevKR 45 (2000), S. 233–255.

Kremser, Holger, Das Verhältnis von Art. 7 III 1 GG und Art. 141 GG, in: JZ 1995, 928–934.

Krings, Günter, Supreme Court gegen Kongreß. Der Streit um den Inhalt der Religionsfreiheit in den USA, in: ZaöRV 1998, 147–179.

-, Von strikter Trennung zu wohlwollender Neutralität, in: ZevKR 45 (2000), S. 505–537.

Krüger, Herbert, Besprechung von Konrad Hesse, Der Rechtsschutz durch staatliche Gerichte im kirchlichen Bereich (1956), in: ZevKR 6 (1957/58), S. 72–82.

-, Verfassungsänderung und Verfassungsauslegung, in: DÖV 1961, 721–728.

-, Allgemeine Staatslehre, 2. Aufl., Stuttgart u. a. 1966.

Larenz, Karl / Canaris, Claus-Wilhelm, Methodenlehre der Rechtswissenschaft, 3. Aufl., Heidelberg 1995 (zitiert: *Larenz / Canaris*, Methodenlehre).

Leisching, Peter, Das Verhältnis von Kirche und Staat in der Republik Österreich (§ 119), in: HdbKathKR (1999), S. 1294–1308.

Link, Christoph, Verfassungsrechtliche Fragen zur Aufhebung der „Staatskirche", in: BayVBl. 1966, 297–304.

-, Ein Dreivierteljahrhundert Trennung von Staat und Kirche in Deutschland, in: Festschrift für Werner Thieme zum 70. Geburtstag, Köln u. a. 1993, S. 95–122.

-, Religionsunterricht (§ 54), in: HdbStKR II (1995), S. 439–509.

-, Stat Crux?, in: NJW 1995, 3353–3357.

-, „LER", Religionsunterricht und das deutsche Staatskirchenrecht, in: Festschrift für Alexander Hollerbach zum 70. Geburtstag, Berlin 2001, S. 747–769.

-, Staat und Kirche in der neueren deutschen Geschichte, Frankfurt 2000.

-, „Bekenntnisfreie" Schulen, in: Festschrift für Hartmut Maurer zum 70. Geburtstag, München 2001, S. 397–407.

Listl, Joseph, Die Religionsfreiheit als Individual- und Verbandgrundrecht in der neueren deutschen Rechtsentwicklung und im Grundgesetz, in: Isensee / Rüfner (Hrsg.), Joseph Listl, Kirche im freiheitlichen Staat, 1. Halbband (1996), S. 3–64 (zitiert: *Listl*, Die Religionsfreiheit als Individual- und Verbandsgrundrecht).

-, Staat und Kirche in Deutschland, in: Isensee / Rüfner (Hrsg.), Joseph Listl, Kirche im freiheitlichen Staat, 1. Halbband (1996), S. 237–294.

-, Grundfragen des Staatskirchenrechts der Bundesrepublik Deutschland, in: Isensee / Rüfner (Hrsg.), Joseph Listl, Kirche im freiheitlichen Staat, 1. Halbband (1996), S. 311–335.

-, Die Religions- und Kirchenfreiheit in der neueren Rechtsprechung des Bundesverfassungsgerichts, in: Festschrift für Willi Geiger zum 80. Geburtstag, Tübingen 1989, S. 539–579.

-, Glaubens-, Bekenntnis- und Kirchenfreiheit (§ 14), in: HdbStKR I (1994), S. 439–479.

Listl, Joseph / Hollerbach, Alexander, Grundmodelle einer möglichen Zuordnung von Kirche und Staat (§ 117), in: HdbKathKR (1999), S. 1256–1268.

-, Das Verhältnis von Kirche und Staat in der Bundesrepublik Deutschland (§ 18), in: HdbKathKR (1999), S. 1268–1293.

Listl, Joseph / Pirson, Dietrich (Hrsg.), Handbuch des Staatskirchenrechts der Bundesrepublik Deutschland, 2. Aufl., Berlin, Bd. 1 (1994), Bd. 2 (1995).

Listl, Joseph / Schmitz, Heribert (Hrsg.), Handbuch des katholischen Kirchenrechts, 2. Aufl., Regensburg 1999.

Lorenz, Dieter, Schulgebet und Toleranz, in: JuS 1974, 436–441.

Maier, Hans, Staat und Kirche in der Bundesrepublik Deutschland. Die politischen und gesellschaftlichen Grundlagen (§ 3), in: HdbStKR I (1994), S. 5–110.

von Mangoldt, Hermann / Klein, Friedrich / Starck (Hrsg.), Das Bonner Grundgesetz. Kommentar, München
Bd. 1 (Art. 1–19), 4. Aufl. 1999
Bd. 3 (Art. 79–146), 4. Aufl. 2001

Marré, Heiner, Das kirchliche Besteuerungsrecht (§ 37), in: HdbStKR I (1994), S. 1101–1147.

-, Die Systeme der Kirchenfinanzierung in Ländern der Europäischen Union und in den USA, in: ZevKR 42 (1997), S. 338–352.

-, Kooperation von Staat und Kirche und staatliche Kirchenförderung – vorbildhaft für Europa, in: Festschrift für Alexander Hollerbach zum 70. Geburtstag, Berlin 2001, S. 879–892.

Maunz, Theodor, Die religiöse Neutralität des Staates, in: ArchKathKR 139 (1970), S. 427–442.

-, Die Kooperation von Staat und Kirche, in: BayVBl. 1988, 231–234.

Maunz, Theodor / Dürig, Günter, Grundgesetz, Kommentar. Loseblattsammlung.

Maurer, Hartmut, Die verfassungsrechtliche Grundlage des Religionsunterrichts, in: Festschrift für Hans F. Zacher zum 70. Geburtstag, Heidelberg 1998, S. 577–590.

-, Staatsrecht, München 1999.

McClean, David, Staat und Kirche im Vereinigten Königreich, in: Robbers (Hrsg.), Staat und Kirche in der EU (1995), S. 333–350.

Mehrle, Gebhard, Trennung vom Staat – Mitarbeit in staatlichen Institutionen. Militärseelsorge und Religionsunterricht in den neuen Bundesländern. Berlin 1998.

-, Art. 141 GG in „neuem Licht"?, in: NVwZ 1999, 740–743.

Meyer-Teschendorf, Klaus, Religionsfreiheit in der Staatsschule, in: ZevKR 23 (1978), S. 202–230.

-, Staat und Kirche im pluralistischen Gemeinwesen, Tübingen 1979 (zitiert: *Meyer-Teschendorf*, Staat und Kirche.

Mikat, Paul, Kirchen und Religionsgemeinschaften, in: Bettermann, Karl August / Nipperdey, Hans Carl / Scheuner, Ulrich (Hrsg.), Die Grundrechte, Band IV 1. Halbband, Berlin 1960, S. 111–243.

-, Staat, Kirchen und Religionsgemeinschaften (§ 29), in: HdbVerfR (1994), S. 1425–1455.

Morlok, Martin, Kommentierung zu Art. 4 GG, in: Dreier, Grundgesetz, Kommentar (1996).

-, Kommentierung zu Art. 140 GG, in: Dreier, Grundgesetz, Kommentar (2000).

Muckel, Stefan, Religiöse Freiheit und staatliche Letztentscheidung: die verfassungsrechtlichen Garantien religiöser Freiheit unter veränderten gesellschaftlichen Verhältnissen, Berlin 1997.

Muckel, Stefan / Tillmanns, Reiner, „Lebensgestaltung – Ethik – Religionskunde" statt Religionsunterricht?, in: RdJB 1996, 360–367.

Mückl, Stefan, Staatskirchenrechtliche Regelungen zum Religionsunterricht, in: AöR 122 (1997), S. 513–555.

-, Verfassungswidriger Ethikunterricht?, in: VBlBW 1998, 86–89.

Müller-Volbehr, Jörg, Staatskirchenrecht im Umbruch, in: ZRP 1991, 345–349.

-, Positive und negative Religionsfreiheit – Zum Kruzifix-Beschluß des BVerfG, in: JZ 1995, 996–1000.

-, Staatskirchenrecht an der Jahrtausendwende – Bestandsaufnahme und Ausblick, in: ZevKR 44 (1999), S. 385–412.

von Münch, Ingo / Kunig, Philip (Hrsg.), Grundgesetz. Kommentar, München, Bd. 1 (Präambel bis Art. 20), 4. Aufl. 1992, Bd. 3 (Art. 70–146), 3. Aufl. 1996.

Neumann, Johannes, Besprechung von Gerhard Czermak, Staat und Weltanschauung (1993), in: Recht und Politik 1994, 120–122.

-, Rechts- oder Glaubensstaat?, in: ZRP 1995, 381–386.

-, Wenn Juristen Schutzengel spielen, ist die Religionsfreiheit in Gefahr, in: Besier / Scheuch (Hrsg.), Die neuen Inquisitoren, Teil I (1999), S. 228–254.

Nolte, Achim, Das Kreuz mit dem Kreuz, in: JöR NF Bd. 48 (2000), S. 87–116.

Obermayer, Klaus, Staatskirchenrecht im Wandel, in: DÖV 1967, 9–17.

-, Kommentierung zu Art. 140 GG (Zweitbearbeitung 1971), in: Dolzer, Bonner Kommentar.

-, Anmerkung zur Entscheidung des Bundesverwaltungsgerichts vom 6.7.1973, in: NJW 1973, 1817.

-, Staat und Religion: Bekenntnisneutralität zwischen Traditionalismus und Nihilismus, Berlin, New York 1977.

Oebbecke, Janbernd, Reichweite und Voraussetzungen der grundgesetzlichen Garantie des Religionsunterrichts, in: DVBl. 1996, 336–344.

Papastathis, Charalambos, Staat und Kirche in Griechenland, in: Robbers (Hrsg.) Staat und Kirche in der EU (1995), S. 79–98.

Pauly, Alexis, Staat und Kirche in Luxemburg, in: Robbers (Hrsg.), Staat und Kirche in der EU (1995), S. 211–228.

Peters, Hans, Die Gegenwartslage des Staatskirchenrechts, in: VVDStRL 11 (1954), S. 177–214.

Pieroth, Bodo (Hrsg.), Verfassungsrecht und soziale Wirklichkeit in Wechselwirkung, Berlin 2000 (zitiert: *Pieroth* (Hrsg.), Verfassungsrecht und soziale Wirklichkeit).

-, Kommentierung zu Art. 141 GG, in: Jarass / Pieroth, Grundgesetz (2000)

Pieroth, Bodo / Kingreen, Thorsten, Zur Einschlägigkeit des Art. 141 GG für das Land Brandenburg, in: Gedächtnisschrift für Bernd Jeand'Heur, Berlin 1999, S. 265–279.

Pirson, Dietrich, Die Förderung der Kirchen als Aufgabe des säkularen Staates, in: Essener Gespräche 28 (1994), S. 83–102.

-, Die geschichtlichen Wurzeln des deutschen Staatskirchenrechts (§ 1), in: HdbStKR I (1994), S. 3–46.

-, Anmerkung zum Urteil des Bundesverfassungsgerichts vom 16.5.1995, in: BayVBl. 1995, 755–758.

-, Religiöse Neutralität in der staatlichen Sozialhilfe, in: Festschrift für Hans F. Zacher zum 70. Geburtstag, Heidelberg 1998, S. 743–754.

Potz, Richard, Staat und Kirche in Österreich, in: Robbers (Hrsg.), Staat und Kirche in der EU (1995), S. 251–280.

Preuß, Ulrich K., Kommentierung zu Art. 140 GG, in: Alternativkommentar zum Grundgesetz, Bd. 2, 2. Aufl., Neuwied 1989.

Puza, Richard, Rechtsfragen um den Religionsunterricht und das brandenburgische Unterrichtsfach LER, in: Festschrift für Joseph Listl zum 70. Geburtstag, Berlin 1999, S. 407–427.

Quaritsch, Helmut, Kirchen und Staat – Verfassungs- und staatstheoretische Probleme der staatskirchenrechtlichen Lehre der Gegenwart, in: Der Staat 1 (1962), S. 175–197 und S. 289–320.

-, Neues und altes über das Verhältnis von Kirchen und Staat, in: Der Staat 5 (1966), S. 451–474.

Quaritsch, Helmut / Weber, Hermann (Hrsg.), Staat und Kirchen in der Bundesrepublik. Staatskirchenrechtliche Aufsätze 1950–1967. Bad Homburg u. a. 1967.

Rahmenvereinbarung über die evangelische Seelsorge in der Bundeswehr in den neuen Bundesländern, in: LKV 1996, 196–200.

Rath, Peter (Hrsg.), Trennung von Staat und Kirche?, Hamburg 1974.

Renck, Ludwig, Die Trennung von Staat und Kirche, in: BayVBl. 1988, 225–231.

-, Staatliche Religionsneutralität und Toleranz – BVerfGE 35, 233 und 52, 233, in: JuS 1989, 451–455.

-, Res sacra und Sachgebrauch, in: NVwZ 1990, 38–40.

-, Grundfragen des Rechts der res sacra, in: DÖV 1990, 333–336.

-, Verfassungsprobleme der christlichen Gemeinschaftsschule, in: NVwZ 1991, 116–120.

-, Probleme der Rechtsangleichung im Staatskirchenrecht, in: ThürVBl. 1992, 177–181.

-, Besprechung von v. Mangoldt / Klein / v. Campenhausen (Hrsg.), Das Bonner Grundgesetz, 3. Aufl., Bd. 14, München 1991, in: BayVBl. 1992, 286–288.

-, Bekenntnisfreiheit und kirchliche Friedhöfe, in: DÖV 1992, 485–488.

-, Verfassungsprobleme des Ethikunterrichts, in: BayVBl. 1992, 519–522.

-, Zur grundrechtlichen Bedeutung von Art. 7 III GG, in: NVwZ 1992, 1171–1172.

-, Religionsunterricht in den neuen Bundesländern, in: LKV 1993, 88–89.

-, Rechtsfragen des Religionsunterrichts an den öffentlichen Schulen der neuen Bundesländer, in: ThürVBl. 1993, 102–106.

-, Privatschulen und Religionsunterricht, in: BayVBl. 1993, 169–171.

-, Rechtsprobleme der Benutzung kirchlicher Friedhöfe, in: DÖV 1993, 517–523.

-, Bestandsschutz für kirchliche Feiertage?, in: NVwZ 1993, 648–650.

-, Rechtsfragen des Religionsunterrichts im bekenntnisneutralen Staat, in: DÖV 1994, 27–32.

-, Die Rechtsstellung der Bekenntnisgemeinschaften im Schulrecht, in: BayVBl. 1994, 39–41.

-, Staatskirchenrecht in den neuen Bundesländern – dargestellt am Beispiel Thüringens, in: ThürVBl. 1994, 182–185.

-, Nochmals: Verfassungswidriger Ethikunterricht?, in: BayVBl. 1994, 432–433.

-, Aktuelle Probleme der christlichen Gemeinschaftsschule – dargestellt am Beispiel des bayerischen Schulrechts, in: KJ 1994, 488–500.

-, Über positive und negative Bekenntnisfreiheit, in: NVwZ 1994, 544–547.

-, Nochmals: Die Rechtsstellung der Bekenntnisgemeinschaften im Schulrecht, in: BayVBl. 1994, 713–716.

-, Bemerkungen zu den sog. Staatskirchenverträgen, in: ThürVBl. 1995, 31–37.

-, Besprechung von Listl / Pirson (Hrsg.), HdbStKR I, 2. Aufl. (1994), in: ThürVBl. 1995, 119–120.

-, Besprechung von Gerhard Czermak, Staat und Weltanschauung (1993), in: KJ 1995, 124.

-, Besprechung von Markus Kleine, Institutionalisierte Verfassungswidrigkeiten im Verhältnis von Staat und Kirchen unter dem Grundgesetz, in: BayVBl. 1995, 224.

-, Verfassungsprobleme des Kirchenaustritts aus kirchensteuerrechtlichen Gründen, in: DÖV 1995, 373–375.

-, Die Bischofsernennung in den Konkordaten, in: BayVBl. 1995, 682–684.

-, Zum rechtlichen Gehalt der Kruzifix-Debatte, in: ZRP 1996, 16–20.

-, Probleme des Thüringer Staatskirchenrechts, in: ThürVBl. 1996, 73–76.

-, Positive und negative Bekenntnisfreiheit und Glaubens- oder Rechtsstaat, in: ZRP 1996, 205–206.

-, Überlegungen zum Rechtsgrund der res sacrae, in: BayVBl. 1996, 264–268.

-, Verfassungsprobleme der theologischen Fakultäten, in: NVwZ 1996, 333–339.

-, Bemerkungen zum Schulkreuzgesetz, in: BayVBl. 1996, 492–493.

-, Kirchenbaulast in aeternum?, in: BayVBl. 1996, 554–557.

-, Religionsunterricht in Brandenburg?, in: LKV 1997, 81–85.

-, Das Problem eines Grundrechts auf Bekenntnisunterricht, in: ThürVBl. 1997, 97–99.

-, Staatlicher und kirchlicher Erziehungsauftrag im öffentlichen Schulwesen, in: ThürVBl. 1997, 221–225.

-, Nochmals: Bekenntnisneutraler Staat und Bischofsernennung, in: BayVBl. 1997, 553–554.

-, Der sogenannte Rand der Kirchenverträge, in: DÖV 1997, 929–938.

-, Zum Stand des Bekenntnisverfassungsrechts in der Bundesrepublik, in: BayVBl. 1999, 70–77.

-, Staatliche Grundrechtsvorsorge und Bekenntnisunterricht, in: ZRP 1999, 137–139.

-, Bekenntnisrecht im wiedervereinigten Deutschland, in: ZRP 1999, 323–326.

-, Grundlagen des kirchlichen Gebührenrechts, in: DÖV 1999, 458–463.

-, Bekenntnisunterricht und Ethikunterricht, in: NVwZ 1999, 713–716.

-, Der Bayerische Verfassungsgerichtshof und das Schulkreuz-Gesetz, in: NJW 1999, 994–999.

-, Zur Auslegung von Art. 137 Abs. 2 BV, in: BayVBl. 2000, 305–306.

-, Erwiderung. Bekenntnisunterricht - ein Gebot der Bekenntnisfreiheit?, in: JZ 2000, 561–563.

-, Bekenntnisverfassungsrecht und kirchliches Drittsendungsrecht, in: NVwZ 2000, 868–874.

-, Kommunale Kirchenbaulastverträge und Wegfall der cura religionis, in: DÖV 2001, 103–109.

Richardi, Reinhard, Das kollektive kirchliche Dienst- und Arbeitsrecht (§ 67), in: HdbStKR II (1995), S. 927–958.

Robbers, Gerhard, Die Förderung der Kirchen durch den Staat (§ 31), in: HdbStKR I (1994), S. 867–890.

- (Hrsg.), Staat und Kirchen in der Europäischen Union, Baden-Baden 1995.

-, Obsoletes Verfassungsrecht durch sozialen Wandel?, in: Festschrift für Ernst Benda zum 70. Geburtstag, Heidelberg 1995, S. 209–219.

-, Das Verhältnis von Staat und Kirche in Europa, in: ZevKR 42 (1997), S. 122–129.

-, Das Verhältnis von Staat und Kirche in rechtsvergleichender Sicht, in: Brugger / Huster (Hrsg.), Der Streit um das Kreuz in der Schule (1998), S. 59–68.

-, Kommentierung zu Art. 7 GG, in: v. Mangoldt / Klein / Starck, Das Bonner Grundgesetz, Bd. 1, 4. Aufl., München 1999.

-, Staat und Religion, in: VVDStRL 59 (2000), S. 231–263.

-, Kirche und Staat in Schweden, in: Festschrift für Alexander Hollerbach zum 70. Geburtstag (2001), S. 907–920.

Rottmann, Joachim, Über das Obsolet-Werden von Verfassungsnormen, in: Festschrift für Wolfgang Zeidler, Berlin u. a. 1987, S. 1097–1117.

Rozek, Jochen, Anmerkung zu Bundesverfassungsgericht, Beschluß vom 16.5.1995, in: BayVBl. 1996, 22–25.

Rüfner, Wolfgang, Individualrechtliche Aspekte des kirchlichen Dienst- und Arbeitsrecht. Die besonderen Loyalitätspflichten im kirchlichen Dienst (§ 66), in: HdbStKR II (1995), S. 901–925.

-, Die mittelbare Diskriminierung und die speziellen Gleichheitssätze in Art. 3 Absatz 2 und 3 GG, in: Festschrift für Karl Heinrich Friauf zum 65. Geburtstag, Heidelberg 1996, S. 331–341.

Rupp, Hans Heinrich, Die Unterscheidung von Staat und Gesellschaft (§ 28), in: HdbStR I (1995).

Rux, Johannes Positive und negative Bekenntnisfreiheit in der Schule, in: Der Staat 35 (1996), S. 521–550.

Sachs, Michael, Besondere Gleichheitsgarantien (§ 126), in: HdbStR V (1992).

- (Hrsg.), Grundgesetz. Kommentar, 2. Aufl., München 1999.

Scheuner, Ulrich, Kirche und Staat in der neueren deutschen Entwicklung, in: ZevKR 7 (1959/60), S. 225–273.

-, Auseinandersetzungen und Tendenzen im deutschen Staatskirchenrecht, in: DÖV 1966, 145–153.

-, Die Religionsfreiheit im Grundgesetz, in: DÖV 1967, 585–593.

-, System der Beziehungen von Staat und Kirchen im Grundgesetz (§ 1), in: HdbStKR I (1974), S. 5–86.

Schlaich, Klaus, Zur weltanschaulichen und konfessionellen Neutralität des Staates, in: Essener Gespräche 4 (1970), S. 9–44.

-, Neutralität als verfassungsrechtliches Prinzip vornehmlich im Kulturverfassungs- und Staatskirchenrecht. Tübingen 1972 (zitiert: *Schlaich*, Neutralität).

-, Artikel „Neutralität (II. Innerstaatlich)", in: EvStL II (1987), Sp. 2239–2244.

-, Staatskirchenrecht im Umbruch?, in: Evangelische Theologie 54 (1994), S. 119–134.

Schlink, Bernhard, Religionsunterricht in den neuen Ländern, in: NJW 1992, 1008–1013.

Schlink, Bernhard / Poscher, Ralph, Der Verfassungskompromiß in Brandenburg, Baden-Baden 2000.

Schmidt-Bleibtreu, Bruno, Kommentierung zu Art. 140 GG, in: Schmidt-Bleibtreu / Klein (1999).

Schmidt-Bleibtreu, Bruno / Klein, Franz, Kommentar zum Grundgesetz, 9. Aufl. Neuwied und Kriftel 1999.

Schmitt-Kammler, Arnulf, In hoc signo – Zum „Schulkreuz-Erkenntnis" des Bundesverfassungsgerichts, in: Festschrift für Karl Friedrich Friauf zum 65. Geburtstag, Heidelberg 1996, S. 343–360.

-, Kommentierung zu Art. 141 GG, in: Sachs, Grundgesetz (1999).

Schmoll, Heike, Lehrer und Meister – die wachsende jüdische Gemeinschaft in Deutschland braucht mehr Rabbiner, in: FAZ v. 7. 5. 2001, S. 16.

Seifert, Karl-Heinz / Hömig, Dieter, Grundgesetz für die Bundesrepublik Deutschland, 6. Aufl., Baden-Baden 1999.

Seiler, Rudolf, Seelsorge in Bundeswehr und Bundesgrenzschutz (§ 68), in: HdbStKR II (1995), S. 961–984.

Solte, Ernst-Lüder, Die Organisationsstruktur der übrigen als öffentliche Körperschaften verfaßten Religionsgemeinschaften und ihre Stellung im Staatskirchenrecht (§ 13), in: HdbStKR I (1994), S. 417–436.

Sontheimer, Kurt (Hrsg.), Möglichkeiten und Grenzen liberaler Politik, Düsseldorf 1975.

Starck, Christian, Die Verfassungsauslegung (§ 164), in: HdbStR VII (1992), S. 183 ff.

-, Deutsches Staatskirchenrecht – Zur Neuauflage des Handbuch des Staatskirchenrechts, in: DVBl. 1997, 889–892.

-, Religionsunterricht in Brandenburg, in: Festschrift für Joseph Listl zum 70. Geburtstag, Berlin 1999, S. 391–406.

-, Kommentierung zu Art. 1 GG, in: v. Mangoldt / Klein / Starck, Das Bonner Grundgesetz, Bd. 1, 4. Aufl., München 1999.

-, Kommentierung zu Art. 4 GG, in: v. Mangoldt / Klein / Starck, Das Bonner Grundgesetz, Bd. 1, 4. Aufl., München 1999.

-, Staat und Religion, in: JZ 2000, 1–9.

Stenbæk, Jørgen, Staat und Kirche in Dänemark, in: ZevKR 45 (2000), S. 221–231.

Stern, Klaus, Das Staatsrecht der Bundesrepublik Deutschland, München,
Bd. I, 2. Aufl., 1984
Bd. III/1, 1988
Bd. III/2, 1994
(zitiert: *Stern*, Staatsrecht)

Stolleis, Michael, Besprechung von Erwin Fischer, Trennung von Staat und Kirche, 2. Aufl. (1971), in: ZEE 1973, 59–60.

Torfs, Rik, Staat und Kirche in Belgien, in: Robbers (Hrsg.), Staat und Kirche in der EU (1995), S. 15–38.

Uhle, Arnd, Die Verfassungsgarantie des Religionsunterrichts und ihre territoriale Reichweite, in: DÖV 1997, 409–417.

Ullmann, Wolfgang, Das Problem im Kontext der Erfahrungen aus den neuen Bundesländern, in: Greive (Hrsg.), Gott im Grundgesetz? (1993), S. 120–124.

Verhandlungen der verfassungsgebenden Deutschen Nationalversammlung,
Bd. 328: Stenographische Berichte

Bd. 336: Anlagen zu den Stenographischen Berichten. Aktenstück Nr. 391. Bericht des Verfassungsausschusses.
(zitiert: Verhandlungen WRV)

Wassermann, Rudolf (Hrsg.), Kommentar zum Grundgesetz für die Bundesrepublik Deutschland. Reihe Alternativkommentare. Bd. 2 (Art. 38–146), Neuwied 1989 (zitiert: AK).

de Wall, Heinrich, Verfassungsfragen des Ethikunterrichts öffentlicher Schulen, in: Theologische Literaturzeitung 119 (1994), Sp. 291–302.

-, Ethikunterricht und ethische Erziehung in der Schule – rechtliche Grundlagen und Probleme, in: Der evangelische Erzieher 1995, 230–239.

-, Besprechung von Listl / Pirson (Hrsg.), Handbuch des Staatskirchenrechts der Bundesrepublik Deutschland, Bd. I, 2. Aufl. (1994), in: SächsVBl. 1996, 230–232.

-, Zum Verfassungsstreit um den Religionsunterricht in Brandenburg, in: ZevKR 42 (1997), S. 353–371.

Weber, Hermann, Grundprobleme des Staatskirchenrechts, Bad Homburg u. a. 1970 (zitiert: *Weber*, Grundprobleme).

-, Gelöste und ungelöste Probleme des Staatskirchenrechts, in: NJW 1983, 2541–2545.

-, Die rechtliche Stellung der christlichen Kirchen im modernen demokratischen Staat, in: ZevKR 36 (1991), S. 253–275.

-, Theologische Fakultäten und Professuren im weltanschaulich neutralen Staat, in: NVwZ 2000, 848–857.

Werner, Gitta, Ethik als Ersatzfach, in: NVwZ 1998, 816–818.

Wieland, Joachim, Die Angelegenheiten der Religionsgesellschaften, in: Der Staat 25 (1986), S. 321–350.

-, Die verfassungsrechtliche Stellung der Kirchen als Arbeitgeber, in: DB 1987, 1633–1638.

Winter, Jörg, Zur Anwendung des Art. 7 III GG in den neuen Ländern der Bundesrepublik Deutschland, in: NVwZ 1991, 753–755.

-, Das Verhältnis von Staat und Kirche als Ausdruck der kulturellen Identität der Mitgliedstaaten der Europäischen Union, in: Festschrift für Alexander Hollerbach zum 70. Geburtstag, Berlin 2001, S. 891–905).

-, Staatskirchenrecht der Bundesrepublik Deutschland: Eine Einführung mit kirchenrechtlichen Exkursen, Neuwied / Kriftel 2001.

Wrege, Wolf Reinhard, Zum Religionsunterricht in den neuen Ländern (Art. 7 III, 141 GG), in: LKV 1996, 191–193.

von Zezschwitz, Friedrich, Staatliche Neutralitätspflicht und Schulgebet, in: JZ 1966, 337–344.

-, Glaubensfreiheit und schulische Erziehung, in: JZ 1971, 11–16.

-, Staatliche Kirchenhoheit, religiöse und weltanschauliche Neutralität, Indifferenzgebot, Identifikationsverbot, in: RuG 3 (1973), S. 134–138.

Schriften zum Staatskirchenrecht

Herausgegeben von Axel Frhr. von Campenhausen und Christoph Link

Band 1 Christoph Link: Staat und Kirche in der neueren deutschen Geschichte. Fünf Abhandlungen. 2000.

Band 2 Andreas Franitza: Der Allgemeine Hannoversche Klosterfonds und die Klosterkammer Hannover. Untersuchung zur rechtsgeschichtlichen Entwicklung. 2000.

Band 3 Reinald Willenberg: Rundfunk unter kirchlicher Trägerschaft. 2001.

Band 4 Martin Fischer: Kirchliche Beiträge im Fernsehen. Darstellung eines abgestuften Mitgestaltungsmodells kirchlicher Beteiligung im Fernsehen. 2001.

Band 5 Bernd Albrecht von Garmissen: Landwirtschaftliches Grundvermögen in kirchlicher Hand. Dargestellt am Beispiel der Evangelischen Kirche in Deutschland und unter besonderer Berücksichtigung der Evangelisch-lutherischen Landeskirche Hannovers. 2001.

Band 6 Berend Lindner: Entstehung und Untergang von Körperschaften des öffentlichen Rechts. Unter besonderer Berücksichtigung der Religions- und Weltanschauungsgemeinschaften. 2002.

Band 7 Gesa Dirksen: Das deutsche Staatskirchenrecht - Freiheitsordnung oder Fehlentwicklung? 2003.

FSC
www.fsc.org
MIX
Papier | Fördert
gute Waldnutzung
FSC® C083411

Kolibri 360 GmbH
Ferdinand-Jühlke-Straße 7
99095 Erfurt, Deutschland
produktsicherheit@kolibri360.de

Druck:
CPI Druckdienstleistungen GmbH
im Auftrag der
Kolibri 360 GmbH
Ferdinand-Jühlke-Str. 7
99095 Erfurt